Begabungsförderung
in jahrgangsgemischten Lerngruppen
Opas Pädagogik oder zukunftsorientierter Reformansatz in der Grundschule?

TEIL 1
Die Aufgabe der Begabungsförderung im Bildungsanspruch

Karin Busch
Ulrike Reinhart

Schriften der Pädagogischen Akademie des Bundes in Oberösterreich   **31**

Herausgeber: Dir. Dr. Josef Fragner
2006
Alle Rechte vorbehalten

Universitätsverlag Rudolf Trauner

ISBN 3-85487-923-7

Herstellung:
Kern: Pädagogische Akademie des Bundes in Oberösterreich, A-4020 Linz,
Kaplanhofstraße 40
Umschlag: Trauner Druck, A-4020 Linz, Köglstr. 14
Innengestaltung: Regina Bouchal

INHALT

1 Einleitung

Begabungsförderung wird im Rahmen der Argumentation dieses Forschungsprojektes als Motiv für Schulentwicklung interpretiert. In Abhebung von anderen Arbeiten, die Begabungs- und Begabtenförderung mit Aspekten der höheren Leistungsanforderung oder des Mehr-Angebots an Interessenswahrnehmungen verbinden, richtet sich hier das Hauptaugenmerk auf Fragen der Organisation von Schulen und ihrer Lernorganisation. Konkret betrifft dies die Kritik an der vielfach als *natürlich* erachteten Zuteilung von Intelligenz und sozialem Entwicklungsstand nach dem Lebensalter. Dass die Altersnorm weithin ungefragt Geltung hat und als Maßnahme der Separation – der Ausdruck ist bewusst verwendet – gegenüber Kindern und Jugendlichen Verwendung findet, steht im Widerspruch zu Deklarationen, in denen die Individualität der SchülerInnen beschworen wird. Die Gleichsetzung von (so genannter) Entwicklungsstufen und (so genannter) Schulstufen in einem Klassenkontext – diesen Mythos sowie die dahinter liegenden (ausgeleierten) und wissenschaftlich unhaltbaren Argumentationsschienen zu entzaubern, ist sicher eine dringliche Aufgabe dieser Studie.

Dass kein Kind dem anderen gleicht, dass es interindividuelle Unterschiede in der Entwicklungsgeschwindigkeit gibt, dass dabei kognitive und nichtkognitive Persönlichkeitsvariablen zusammenwirken, dass aufgrund dieser unterschiedlichen Dispositionen kaum damit zu rechnen ist, dass Kinder gleichen Alters gleiche Bedürfnisse und Fähigkeiten haben, ist heutzutage – nicht nur den ExpertInnen – bekannt und plausibel.

Das österreichische Schulsystem weist von Anbeginn der Institutionalisierung der Volksschule eine Organisationsstruktur auf, in der nach verwaltungsorganisatorischen Prinzipien Schulstufen mit Altersstufen in Zusammenhang gebracht werden. Was in allen bildungspolitischen Erklärungen seit dem Reichsvolksschulgesetz vom 14. Mai 1869 als erklärtes pädagogisches Ziel formuliert wurde, nämlich die *„eigenständige, allgemeine Volksschule, die überall dort zu errichten sei, wo mehr als 40 schulpflichtige Kinder im Umkreis* von *5 km wohnen"* (Scheipl & Seel 1985, S. 43) und im Schulgesetzwerk 1962 als *„anzustrebendes Angebot einer hoch-organisierten Volksschulform mit mindestens vier Schulstufen"* (Scheipl & Seel 1985, S. 53) ihre Festschreibung fand, gerät zum Anlassfall.

Es wird immer noch davon ausgegangen, dass schulisches Lernen nur sinnvoll in altershomogenen Klassen zu organisieren ist, und die Fiktion der Gleichung *Altershomogenität = Entwicklungshomogenität* wird – entgegen aller entwicklungs- und lernpsychologischer Erkenntnisse der Gegenwart – aufrecht erhalten. Das rigide Festhalten an der traditionellen Schulorganisationsstruktur hat logische, wenn auch dramatische Konsequenzen: *„(…) die Annahme einer genormten Leistungsfähigkeit aller Gruppenmitglieder – und daraus ergibt sich die Festsetzung eines Durchschnittswertes ebenso wie die Identifizierung von über- und unterdurchschnittlichen Leistungen, was wiederum direkt in die Orientierung an der Mittelmäßigkeit führt – dieses wesentlich unfreundlichere Wort für den Durchschnitt macht das Problem umso deutlicher"* (Hager 2004, S. 41). Dieses Beispiel veranschaulicht das traditionelle (alltagstheoretische) Denkmuster, nach dem Schulkinder gleichen Alters in ihrer Denkfähigkeit, in ihrem Leistungsvermögen und in ihrer sozialen Entwicklung als *gleich reif* betrachtet werden. Es ist in solchen Zusammenhängen bisher kaum bewusst gemacht worden, dass die *Einteilung* von Kindern in Schulstufen nach dem Lebensalter – anstatt in Lernstufen nach dem individuellen kognitiven Entwicklungsalter – eine problematische Selektionsvariante *nach unten* darstellt. Wenn die Altersnorm als unabhängige Variable zur Bestimmung des Lernniveaus angenommen wird, bestimmt man mit einem probaten Verwaltungsargument in gleichmachender Weise über Individuen, die in Hinblick auf dieses Merkmal absolut nicht *gleich* in ihrer Lernfähigkeit sind. Zudem werden alle jene, die im Lernen der durchschnittlichen Altersintelligenz voraus sind, in ein falsches Bewusstsein versetzt, weil sie nicht zeigen dürfen, was sie (schon) können. *Unterforderung* unbewusst durch unreflektierte Ordnungsmaßnahmen erleiden zu müssen, kann Desorientierung und Identitätsverlust bewirken.

Die wissenschaftlich nicht mehr haltbare Gleichsetzung von Entwicklung und Zuordnung zu einer altersgebundenen Schulstufe erlaubt über verschiedene Organisationsformen nachzudenken und fördert die pädagogische Fantasie. Aus der letztgenannten Überlegung ist konsequenterweise der Schritt zum Ansatz einer Organisationsentwicklung gegeben, die beinhalten sollte, dass die im Schulsystem selbst liegenden Selektionsmechanismen (die oft nicht als solche erkannt werden) aufzudecken sind. Organisationsentwicklung kann in dieser Überlegung nur bedeuten, dass die Zuteilung zu Lernstufen/Schulstufen nach dem Lebensalter aufgehoben werden soll, damit die individuelle Lernentwicklung wahrgenommen werden kann.

Ist in Anbetracht dessen die Jahrgangsklasse die geeignete Organisationsform für die Grundschule? Ist die Vorstellung von der leistungshomogenen Jahrgangsklasse nicht eine verhängnisvolle Illusion, die auf die individuelle Lernfähigkeit der Kinder kaum Rücksicht nimmt?

Die Organisation der jahrgangsübergreifenden Lerngruppe im Sinne einer Mehrstufenklasse könnte die (logische?) Antwort auf die hinterfragten Defizite im Bereich des gegenwärtigen Schulsystems sein. Diese Überlegung lässt wiederum den Blick auf Kleinschulen richten, die die jahrgangsübergreifende Organisationsstruktur – früher aus Tradition, heute aus einer Notwendigkeit heraus – eingerichtet haben.

An dieser Stelle sollte auf definitorischen Grundlegungen hingewiesen werden: *„Die Volksschule umfasst 8 Schulstufen. Die ersten vier Schulstufen stellen die Grundschule des Schulsystems dar. (...) Nach Möglichkeit soll jeder Schulstufe eine Klasse entsprechen. (...) Bei zu geringer Schülerzahl können mehrere Schulstufen in einer Klasse zusammen gefasst werden (nieder organisierte, wenig gegliederte Schule)"* (Scheipl/Seel 1988, S. 53). Schulen, an denen aufgrund mangelnder Schülerzahlen nicht jede Schulstufe in einer eigenen Schulklasse geführt wird, werden sowohl alltagssprachlich als auch amtlich als *Kleinschulen* bezeichnet und sind dem so genannten *nieder organisierten* Volksschulwesen zugeordnet. Im Vergleich dazu werden Volksschulen mit vier und mehr Klassen als *hoch organisierte, voll gegliederte* Schulen bezeichnet. Diese Unterscheidung der *niederen* bzw. *hohen* Organisationsstruktur von Schulen impliziert in der Wortwahl eine qualifizierende (diskriminierende) Bewertung, die eindeutig zu Ungunsten der Kleinschulen (im Falle der Einklassigkeit, der *gar nicht gegliederten* Schulen?) ausfällt. Die Bildungsqualität der Kleinschulen von vornherein als minder anzusehen, diesem unreflektierten Vorurteil muss argumentativ entschieden entgegen gewirkt werden. AbsolventInnen von Kleinschulen, die in ihrem späteren Leben hohe und einflussreiche berufliche und gesellschaftliche Positionen erreichen konnten, mögen in diesem Kontext einen interessanten Aspekt aufzeigen.

Mehrstufenklassen wiederum sind Schulklassen, in denen Kinder mit unterschiedlicher Schulstufenzuordnung bzw. Lernstufenzuordnung unterrichtet werden. Sie sind im öffentlichen Schulwesen in Österreich bisher im Grundschulbereich als bewusst gestaltetes Organisationskonzept an *voll gegliederten* Volksschulen eingerichtet worden. Das Argument der Ermöglichung eines individuellen Lernfortschritts ist dafür maßgebend. Mehrstufenklassen sind als Schulversuche mit Modellcharakter in Stadtgebieten (!) organisiert worden – aus dem Willen, *Kinder als Individuen* zu sehen. In der aktuellen Diskussion zum jahrgangsübergreifenden Unterricht (Laging 1999; Sandfuchs 1997; Gupfinger 2003) werden die Organisationsbegriffe *altersgemischt, altersheterogen, jahrgangsübergreifend, jahrgangskombiniert, jahrgangsgemischt, schulstufenübergreifend, mehrstufig* häufig synonym verwendet. Dem ist hinzuzufügen, dass ohnedies *jede* Regelschulklasse *altersgemischt* bzw. *jahrgangsgemischt* ist: Der Altersnormalabstand zwischen Schulkindern in einer Schulklasse beträgt im Schnitt 9 – 10 Monate, in zahlreichen Fällen mehr als ein Jahr. Es handelt sich daher um Organisationsbegriffe, die per se noch *kein* didaktisches Konzept beschreiben!

Die vorliegende Studie befasst sich mit der Frage, ob das Konzept der *Mehrstufenklasse* bessere Voraussetzungen zum Erkennen und zur Förderung von Begabungen schafft als die Klassen- und Schulstufeneinteilung der Kinder nach dem Lebensalter. Das konkrete Vorhaben der Untersuchung betrifft danach die Befassung mit so genannten *Kleinschulen,* die so zu beschreiben sind, dass man auf Grund einer *kleinen* Schülerzahl am Standort dazu veranlasst ist, Schulklassen mit Kindern unterschiedlichen Alters und eben unterschiedlicher Stufenzuordnung als Einheit zu führen. Solche Schulen wurden (werden?) traditionell als Klassen mit Abteilungsunterricht geführt, der innerhalb der Klasse Abteilungen vorsieht, die in der Orientierung auf die Altersnorm etabliert werden.

In der Auseinandersetzung mit der Organisationsentwicklung an Kleinschulen geht es nicht darum, pädagogische Nostalgie aufleben zu lassen, wohl aber darum, am Beispiel der Kleinschulen aufzuzeigen, dass es *gerade* in einer jahrgangsheterogenen Klasse möglich ist, durch die individuelle, flexible Lernorganisation auf die jeweiligen Voraussetzungen der SchülerInnen entsprechend ihrer entwicklungsspezifischen Lernstufe Rücksicht zu nehmen. Von *Lernstufen* zu sprechen bedeutet, dass man den individuellen, vom Lebensalter (relativ) unabhängigen Aufstieg des lernenden Kindes bzw. Jugendlichen in der Schule befürwortet. Eine solche Organisationsform gliedert so gesehen den Aufbau des Wissens bzw. der Wissensvermittlung nach *Stufen*, wobei die Ziel- und Inhaltsdefinition der Lernstufen in den Lehrplänen zum Ausdruck gebracht wird. Der Wortlaut des Zielparagrafen (in Übereinstimmung mit § 2 des SchOG) verpflichtet die österreichische Schule zu der Aufgabe *„an der Entwicklung der Anlagen der Jugend (...) durch einen ihrer Entwicklungsstufe (...) entsprechenden Unterricht mitzuwirken."* (Lehrplan der Volksschule 2001, S. 1). Die Bestimmung richtet sich deutlich auf Entwicklungsstufen, d.h. sie orientiert den Bildungsauftrag an der Individualität des Kindes. Darüber hinaus ist zu fragen, ob sich in der wenig gegliederten Schule Strukturen ausfindig machen lassen – es bestehen allein an den im Bundesland Oberösterreich kontaktierten Grundschulstandorten fünf Varianten von Strukturmodellen je nach Zusammenfassung von Schulstufen – die den neuesten Erkenntnissen der Erziehungswissenschaften standhalten und möglicherweise die heutige Schule vor einer Pädagogik des Gleichschritts bewahren können. Ein Grundanliegen im Aspekt der Schulentwicklung betrifft die Ermöglichung einer individuellen Schullaufbahn mit Bezug auf die Fragen der Lernorganisation, konkret auf den Organisationsrahmen der Grundschule.

Die Erkundungsabsicht der Untersuchung richtet sich darauf, ob in der Organisation der Kleinschule (falls Abteilungsgliederungen innerhalb der Klassen zugunsten der Einführung des Mehrstufenkonzeptes aufgelöst werden) die Schulstufen als Lernstufen des Kindes aufgefasst werden könnten, die entsprechend der individuellen Entwicklung beschritten werden, und eine individuelle Teilnahme an unterschiedlichen Lernstufen ermöglicht wird. Übergänge und Differenzierungen dieser Art könnten daher flexibel und im Interesse der Entwicklung der Gesamtpersönlichkeit des Kindes vorgenommen werden.

Das Thema hat gleichermaßen mit Begabungsförderung zu tun, weil Untersuchungen mit Blick auf Individualisierung und Differenzierung im Unterricht angestrebt werden. Vermutlich veranlasst die gleichzeitige Befassung mit SchülerInnen unterschiedlicher Entwicklungsniveaus die PädagogInnen der Kleinschulklassen zu einer Methodenvielfalt, die wiederum Vorbildcharakter für eine begabungsfreundliche und –fördernde Didaktik innovativer Art und flexibler Gestaltung haben kann. Organisationsentwicklung kann von der Intention der Begabungs- und Begabtenförderung her neue Impulse erhalten. Im aktuellen Begriffsverständnis wird Begabungsförderung als die Förderung (das Hervorbringen bzw. das Manifestwerden) von besonderen Fähigkeiten verstanden, Begabtenförderung als die Führung und Ermutigung der Person, ihre Talente zu erkennen und zu verwirklichen.

Im Hinblick auf Organisationsentwicklung sind Formen einer Lernorganisation anzustreben, die individuelle Interessen wahrnehmen lassen und den ungehinderten Aufstieg nach Lernstufen, die sonst als Schulstufen bezeichnet werden, ermöglichen (jedenfalls nicht behindern). Im Ansinnen der hier thematisierten *Förderung* sind daher die Intentionen einer *integrativen Begabungsförderung* vorzustellen. Ein pädagogisch offenes Verständnis von Begabungsförderung ist dann zu werten, wenn ihm die Erwartungshaltung zu Grunde liegt, dass die Möglichkeit der Förderung einer oder mehrerer besonderer Begabungen einer Person niemals als endgültig *abgeschlossen* angenommen werden sollte.

Die Bedeutsamkeit des Forschungsthemas wird durch aktuelle Beiträge der Bildungspolitik verdeutlicht: Das Schreiben des Bundesministeriums für Bildung, Wissenschaft und Kultur vom 22.04.03 (GZ 17.151/20-SL V/03) an alle Direktionen der Pädagogischen Akademien, in welchem auf die letzte Konferenz der Landesschulrats-Präsidenten hingewiesen wurde, stellt auch die Szenarien über die Weiterentwicklung der Schülerzahlen an Pflichtschulen vor. Dabei wird auch kritisch angemerkt, dass die Studienpläne der VolksschullehrerrInnen-Ausbildung kein ausreichendes Angebot für die so genannte *Landschuldidaktik*, d.h. den Unterricht in wenig gegliederten Grundschulen enthalten. Es wird daher angeregt, diese Überlegungen aufzugreifen und in Studienkommissionen anzuregen, Studienpläne auf eine ausreichende Berücksichtigung dieses vermutlich in Zukunft noch wichtigeren Anliegens zu überprüfen. Der dabei verwendete Begriff *Landschuldidaktik* verweist auf die zentrale Frage der Untersuchung und zeigt damit – schon in der traditionell bestimmten Wortprägung – seine Aktualität der Korrektur von Missverständnissen auf.

Das Thema liefert somit einen wichtigen und interessanten Aspekt zu einem Gegenstandstandsbereich, der heute stärker in das Blickfeld gelangt als noch vor wenigen Jahren. Die *Verwaltung des Mangels,* die gegenwärtig den bildungspolitischen Diskurs beherrscht, befördert auch das erkenntnisleitende Interesse dieser Untersuchung: Wie umgehen mit dem (teils dramatischen) Rückgang der Schülerzahlen und der Reduzierung der Ressourcen in allen Bereichen des Bildungswesens?

Die *Presse* berichtet im Regionalteil für Niederösterreich *Schülerschwund nimmt dramatische Formen an* (Die Presse 2003, S. 12). Der Beitrag verweist auf eine Untersuchung der Niederösterreichischen Landesakademie, die ein alarmierendes Ergebnis brachte: Während es 1971 im gesamten Bundesland noch 26.500 SchulanfängerInnen gab, werden es im Schuljahr 2006/07 nur noch 14.000 Erstklässler sein. Das entspricht einem Schülerrückgang von 47 Prozent, also fast einer Halbierung des Standes von 1971. Die Folge dieser dramatischen Entwicklung sind *„mehr einklassige Volksschulen und Schließungen"* (Die Presse 2003, S. 12).

2700 Schüler weniger ab Herbst (OÖN 2004, S. 5) lautet die Überschrift eines ausführlichen Artikels und darin wird auf die dramatisch sinkenden Schülerzahlen im Raume Oberösterreich hingewiesen. Trotz der düsteren Prognose zur demografischen Entwicklung bekennt sich LH Dr. Josef Pühringer zum Erhalt der Kleinschulen im ländlichen Raum.

Im November 2003 widmet der *Kurier* dem Thema *Kleinschulen* eine ganze Seite: *Klein, aber KLASSE. Schulen sind heuer das Thema, so winzig sie auch sein mögen.* Der hohe Bildungswert so genannter *Zwergschulen* wird hier sehr positiv hervorgehoben und der schulische Alltag einklassiger Volksschulen eindrucksvoll beschrieben (Kurier 2003, S. 23).

Der *Standard* berichtet im Februar 2004 über die Ergebnisse einer Expertendiskussion zum Thema *Individuelle Begabungsförderung in der Schule* unter dem Titel *Unterricht für fiktive „Normalschüler".* Heftige Kritik wird vorrangig am österreichischen Schulsystem (und nicht an den LehrerInnen!) geübt. Durch Nivellierungstendenzen sei ein großer Teil der Begabungsspitze verloren gegangen, nämlich auf beiden Seiten – bei Hochbegabten und bei Kindern mit Begabungsschwächen. *„Wir tun zu wenig, um Begabungen zu fördern. Das muss individuell passieren"* (Der Standard 2004, S. 1).

Der Regisseur Nicolas Philibert arbeitet das vorliegende Thema im Dokumentarfilm *Être et avoir* (Sein und Haben) eindrucksvoll auf.

Der Ort der Handlung ist eine einklassige Kleinschule in Saint-Étienne-sur-Usson, einem malerischen Dorf in der Auvergne. Zwischen Buntstiften, Setzkästen und Mathematikübungen entspinnt sich der beschauliche Alltag von vier- bis elfjährigen SchülerInnen in herzerfrischender Natürlichkeit. Seit 20 Jahren begleitet Monsieur Lopez Kinder vom Vorschulalter zur Mittelschulreife in der Mehrstufenklasse der kleinen Dorfschule. Die altersheterogene Schülergruppe mit ihren unterschiedlichen Begabungsprofilen profitiert von der individuellen Betreuung durch den erfahrenen und engagierten Pädagogen im gleichen Maße wie von der gruppeninhärenten Entwicklungsbreite, die sich sowohl im Kognitiven als auch im Emotionalen, im Sozialen und im Körperlichen zeigt. Diese Vielfalt bietet die Chance für realistische Erziehungs-, Entwicklungs- und Lernprozesse. Im Film kommt deutlich und vor allem authentisch zum Ausdruck, dass diese *Alters- und Begabungsheterogenität* den Kindern pädagogische Situationen für die Entdeckung und Anerkennung der eigenen Individualität und die der jeweils anderen vermittelt.

Alle SchülerInnen mit ihren jeweils unterschiedlichen Begabungen könnten in Mehrstufenklassen bei entsprechenden Rahmenbedingungen adäquat gefördert werden – so lautet die theoriegeleitete, aus der Literatur breit gestützte hypothetische Annahme des Forschungsprojekts. Die flexible Differenzierung im heterogenen Klassenverband der Kleinschulen mit Mehrstufenklassen löst den Abteilungsunterricht ab, führt zu einer dynamischen begabungsfreundlichen Lehr- und Lernkultur und jahrgangsübergreifendes Lernen – *Opas Pädagogik* (Sandfuchs 1997, S. 21) – entwickelt sich zu einem zukunftsorientierten Reformansatz. Aus der Verschiedenheit heraus entstehen Lerngelegenheiten in vielfältiger Hinsicht. Nicht aus der Gleichheit begründet sich das Unterrichten und Lernen, sondern aus der Heterogenität der Lerngruppe.

Das erklärte Ziel ist das Analysieren von Bedingungen individualisierten Unterrichts, dies gilt in besonderer Weise hinsichtlich der Förderung von Begabungen im Rahmen bestimmter organisationsstruktureller Momente und Zirkumstanzien. Neue Einsichten und Erkenntnisse sollen so einfließen, dass die Entwicklung der Regelschule einen Gewinn erfahren darf.

2 Theoretische Fundierung – die Aufgabe der Begabungsförderung im Bildungsanspruch

Begabungsförderung setzt beim Einzelnen an, d.h. bei seinen Begabungen, bei den schöpferischen und kreativen Quellen, die den Kern seiner Individualität ausmachen. Die Förderung individueller Talente erfolgt einmal mit Blick auf die Entwicklung des Einzelnen in seiner Besonderheit und zum Zweiten mit Blick auf die interpersonale Vermittlung seiner Individualität. Bildung im ersten Sinne verhilft zum Wachsen aus eigenen Fähigkeiten, trägt also zur Selbstbestimmung der eigenen Möglichkeiten bei, Bildung im zweiten Sinne führt zur Vermittlung der eigenen Personalität mit anderen. Begabungsförderung ist damit Hilfe zur Entwicklung von Leistungseminenz für die individuelle Selbstverwirklichung, für den sozialen Fortschritt der Gesellschaft und dient gleichermaßen im produktiven Austausch mit anderen Persönlichkeiten der Humanisierung der Welt und Existenz.

In diesem Zusammenhang sei auf die Bildungstheorie Humboldt's verwiesen – seine grundlegende Bestimmung der Bildung ist in besonderer Weise für die Begabungsförderung maßgebend: *„Der wahre Zweck des Menschen (...) ist die höchste und proportionierlichste Bildung seiner Kräfte zu einem Ganzen"* (Humboldt zit. nach Lassahn 1977, S. 24). Das gilt im Besonderen für die Begabtenförderung und ist in gleichsam ähnlicher Weise im § 17 des österreichischen Schulunterrichtsgesetzes zu finden, wo der Wortlaut als Verpflichtung für die LehrerInnen festgehalten ist, jeden Schüler / jede Schülerin zu den seinen / ihren Anlagen entsprechenden besten Leistungen zu führen. Dem vorhin genannten Satz der Grundbestimmung zur Bildung fügt Humboldt noch eine Anmerkung hinzu: *„Zu dieser Bildung ist Freiheit die erste und unerlässliche Bedingung"* (Humboldt zit. nach Lassahn 1977, S. 24). Dieser Satz kann für die Bildungsorganisation im Hinblick auf Begabungsförderung besondere Aussagekraft gewinnen, wenn man davon ausgeht, dass eine freie Unterrichtsorganisation, die der individuellen Begabung des Einzelnen Rechnung zu tragen imstande ist, für die Unternehmungen der Begabungsförderung von besonderer Bedeutung ist. Es geht Humboldt in seiner Bildungstheorie um eine allgemeine Menschenbildung, um die Entwicklung der individuellen Kräfte (*die Kräfte seiner Natur*), die es zu stärken und erhöhen gilt.

Breinbauer (2000) verweist im Hinblick auf Naturanlagen im Sinne des Kant'schen Begriffs darauf, dass *„Erziehung (...) die proportionierliche (...) Entwicklung aller Naturanlagen"* in der Weise ist, *„dass der Mensch seine Bestimmung erreicht"* (Breinbauer 2000, S. 77). *„Somit stellt sich erst – durch die Entwicklung aller Naturanlagen – im Laufe des Einzellebens, im gesellschaftlichen Gattungsprozess, schließlich im Ablauf der Geschichte heraus, was der Mensch als vernunftbegabtes Lebewesen ist und welchen Charakter er sich als vernünftiges Lebewesen gibt"* (Blass zit. nach Breinbauer 2000, S. 80).

Die Zukunft der Schulentwicklung liegt in Organisationsformen, die flexible Gruppierungen ermöglichen, in denen durch innere Differenzierung nach Leistung und Interesse auch individuelle Lernprozesse stattfinden können, um der genuinen Aufgabe der Begabungsförderung im Bildungsanspruch gerecht zu werden. In diesem Problemzusammenhang situiert sich Bildung in drei Dimensionen, d.h. zwischen Individualität und Allgemeinheit, im Verhältnis zu Wissen und Wissenschaft und schließlich in ihrer gesellschaftlichen Wirkung.

Wieweit trägt nun das österreichische Schulsystem dem Anspruch, alle SchülerInnen grundlegend zu fördern, bereits Rechnung? Anders gefragt, ist unser Bildungssystem dem Anspruch einer umfassenden und integrativen Förderung von Begabungen entsprechend? Zu welchen Modellen einer flexiblen Lernorganisation liegen Erfahrungen für bessere Möglichkeiten des Erkennens und Entwickelns von Begabungen – im Zusammenhang aller Lernenden – vor? Welche Formen des Verhaltens und der Interaktion in Lehr- und Lernprozessen und welche Strukturen des Bildungswesens haben sich als förderlich erwiesen? Sind unsere Bildungsinstitutionen so organisiert, dass sie die Entfaltung individueller Interessen und Fähigkeiten der Kinder herausfordern?

Dazu eine programmatische Aussage der derzeitigen Bundesministerin für Bildung, Wissenschaft und Kultur in Österreich (2004): *„Die unterschiedlichen Anlagen, Interessen und persönlichen Stärken der Schülerinnen und Schüler sind auch die zukünftig wirksamen Potentiale Österreichs. Wir tragen eine gemeinsame Verantwortung für ihre optimale Entfaltung. (...) Die Verantwortung für die Individuen und ihre Entwicklung sowie für die Gesellschaft ist groß: Nur derjenige, dem viele Möglichkeiten offen stehen, wird in der Lage sein, den für sich selbst adäquaten Weg, seine*

Lebenschance zu erkennen und zu nutzen. Für die Gesellschaft ergibt sich die Notwendigkeit, jede Fähigkeit zu fördern, damit Österreich auch weiterhin die politischen, wirtschaftlichen und kulturellen Herausforderungen anzunehmen imstande ist" (Gehrer o.Jg., S. 1).

Die Erörterungen der nachfolgenden Kapitel sind in der Suche nach Orientierungen für die Entfaltung *begabender* Organisationsstrukturen innerhalb des Bildungswesens mit Fokussierung auf die Lernorganisation in der Grundschule ausgerichtet. Diese theoriegeleitete Aufarbeitung von Zusammenhängen betrifft zunächst die Ebene der Bildungspolitik und Schulorganisation in der Anforderung von Begabungsförderung in einer historisch-systematischen Analyse des österreichischen Volksschulwesens (Kap. 2.1).

In Folge werden Dimensionen von Individualisierung und differenzierender Lernorganisation im pädagogischen Begründungszusammenhang aufgezeigt und auf mehreren Ebenen analysiert (Kap. 2.2). Diese Analyse in Hinblick auf Differenzierung und Individualisierung gilt den allgemeinen Bestimmungen des Lehrplans der österreichischen Grundschule. Weiters werden Differenzierungsformen interpretiert und pädagogisch analysiert. Die Kleinschule mit ihrer besonderen individualisierenden und differenzierenden Lernorganisation steht dabei im Mittelpunkt der Auseinandersetzung.

Das Kapitel 2.3 befasst sich mit Intentionen der Begabungsforschung und der Besonderheit der Begabungsförderung in der Grundschule. Die besondere Förderung von individuellen Begabungen wird hier als Motiv zur inneren Schulreform sowie als zentraler Aspekt der Schulentwicklung gesehen und zielt auf eine pädagogische Bewusstseinsbildung bezüglich Variation und Differenzierung in der schulischen Lernorganisation ab.

Die Auseinandersetzung mit nationalen und internationalen Modellen begabungsfördernder Lernorganisationen (Kap. 2.4) mit Fokussierung auf das jahrgangsheterogene Setting soll den aktuellen Forschungsstand dokumentieren und in besonderer Hinsicht die Modellentwicklung im Sinne einer flexiblen Lernorganisation – einer flexiblen Gestaltung der Schulstufen als Lernstufen – darstellen.

2.1 Bildungspolitik und Schulorganisation in der Anforderung von Begabungsförderung – eine historisch-systematische Analyse des österreichischen Volksschulwesens

„Schule ist nicht notwendig so, wie wir sie hier und heute vorfinden" (Scheipl & Seel 1985, S. 7). Ihre institutionelle Gestalt, ihre Lehrinhalte und Methoden hängen vielmehr *„von dem geistigen und materiellen Potential, von den Bedürfnissen und Normen des sie jeweils tragenden gesellschaftlichen Systems ab"* (Kramp 1973, S. 35). Institutionen und Organisationsformen des Bildungssystems sind als Antworten auf gesellschaftliche Bedürfnisse zu begreifen. Die Vielfalt unterschiedlicher historischer Erscheinungsformen von Schulen signalisiert, dass auf die jeweiligen gesellschaftlichen Anforderungen auf unterschiedliche Weise reagiert werden kann. Ihre konkreten Formen und Merkmale können jedoch nicht unvermittelt aus gesellschaftlichen Anforderungen abgeleitet werden. Die Ideen der europäischen Bildungsgeschichte sind grundlegend wirksam. Auch beeinflussen spezifische schulgeschichtliche Traditionen, frühe Formen der Institutionalisierung von Schulen nachhaltig die spätere Entwicklung des jeweiligen Bildungssystems.

Die Strukturen des gegenwärtigen österreichischen Bildungssystems können nur aus ihrem geschichtlichen Gewordensein erklärt werden. Bezug nehmend auf markante Zeitpunkte der Änderung von Bildungsauffassungen und Organisationskonzepten soll die historische Betrachtung der Entwicklung des österreichischen Volksschulwesens die schrittweise Einführung von flexiblen Unterrichtsorganisationsformen in Hinblick auf das Recht auf individuelle Begabungsentwicklung dokumentieren.

2.1.1 Die Grundschulbildung vor der Entstehung der Volksschule im 19. Jahrhundert

In der Epoche der Aufklärung wurde Bildung zu einem zentralen Schlüsselbegriff der Pädagogik. Erziehung wurde als Instrument zur Entwicklung der Menschwerdung gesehen und das Recht auf Bildung eines jeden Menschen als Grundlage seiner Selbstbestimmung definiert. Die Idee der Schulpflicht als Folge der Feststellung der Erziehungsbedürftigkeit und Erziehungsfähigkeit des Menschen ist eine wesentliche Grundlage für das Wirksamwerden der Schule als

Bildungseinrichtung. Grundmotive für die Institutionalisierung eines allgemeinen Schulwesens in Österreich waren, ausgehend von Intentionen der Aufklärung ein Idealmotiv der Menschenbildung, ausgehend von Staatsinteressen ein Nützlichkeitsmotiv sowie die Entkräftung des Einflussbereiches der Kirche.

Im Jahre 1774 unterschrieb Maria Theresia das von Johann Ignaz Felbiger ausgearbeitete Dekret zur Allgemeinen Schulordnung – das erste umfassende Schulgesetz in Österreich. Die Theresianische Schulreform zeigt sich als Schulgründung *„von Oben, durch eine Verordnung der Staatsleitung, (...) nicht als Forderung der Bevölkerung nach Gleichberechtigung und Forderung von Bildung als Bürgerrecht"* (Oswald 2003, S. 19). Das österreichische Schulwesen ist daher von Beginn an zentralistisch organisiert – es untersteht der obersten Staatsleitung. *„Diese erste staatliche Errichtung des Schulwesens ist als Dokument des Bildungsinteresses zu werten"* (Oswald 2003, S. 18).
Die Allgemeine Schulordnung manifestierte die Gründung von drei ständisch orientierten Schularten (Trivial-, Haupt- und Normalschule) – jedem Stande sollte angemessener Unterricht zukommen, nicht aber eine allgemeine gleiche Bildung! Eine exakt vorgeschriebene Lehrmethode sollte eine Vereinheitlichung des Schulwesens in mehrer Hinsicht bewirken – einheitlich ausgebildete Lehrer, einheitliche Lehrinhalte, einheitliche Schulbücher und einheitliche Methoden der Vermittlung. Der Klassenunterricht, in der alle Kinder *„alles zusammen und zur gleichen Zeit"* (Felbiger zit. nach Scheveling 1958, S. 57) tun, löste den bis dahin üblichen Einzelunterricht ab und war die nachhaltigste unterrichtsmethodische Neuerung in der Allgemeinen Schulordnung. *„Durch ,Simplizität' des Unterrichtens sollte der einfache Mensch einfach und ein ,recht herzlich guter, lenksamer' Untertan bleiben"* (Klement 1970, S. 108).
Böhnel (1995) bewertete Felbigers Unterrichtsmethode, *„die von der Annahme vollkommenen leistungshomogener Schülergruppen ausgeht"* (Böhnel 1995, S. 30) kritisch, sie *„berücksichtigt in keiner Weise individuelle Unterschiede der Kinder und verleitet zu uniformer und schematischer Unterrichtstätigkeit"* (Böhnel 1995, S. 30). Böhnel (1995) zieht dabei Parallelen zum heute noch praktizierten Frontalunterricht, der sich an einem weitgehend einheitlichen Klassenniveau orientiert.
Die Verwirklichung der Intentionen der Allgemeinen Schulordnung, vor allem die gesetzlich eingeführte Bildungspflicht – Erwerb eines

Mindestmaßes an Elementarbildung für alle Kinder – war mit Widerständen konfrontiert. War die Proklamierung der Allgemeinen Schulpflicht im Sinne der Aufklärung ein eindeutiger Fortschritt, so wurde sie jedoch nur nachlässig erfüllt. Es gelang nicht, das Bildungsniveau für breite Volksschichten anzuheben und den sozial benachteiligten Ständen die gleichen Ausbildungsmöglichkeiten einzuräumen wie den mittleren und höheren.

In Folge werden die Ereignisse der Französischen Revolution (1789 – 1799) zum Anlass genommen, Bildungsambitionen von Seiten des Staates zu reduzieren. Dies zeigt sich deutlich in der Politischen Schulverfassung von 1806 und bedeutete, nicht zuletzt wegen ihrer langen Wirkungsdauer, einen Rückschritt in der Entwicklung des österreichischen Schulwesens – sie bildete bis 1869 die gesetzliche Grundlage des allgemeinen Volksschulwesens.
Durch die Politische Schulverfassung waren keine Neuerungen geschaffen worden. Die Kirche gewann wiederum beträchtlichen Einfluss, indem ihr die Schulaufsicht für das niedere Schulwesen – Trivial- und Hauptschulen – anvertraut wurde. *„Mit der Übertragung des Aufsichtsrechtes an die Kirche verlor der Staat weitgehend die politische Mitgestaltung im Pflichtschulwesen"* (Scheipl & Seel 1985, S. 29).
Die herrschenden Schichten standen einer allgemeinen Volksbildung eher skeptisch gegenüber und mit fortschreitender Industrialisierung kam es zu einem totalen Stillstand auf dem Gebiet des niederen Schulwesens.

2.1.2 Die Gründung der österreichischen Volksschule 1869: Der revolutionäre Bildungsauftrag der *allgemeinen* Schulbildung

Trotz der Stagnation im Bildungswesen war es das Bestreben vieler weltlicher und geistlicher Stellen, die Erkenntnisse der Pädagogik weiterzuführen. Die Auffassung von Bildung hatte sich gegenüber der Zeit der Aufklärung verändert: *„Ziel aller Bildung war der Mensch als Geistwesen und seine Entwicklung zu einem autonomen Individuum"* (Böhnel 1995, S. 32). In scharfer Abgrenzung von der utilitaristischen Aufklärungspädagogik gewinnt eine neue Form pädagogischer Reflexion ihr theoretisches Profil. *Bildung* und *Individualität* fungieren als neue theoretische Leitbegriffe, mit denen der in der Aufklärungspädagogik dominierende Begriff der Erziehung als systematische

Vermittlung gesellschaftlich nützlichen Wissens und konformer sozialer Verhaltensweisen relativiert, wenn nicht abgewertet wird. Eine umfassende kognitive, moralische und ästhetische Bildung des Individuums steht im Vordergrund – die Bildung aller seiner natürlichen Kräfte, die durch keine anderen Zwecksetzungen begrenzt werden dürfte. Bildung als Ergebnis individueller Anstrengungen, einer schöpferischen Aneignung der Welt durch das Individuum selbst.

2.1.2.1 Die Veränderung des Bildungsbegriffs im 19. Jahrhundert

Der neuhumanistische Bildungsbegriff definiert Bildung als Formung zur Persönlichkeit. Erziehung müsse dem Interesse am Menschen und seinem individuellen Anspruch auf sich selber gerecht werden und infolgedessen sei der Allgemeinbildung unbedingt Vorrang zu geben.

Dies kommt besonders in der Bildungstheorie von Wilhelm v. Humboldt (1767-1835) zum Ausdruck. Sie beinhaltet die allseitig entwickelte Individualität als die vornehmste Aufgabe des Menschen. Individualität ist für Humboldt Ausgangspunkt und Ziel eines Bildungsprozesses. Nicht unmittelbare Verwertung des Menschen für irgendwelche Zwecke darf Leitlinie der vom Staat einzurichtenden Bildung sein, sondern *„der wahre Zweck des Menschen (...) ist die höchste und proportionierlichste Bildung seiner Kräfte zu einem Ganzen"* (Blankertz 1982, S. 101). Menschliche Bildung sollte durch Individualität (Innerlichkeit der eigenen Subjektivität), Totalität (Bildung der eigenen Kräfte zu einem Ganzen statt Füllung mit Stoffen) und Universalität bestimmt sein. Humboldt forderte eine horizontal nach Altersstufen gegliederte Einheitsschule. In dieser Elementarschule sollten die Grundlagen der menschlichen Bildung für alle und im gleichen Sinne zu legen sein. Jeder, auch der Ärmste, sollte eine vollständige Menschenbildung erhalten, d.h. die Elementarschule wird nicht mehr als *„Schule des armen Volkes"* (Gudjons 2001, S. 91) betrachtet. Die Einheit und Unteilbarkeit des allgemein bildenden Unterrichts war für Humboldt ein curriculares Prinzip. Zuerst soll der Mensch eine allgemeine Bildung erhalten, die dann Vorbildung für jeden Beruf und Grundlage sowohl für die Selbstentfaltung als auch für eine verantwortliche Mitgestaltung der Welt sein kann.

Auch für Johann Friedrich Herbart (1776 – 1841) geht die allgemeine Bildung der speziellen, beruflichen voran. Die pädagogische Praxis ist demzufolge nicht standesspezifisch, sondern menschengerecht zu vollziehen. Sie soll vor allem die Vielseitigkeit des Interesses ausbilden. Im Zentrum steht der erziehende Unterricht, durch den der Vorstellungskreis des Menschen systematisch über Erfahrung und Umgang hinaus entwickelt wird, Wissen und Wollen (Interesse) sind dabei gleichzeitig auszubilden. Herbart (1965a) beschreibt die Bildung des Gedankenkreises als den wesentlichsten Teil der Erziehung. Als methodische Konsequenz entwickelt Herbart eine Stufentheorie, die die an sich unbeobachtbaren Prozesse interner Umstrukturierung von Bewusstseinsinhalten zu beschreiben versucht. Dazu verwendet er ein elementares theorietechnisches Verfahren – Klarheit, Assoziation, System, Methode. Unterricht soll *„nach mathematischen Gesetzmäßigkeiten von der Klärung der Vorstellungen zur freien Bewegung im Gewussten führen"* (Böhnel 1995, S. 32). Herbarts Grundelemente – Aufnehmen, Denken, Verarbeiten und Anwenden – sind insgesamt eine Beschreibung der Aneignungsstufen für den Erkenntnisprozess. Seine Anschauungen über die Gestaltung von Unterricht brachten laut Groothoff (1964) zu dieser Zeit eine, wenn auch starre, so doch schulisch praktikable Methode in die Volksschulen ein.

Herbart (1965b) verweist in Bezug auf das Jahrgangsklassensystem in der Elementarschule ausdrücklich auf das Problem der Ungleichartigkeit der SchülerInnen. *„Die kleinen Schulen werden am meisten gedrückt durch die Verschiedenheit der Köpfe, die sie sich müssen gefallen lassen. Denn was auf dem Gymnasium und in den Hauptschulen nicht fortkommt, das sollen sie aufnehmen und überdies auch noch die rascheren Geister beschäftigen, die in den unteren Volksklassen emporkeimen. Möchte diese Schwierigkeit nur gefühlt werden!"* (Herbart 1965b, S. 127). Treffend formuliert Herbart, dass *„die Verschiedenheit der Köpfe (...) das größte Hindernis aller Schulbildung"* ist und meint *„darauf nicht zu achten (...) der Grundfehler aller Schulgesetze"* ist (Herbart 1965a, S. 112). Deshalb rät er, um Ungleichheiten zu beheben, zusätzliche Übungsstunden anzubieten bzw. nach drei Jahren eine Übungsklasse einzuschalten. Eine weitere Möglichkeit auf das individuelle Lerntempo der SchülerInnen Rücksicht zu nehmen, sieht Herbart in der Einführung von Episoden, *„die des Zusammenhangs unbeschadet können übergangen werden und die ausdrücklich dazu bestimmt sind, schneller fort-*

schreitende Schüler zu beschäftigen, während die langsameren nachzukommen bemüht sind" (Herbart 1965b, S. 113).
Die Pädagogik Pestalozzis beeinflusste nachhaltig die Didaktik und Methodik des Elementarunterrichts. Pestalozzi *„(...) gründete die Erziehung auf Anschauung, Liebe und Glauben, verband Arbeit und Unterricht, forderte die Bildungsmöglichkeiten für alle Menschen und sah es als Aufgabe der Erziehung, die Kinder zur Selbständigkeit zu führen"* (Böhnel 1995, S. 32). Die von ihm erarbeitete Elementarmethode des Schulunterrichts basierte auf der Annahme, dass es die Anschauung ist, die Erfahrung, die allem Lernen zugrunde liegt. Die Wesensmerkmale des in der Anschauung Gegebenen sollen erfasst werden, ihre wesentlichen Strukturen erkannt werden. Pestalozzi meinte, *„dass alle unsere Erkenntnis von Zahl, Form und Wort ausgeht"* (Gudjons 2001, S. 88). Nach Gudjons (2001) lag seine Methode trotz seiner Künstlichkeit – mechanistische, drillmäßige Unterrichtsweise – weit über dem methodischen Niveau der Schule des 18. Jahrhunderts.
Böhnel (1995) verweist für die Zeit der Stagnation des österreichischen Schulwesens auf die Bedeutung der Pädagogik von Vinzenz Eduard Milde
(1777 – 1853), der in seinem Bildungskonzept von einem biologisch orientierten, anthropologischen Ansatz ausging. Milde, Leiter des Lehrstuhls für Erziehungskunde, setzte Bildung gleich der Entfaltung und persönlichen Ausformung der angeborenen Anlagen eines Menschen. Als höchstes Ziel des Unterrichts sah er, *„das Lernen und Denken zu lehren, damit sich jeder Schüler – seiner Individualität gemäß – später selbständig und mündig in neuen Situationen des Lebens zurechtfinden und so die eigene Freiheit wahren kann"* (Böhnel 1995, S. 33). Milde betont die Selbsttätigkeit des Zöglings als ganz wesentliches Mittel der Erziehung. Durch Anlage und Milieu ist die Erziehung noch nicht determiniert, sie bedarf der Selbstgestaltung. Wie Pestalozzi meint Milde, dass Bildung von innen heraus erfolgen müsse und lehnt die akromatische Lehrform ab, wo alles vorgesagt und die Anlage zum Selbstdenken (wie bei Felbiger) erstickt werde. Wesentliche Begriffe der Reformpädagogik sind im Bildungskonzept Mildes bereits Grund gelegt, wie auch Ansätze einer sozialen und demokratischen Erziehung, die SchülerInnen auf ihr Leben als freie und mündige Mitglieder der Gesellschaft vorbereiten sollte, und die sich in den Reformideen von Otto Glöckel am Anfang des 20. Jahrhunderts wieder finden.

2.1.2.2 Die erste Planung einer allgemeinen Grundbildung für alle Kinder

In der Zeit der Revolution von 1848/49 setzen intensive Bemühungen ein, die starr gewordene Schulsituation im Sinne einer umfassenden Bildungskonzeption zu reformieren. Schon vor Ausbruch der Revolution werden von Franz Serafin Exner und Hermann Bonitz Reformpläne ausgearbeitet, die als demokratisches Grundmotiv folgendes Programmwort enthalten: *„Das ganze Volk soll zur Teilnahme zur Gesetzgebung berechtigt sein, und wenn das ganze Volk zur Teilnahme an der Gesetzgebung berechtigt sein soll, darf kein Opfer gescheut werden, um allen die notwendige Bildung zukommen zu lassen"* (Oswald 2003, S. 21).

Die Revolution von 1848/49 stellt laut Oswald (2003) eine Zäsur in der österreichischen Bildungsgeschichte dar. *Der Entwurf der Grundzüge des öffentlichen Unterrichtswesens in Österreich* (Exner 1848) wurde unter dem ersten Unterrichtsminister Freiherr v. Sommaruga vom 18. bis 21. Juli 1848 veröffentlicht. Die vorgeschlagene Organisation des Schul- und Studienwesens sah eine Differenzierung der Schularten dreigliedrig im Sinne der Bildungshöhe vor (Volksschulen, mittlere Schulen und hohe Schulen) und wies keine Teilung nach ständischen Prinzipien mehr auf.

Bezüglich der Volksschulen hob der Entwurf hervor, dass sie *„im Systeme des öffentlichen Unterrichtes (...) das erste und zugleich das wichtigste Glied"* (Exner 1848) bilden. In Übereinstimmung mit neueren bildungstheoretischen Überlegungen wurde die Volksschule nicht mehr als die Schule für die *„niedersten Volksklassen"* (Scheipl & Seel 1985, S. 43) aufgefasst, wie dies in der Politischen Schulverfassung von 1806 der Fall war. Als Basis soll eine achtjährige Volksschule in jedem Dorf errichtet werden, damit jeder Zugang zur gleichen grundlegenden Bildung haben kann. Sie sollte der allgemeinen Menschenbildung dienen und die Grundlage für jede andere Bildung sein. Obwohl das neue bildungstheoretische Verständnis gegeben war, und neue Ziele, Inhalte und die Organisation im Entwurf ausführlich dargestellt waren, erfolgte im Volksschulwesen keine grundlegende Reform. Die Reformpläne bestanden nach Niederschlagung der Revolution 1849 nur auf dem Papier und werden erst in den Jahren 1867/68/69 wieder aufgenommen.

2.1.2.3 Die Konstituierung der Volksschule als *Schule für alle*

In den Jahren 1867/68/69 werden grundlegende Staatsgesetze und Bildungsrechte erlassen – das Staatsgrundgesetz, ein Staat-Kirche-Gesetz und das Reichvolksschulgesetz. In der so genannten *Dezemberverfassung* von 1867 wurde das *Staatsgrundgesetz über die allgemeinen Rechte der Staatsbürger* (RGBL. Nr. 142/1867) beschlossen. Damit setzten sich liberale Gedanken endgültig durch und rückten die Problematik des Konkordates und damit in Zusammenhang stehende schulpolitische Fragen wieder in den Vordergrund des Interesses. In der Bestimmung des Artikel 17 des Staatsgrundgesetzes drückt sich deutlich aus: *„Die Wissenschaft und ihre Lehre ist frei. Unterrichts- und Erziehungsanstalten zu gründen und an solchen Unterricht zu erteilen, ist jeder Staatsbürger berechtigt, der seine Befähigung in gesetzlicher Weise nachgewiesen hat (...). Dem Staate steht rücksichtlich des gesamten Unterrichts- und Erziehungswesens das Recht der obersten Leitung und Aufsicht zu"* (Ermacora 1976, S. 139). Die Durchführung dieser Verfassungsbestimmung erfolgte durch das *Staat-Kirche-Gesetz* vom 25. Mai 1868, welches das Verhältnis Schule-Kirche festlegte und damit den Dualismus zwischen Kirche und Staat in Bezug auf die Bildung klärte. Grundlegende Bestimmungen des Gesetzes waren:

- *„§ 1. Die oberste Leitung und Aufsicht über das gesamte Unterrichts- und Erziehungswesen steht dem Staate zu und wird durch die hiezu gesetzlich berufenen Organe ausgeübt.*

- *§ 3. Die vom Staate, von einem Lande oder von Gemeinden ganz oder teilweise gegründeten oder erhaltenen Schulen und Erziehungsanstalten sind allen Staatsbürgern ohne Unterschied des Glaubensbekenntnisses zugänglich"* (Klement 1970, S. 164).

Diese Trennung von Kirche und Staat bedeutet ein Grundelement der Freiheit in zweifacher Hinsicht:

- *„Religionsfreiheit – als Zusicherung einer freien Religionsausübung und in Konsequenz*

- *Gesinnungsfreiheit – als die Zusicherung, dass den Personen auch keine vom Staat verordnete Ideologie aufgezwungen wird"* (Oswald 2003, S. 23).

Mit den Bestimmungen über das Verhältnis der Schule zur Kirche wurde ein langwieriger, immer wieder unterbrochener Prozess zum Abschluss gebracht, der, beginnend mit den Maßnahmen Maria Theresias, eine endgültige Verstaatlichung der Schule bedeutete. *„Damit wurde die Schule endgültig zum Politikum"* (Scheipl & Seel 1985, S. 56). Zielsetzung der Erziehung und die damit verbundene Beeinflussung der Jugend war bleibend auf den Staat und seine politischen Kräfte übergegangen. Das Schulwesen wird von nun an in die Auseinandersetzung der zunehmend wichtiger werdenden politischen Parteien hinein gezogen.

Am 14. Mai 1869 wurde das *Reichsvolksschulgesetz* (RVG, RGBL. Nr. 62/1869) verabschiedet und beeinflusste als Kulturgesetz das österreichische Schulsystem prägend bis in die Gegenwart und ist wohl als *„die wichtigste und dauernste Frucht des ‚österreichischen Kulturkampfes' zu sehen"* (Vocelka 1978, S. 168). Dieses Gesetz begründet eine *achtjährige, allgemeine Volksschule*, die für alle Schichten der Bevölkerung die gleiche (Grund-) Bildung vermitteln soll. Die Volksschule als *eine Schule für alle* wurde konstituiert. Damit tritt eine grundlegende Veränderung gegenüber der bisher geltenden ständisch konzipierten Schulorganisation der Theresianischen Schulordnung von 1774 ein. Es brachte nach der Felbigerschen Schulordnung die zweite große Reform auf dem Gebiet der Grundschulen und ist in seiner Bedeutung mit dem Schulgesetzwerk von 1962 zu vergleichen. *Gleiche Bildung für alle! – Gleiche Grundbildung für alle!* – eine Forderung der Revolution wird nach 20 Jahren verwirklicht und leitet nach Oswald (2003) eine demokratische Bewusstseinsbildung ein. Im Vergleich zu anderen europäischen Staaten erfolgt damit in Österreich sehr früh eine Orientierung der schulischen Grundbildung in diesem Sinn.

Die wesentlichsten Bestimmungen des Reichsvolksschulgesetzes werden im Folgenden dargestellt:

Die Schule ist eine öffentliche, interkonfessionelle Anstalt. Die Kirche wird auch bezüglich des Religionsunterrichtes den Anordnungen des Staates unterstellt, die Religionsgemeinschaft besitzt aber weitgehende Mitbestimmungsmöglichkeiten. Die Schulpflicht – de jure bis heute eine Unterrichtspflicht – wird von sechs auf acht Jahre angehoben und ist erstmals mit Zwangsmitteln durchsetzbar. Die Grundlage des Schulwesens bildet die achtjährige, allgemeine Volksschule, die je nach lokalen Gegebenheiten ein- bis achtklassig organisiert ist und anstelle der Trivial- und Hauptschule tritt. Die Volksschule – oder anfangs auch Neuschule genannt – wird im Idealfall fünfklassig mit den ersten fünf Jahrgangsklassen geführt, die Organisationsform reicht aber tatsächlich von der ein- bis achtklassigen Schule. Die Volksschule existiert als achtjährige Schulart de facto bis heute, allerdings ist der Besuchsanteil der Volksschuloberstufe (Schulstufen 5–8) an Volksschulen nur mehr äußerst gering. Das Reichsvolksschulgesetz, die Errungenschaft des Liberalismus, war mit Weitblick geschaffen worden, denn es sind die Grundlinien der Organisation bezüglich der Pflichtschulen bis 1962 maßgebend geblieben.

2.1.3 Die Wirkungen der pädagogischen Reformbewegungen um 1900 und die Erneuerung der Volksschuldidaktik in der Ersten Republik

Die letzten Jahrzehnte des 19. Jahrhunderts waren in vielen europäischen Staaten geprägt durch Bewegungen mit Motiven einer allgemeinen Kultur- und Gesellschaftskritik. Seit der Jahrhundertwende zeichnet sich ein neues Überdenken pädagogischer Belange ab. Die Neuorientierung der Pädagogik ergibt sich aus der historischen Entwicklung der Naturwissenschaften, der industriellen Revolution und der Demokratisierung. Eine fortschrittliche Gesellschaft erfordert den Aufbau eines Erziehungssystems, das die unreflektierte Reproduktion des Bestehenden durchbrechen kann und eine Demokratisierung ermöglicht. Das Individuum hat dabei ein Recht auf Selbstverwirklichung. Es gewinnt, mit der Umwelt interagierend, ständig Erfahrungen und ist auf sie zur Realisierung seiner Fähigkeiten angewiesen. Ziel der Erziehung muss deshalb ein Setzen von Handlungsmöglichkeiten sein, die den Prozess der Erfahrung und das Werden der Person ermöglichen.

Die Reformbewegungen in Österreich, vor allem aber die Schulreformdiskussionen der 20er Jahre sind geprägt durch das sich langsam durchsetzende geänderte Verständnis von Erziehung, dessen Motive in der pädagogischen Reformbewegung seit der Jahrhundertwende zu suchen sind. Dabei werden nicht nur schulorganisatorische Veränderungen und deren politische Begleiterscheinungen in den Vordergrund gerückt, sondern im Zusammenhang mit neuen sozialpädagogischen und psychologischen Erkenntnissen wird ein verändertes Verständnis vom Menschen herbeigeführt. Basierend auf empirisch-wissenschaftlichen Erkenntnissen der Kinder- und Jugendpsychologie hat sich die Erziehung strikt an den Bedürfnissen des Kindes zu orientieren, nicht an Erwartungen und Wünschen der Erwachsenen bzw. der Gesellschaft. Freiheit und Selbsttätigkeit des Kindes sind primär zu beachten. Die Reformbewegung richtete sich gegen die Formalisierung des Unterrichts mit ihren indoktrinierenden Methoden und lebensfernen Inhalten. Wesentlich war nicht die Bewältigung des Stoffes, sondern die Beachtung der kindlichen Bedürfnisse. Eine Öffnung der Schule wurde angestrebt. Neue Formen der Interaktion von Eltern, LehrerInnen und SchülerInnen, neue Lehrinhalte und Praktiken des Schulbetriebes sowie reformierte Lehrpläne sollten aktuelles, Gegenstand bezogenes Lernen sichern.

2.1.3.1 Pädagogische Reformbewegungen zu Beginn des 20. Jahrhunderts

Das Buch *Das Jahrhundert des Kindes* von Ellen Key (1905) wurde zum Schlagwort einer Epoche pädagogischer Bestrebungen, die den Weg für ein besseres Verständnis des Kindes frei machten. Ihr pädagogisches Konzept war im Sinne Rousseaus eine *Erziehung vom Kinde aus* und veranlasste neue Überlegungen zur Frage der erzieherischen bzw. unterrichtlichen Autorität, d.h. zur Frage des Lehrer-Schüler-Verhältnisses. Die Schule als Ort eines formalisierten, systematischen, auf Leistungsmessung ausgerichteten Lernens vergewaltigt nach Key (1905) die Natur des Kindes. Die pädagogischen Alternativen, die sie dazu entwickelt, haben in der gegenwärtigen schulpädagogischen Diskussion wieder erstaunliche Hochkonjunktur – frühe Förderung individueller Anlagen, Epochenunterricht und Konzentration der Lehrstoffe, selbstständiges Arbeiten und verstärkter Wirklichkeitsbezug, also praktisches Lernen statt Ansammlung von theoretischem Bücherwissen. Bezüglich der Entwicklung individueller Begabungen meint Key (1905) sollte eine Schule danach streben, ungewöhnliche Anlagen früh zu entdecken und auf Spezialstudien bzw. wahlfreies Selbststudium zu richten. *„Sowohl das Recht der ungewöhnlich Begabten wie das der übrigen könnte berücksichtigt werden, wenn der Schulplan so geordnet würde, dass gewisse Gegenstände während eines Teiles des Schuljahres zu verschiedener Zeit vorgetragen würden, nie alle auf einmal"* (Key zit. nach Baumgart 2001, S. 148).
Nach Berthold Otto (1859 – 1933) sollte Bildung auf Grundlage der Fragestellungen der Kinder erfolgen. Sein Ziel war eine Volksbil-

dung, der Weg ein an den Interessen des Kindes, seinem natürlichen Bildungstrieb orientierter Gesamtunterricht. Ein freier Unterricht soll den gebundenen Unterricht der traditionellen Schule ergänzen. Das Unterrichtsgespräch mit SchülerInnen verschiedener Altersstufen – Jahrgangsklassen werden durch Kurse aufgelöst – sollte sich nach der Initiative der SchülerInnen richten und in ihrer Sprache (Altersmundart) geführt werden. Otto wandte sich gegen die Zerstückelung der Fächer. Unterricht sollte in dieser Form mindestens dreimal pro Woche stattfinden, *„natürlich ohne Zensuren, mit völliger Lehrplanfreiheit, Kurse werden nach den Wünschen der Kinder eingerichtet"* (Otto zit. nach Gudjons 2001, S. 100). Betrachtet man sein Konzept des Auflösens der Jahrgangsklassen bzw. des gemeinsamen Unterrichtens von SchülerInnen verschiedener Altersstufen, lassen sich Parallelen zum didaktischen Konzept der Mehrstufenklassen ziehen.

Kerschensteiner (1854 – 1932), einer der bedeutendsten Vertreter der Arbeitsschulbewegung, stellt von Anfang an die Arbeit unter den Begriff der Bildung. Bildend wirkt nicht das Buchwissen, sondern das durch eigene Erfahrung erworbene Wissen. Beeinflusst von Dewey ist für Kerschensteiner Lernen nur über ein Tun möglich und zwar in der Ausrichtung auf berufliche Bildung, die eine staatsbürgerliche Erziehung einschließt.

In den USA vertritt John Dewey (1859 – 1952) eine Pädagogik, in der Erziehung den Einzelnen zu sozialer Ertüchtigung in der demokratischen Gesellschaft zu führen hat. Die Schule muss mit dem realen Leben in ständigem Kontakt bleiben, daher sind Bildungsgüter, die man sich allein wegen ihrer vermeintlichen formalen Bildung aneignet, pädagogisch wertlos. Bildung wird durch die Erfahrung gewonnen, der Erwerb des Wissens erwächst aus den Betätigungen – learning by doing. Das Kind soll am Rohstoff arbeiten, nicht an bereits vorbereitetem Material, wie Dewey gegenüber Fröbel und Montessori missbilligend bemerkt. Da die Schule eine Arbeitsgemeinschaft ist, fördert sie die sozialen Tugenden und wird zu einer Schule der Demokratie.

Eine neue Form der Schulorganisation schuf Helen Parkhurst (1887 – 1973) im Dalton-Plan. Als Lehrerin einer einklassigen Volksschule suchte sie nach einer Unterrichtsmethode, mit der sie die unterschiedlich fortgeschrittenen SchülerInnen gleichmäßig fördern könnte und entwickelte in Anlehnung an die Pädagogik Montessoris eine Methode freitätiger Arbeit des Einzelnen mit vorgeformten Materialien. Der Dalton-Plan ist organisatorisch durch die Auflassung des Klassensystems gekennzeichnet. SchülerInnen verschiedenen Alters arbeiten einzeln in Fachklassen oder Fachgruppen mit den notwendigen Lernbehelfen in individueller Freiheit des Arbeitstempos und der Wahl eines Mindest-, Mittel- oder Höchstprogramms. Arbeitsanweisungen mit Zielsetzung und Bearbeitungshinweisen werden für eine Woche, einen Monat oder längere Zeit erteilt.

In der Pädagogik Maria Montessoris (1870 – 1952) bildet *Arbeit* eine wichtige Grundlage, wobei sie unter *Arbeit* in ihrer Erziehungstheorie die Selbsttätigkeit des Kindes meint. Dabei scheint ihr die Handtätigkeit für die Entwicklung des Geistes ausschlaggebend und hebt die besondere Bedeutung der Motorik hervor. Ein weiterer wichtiger Grundsatz der Erziehung ist für Montessori die Freiheit, in der sich die im Kinde angelegten Kräfte frei entfalten können. Die Erziehung soll *vom Kinde aus* gehen, sie muss bei dem von der Natur vorgezeichneten Wesen des Kindes beginnen.

Zu den Schulmodellen der Reformpädagogik zählt auch die Lebensgemeinschaftsschule Peter Petersens (1884 – 1952). Die Schule muss aus pädagogischen Gründen ein Abbild der natürlichen Gemeinschaft darstellen – in jeder Klasse befinden sich Kinder dreier Altersstufen beiderlei Geschlechts mit unterschiedlichen Interessen und Begabungen.

Waren die Versuche mit alternativer Erziehung und neuem Unterricht meist auf Privatinitiativen beschränkt, so wurde in Österreich unter Otto Glöckel eine staatliche Schulreform im reformpädagogischen Geist für ein ganzes Land initiiert.

2.1.3.2 Die Grundschulreform in der Ersten Republik

Die pädagogische Erneuerung in der Zeit der Ersten Republik in Österreich ist mit dem Namen Otto Glöckel verbunden. Im Jahre 1920 initiierte Glöckel mit den Leitsätzen des Bildungsprogramms eine Schulreform, die entgegen früheren autoritären Prinzipien die Entfaltung der Persönlichkeit des Kindes in den Mittelpunkt stellte. Die Kinder sollten zu Kritikfähigkeit und selbstständigem Handeln erzogen werden. Glöckel strebte außerdem eine einheitliche Organisation des gesamten Erziehungs- und Bildungswesens in den Stufen der Grundschule, der Allgemeinen Mittelschule und der Allgemeinbildenden Oberschule an. Er und seine Mitarbeiter wollten Chancengleichheit durch Abbau von Bildungsbarrieren, soziale Integration durch die Einführung der Einheitsschule und Ausschaltung des kirchlichen Einflusses. Ein weiteres Grundmotiv der Schulreform ist die soziale Gleichberechtigung im Zugang zur (höheren) Bildung, denn Schulzugänge nach der 4. Schulstufe erwiesen sich als schichtspezifisch determiniert und keineswegs begabungsspezifisch differenziert.

Oswald (1986) betont die bildungspolitische und politische Bedeutung der Schulreform und meint *„in kaum einer anderen Epoche zeigt sich die Wechselwirkung von pädagogischer und politischer Argumentation so dramatisch wie in der Ersten Republik"* (Oswald 1986, S. 231). Der Übergang zur demokratisch-republikanischen Staatsform legte eine Veränderung des Schulwesens unter dem Leitgedanken der Demokratisierung nahe. Unter Demokratisierung wurden zwei verschiedene Anliegen verstanden: *„Die ganze Schule dem ganzen Volk"* (Fischl 1926, S. 9) und mehr Mitbestimmung der in der Schule Tätigen (LehrerInnen) und von ihr Betroffenen (SchülerInnen, Eltern) in allen Schulangelegenheiten.

Im ersten Abschnitt der *inneren* Bildungsreform werden zahlreiche Verbesserungen im schulischen Bereich geplant und durchgeführt. Darüber hinaus werden Schulversuche zur Lösung organisatorischer und didaktisch-methodischer Probleme initiiert. Die Neugestaltung der Lehrpläne wird thematisiert, insbesondere ein neuer Volksschullehrplan, der auf dem Grundsatz des Arbeitsunterrichts, des Gesamtunterrichts und der Wechselbeziehung der Lehrfächer beruht, soll erprobt werden. Der neue Lehrplan war als typologischer Bildungsplan konzipiert, wobei unter Typen exemplarische Stoffe aus der Um- und Erlebniswelt des Kindes zu verstehen waren. Er war als Rahmenlehrplan gedacht, der durch regionale Lehrstoffverteilungen konkretisiert werden musste. Für die Volksschule gelang eine wesentliche Neuerung hinsichtlich der Gestaltung des Unterrichts nach den didaktischen Prinzipien – Bodenständigkeit des Unterrichts (ausgehend von der Umwelt des Kindes sollen Lebensnähe und Anschaulichkeit den Unterricht leiten), Gesamtunterricht (inhaltliche Bereiche werden unter ein Gesamtkonzept gestellt, Lehr- und Lernbereiche werden unter Sachthemen erlebnishaft vermittelt) und Selbsttätigkeit (durch selbstständiges Lernen soll der Bildungswert der Arbeit zur Geltung kommen).

In den Leitsätzen des Schulorganisationsplans der Reformabteilung von 1920 wird ein Vierstufenaufbau des Bildungswesens vorgeschlagen:
Die Grundschule für Kinder vom 6. bis 10. Lebensjahr (1. – 4. Schulstufe), eine Allgemeine Mittelschule für die Jugend vom 10. bis 14. Lebensjahr (5. – 8. Schulstufe) als eigentliche, neu zu verwirklichende Einheitsschule mit Differenzierungen hinsichtlich der Zuteilung der SchülerInnen nach Begabung und Leistungsfähigkeit in einen I. und II. Klassenzug. Weiters eine Oberschule oder Fachschule und letztlich die Hochschule.

Das Konzept basiert auf dem Grundsatz in der Schulorganisation *„Einheitlichkeit soweit wie möglich, Differenzierung soweit als notwendig"* (Oswald 1986, S. 240) vorzusehen. Die Differenzierung des Schulsystems dürfe nicht von sozialen und finanziellen Gegebenheiten, sondern nur von den individuellen Fähigkeiten und Lernvoraussetzungen des Kindes abhängen. Die Schulreformer hofften die Einheitlichkeit der Ausbildung und Erziehung sichern zu können, ohne dass dabei Begabungshöhe, Begabungsschwerpunkte und Interessen der Schüler außer Acht gelassen würden.

1927 einigten sich die Parteien auf einen historischen Kompromiss, nämlich mit der Differenzierung des Schulsystems durch die Einführung der Hauptschule mit I. und II. Klassenzug. Die Durchlässigkeit zur Mittelschul-Unterstufe wurde durch die Koordination der Lehrpläne gesichert.

2.1.4 Die unterschiedlichen Entwicklungen der Volksschuloberstufe und der Volksschulunterstufe, der eigentlichen Volksschule in der zweiten Hälfte des 20. Jahrhunderts

Nach dem Zweiten Weltkrieg erfolgt ein Neubeginn in der Bildungsgeschichte Österreichs. Demokratie setzt Mündigkeit und selbstständiges Urteilsvermögen voraus – die Aufgaben der Bildung im Interesse von Demokratie sind darin gegeben. Oswald (2003) sieht in der vorherrschenden gesellschaftlichen Bewusstseinslage, dem Streben nach Wiederherstellung der Institutionen aus der Zeit der Ersten Republik *„eine eher rückwärts schauende Erneuerung"* (Oswald 2003, S. 37). Das Bildungswesen wird in dieser Bewusstseinshaltung wieder etabliert. Ein rascher wirtschaftlicher Aufstieg bis in die 60er

Jahre und das Erreichen eines vorher nie gekannten Wohlstandes bewirkten eine allgemeine Orientierung auf den Erwerb materieller Güter und verfestigten beharrende Tendenzen im geistigen Bereich. Gegen diese Haltung, die mit dem Attribut der *Zufriedenheit des satten Wohlstandsbürgertums* apostrophiert wurde, wenden sich die Bewegungen der 60er Jahre.

Der Beginn staatlicher Reformen in den 60er Jahren ist geprägt durch einen veränderten Begabungsbegriff – Begabung definiert als dynamischer, entwicklungsorientierter Begriff – sowie durch den Einfluss der empirischen Sozialforschung und neuen Erkenntnissen des Lehren und Lernens.

Nachhaltige Wirkung für das Bildungsdenken zeigt auch die in den 70er Jahren eingeleitete Kulturrevolution. Dies betrifft

- das Einbringen soziologischer Denkkategorien in Wissenschaft und Schulunterricht und bewirkt die Forderung nach kompensatorischer Bildung

- den Anspruch zur Veränderung des Verständnisses von Erziehung durch neue Erkenntnisse der Psychologie, z.b. die Bedeutung nicht-kognitiver Persönlichkeitsmerkmale für das Lernen

- die Bewusstseinsbildung für demokratische Umgangsformen in allen Bereichen und für Demokratie als Lebensform

2.1.4.1 Die Schulreform von 1962

Das Schulgesetzwerk von 1962 stellt einen neuen Abschnitt in der österreichischen Bildungsgeschichte dar. In der Notwendigkeit der Neuregelung des gesamten Schulwesens bemühten sich die beiden Parteien der damaligen Koalitionsregierung (ÖVP und SPÖ) um einen Konsens in Bildungsfragen und brachten die Einigung für das Schulgesetzwerk von 1962 (Schulpflichtgesetz, Schulorganisationsgesetz, Privat Schulgesetz, ...) zustande.

Das neue Schulpflichtgesetz (SchUG) setzte die neunjährige Schulpflicht fest. Unter allgemeiner Schulpflicht versteht das Gesetz die verpflichtende Teilnahme am lehrplanmäßigen Unterricht für die Dauer von 9 Jahren, beginnend mit dem 1. September des vollendeten 6. Lebensjahres, aller Kinder, die sich in Österreich dauernd aufhalten. Ebenso – wie schon die Allgemeine Schulordnung von 1774 und das Reichsvolksschulgesetz von 1869 – definiert das neue Schulpflichtgesetz expressis verbis eine Unterrichtspflicht, keine Schulbesuchspflicht!

Von grundlegender Bedeutung ist das Schulorganisationsgesetz (SchOG) von 1962. Es enthält die Bestimmungen über die Organisation und den Aufbau des Schulwesens, die Definitionen der einzelnen Schularten und die Deklaration der Ziele und Aufgaben der österreichischen Schule (SchOG § 2). Der besondere Erziehungsauftrag der Schule richtet sich auf die Heranwachsenden als Mitglieder einer demokratisch verfassten Gesellschaft. Die Erziehungsleistung ist durch entsprechend gestalteten Unterricht zu erbringen. Die im Unterricht vermittelten Inhalte – Wissen und Können – sind an den erkennbaren Anforderungen des Lebens zu prüfen, lebenslanges selbstständiges Lernen ist vorzubereiten. Das gesamte Schulwesen bildet nun eine Einheit, in der die einzelnen Schularten zwar jeweils spezifische Funktionen im Hinblick auf die Altersstufen, die Lernbefähigungen, die Lebensaufgaben und Berufsziele der SchülerInnen zu erfüllen haben, deren Organisation jedoch so aufeinander abgestimmt ist, dass Brücken und Übergänge gegeben sind. Insbesondere ist der Erwerb höherer Bildung und der Übertritt von einer Schulart in eine andere – allen dafür geeigneten SchülerInnen – zu ermöglichen (SchOG § 3). Die Schulen unterscheiden sich nach Bildungshöhe und Bildungsinhalt – zu den Pflichtschulen zählen die Volksschule, die Hauptschule, die Sonderschule und der Polytechnische Lehrgang.

„Die Volksschule umfasst acht Schulstufen. Die ersten vier Schulstufen stellen die Grundschule des Schulsystems dar. Sie haben eine für alle Schüler gemeinsame Elementarbildung zu leisten" (Scheipl & Seel 1988, S. 53). Nach Möglichkeit soll jeder Schulstufe (Lehrplaneinheit) eine Klasse (Lernverband) entsprechen. Bei zu geringer Schülerzahl können mehrere Schulstufen in einer Klasse zusammengefasst werden – *„ ‚nieder organisierte', ‚wenig gegliederte' Schule"* (Scheipl & Seel 1988, S. 53).

Die Volksschulunterstufe hat sich immer mehr in ihrer Bedeutung für die Grundbildung aller SchülerInnen entwickelt und allmählich tritt die Volksschulunterstufe als *die* Volksschule (die heutige Grundschule) ins Bewusstsein der Bevölkerung. In den Volksschuloberstufen zeichnete sich ein fast gänzlicher Abbau ab. Ihr Rückgang war schon in den 60er Jahren spürbar und ihre Einschränkung ein wesentliches bildungspolitisches Ziel, um die Qualität der Ausbildung

im ländlichen Raum zu heben. Durch die Erweiterung der
Pflichtsprengel der Hauptschulen und durch Zusammenfassung
von Volksschuloberstufen in einem zentralen Ort, wo sie schrittweise nicht nur lehrplanmäßig, sondern auch organisatorisch zu Hauptschulen umgestaltet werden konnten, wurde die gewünschte Struk-
turveränderung beschleunigt.

Die Entwicklung, die von 1962 an bewusst zu einer starken Vermin-
derung der Standorte von Volksschulen geführt hatte, wirft heute
neue Probleme auf. Denn infolge des Rückgangs der Schülerzahlen
seit den 70er Jahren büßten viele Volksschulen Klassen ein und san-
ken wieder auf eine niedrigere Organisationsstufe zurück. Der
Wunsch nach einer eigenen Schule im Ort gewann seither an Reso-
nanz.

2.1.5 Reformbewegungen und Schulversuche im österreichischen Volksschulwesen in der Gegenwart

In den vergangenen Jahren ist in Österreich, wie in den meisten In-
dustriestaaten, eine Diskussion über die Qualität von Schule in Gang
gekommen, insbesondere worin diese besteht und wie sie sich entwickeln und absichern lässt. Qualität von Schule wurde definiert
durch Verordnungen des Staates, die im Rahmen seiner institutio-
nellen Legitimation verordnet war. Diese Beschreibung ist in Zeiten
eines schneller werdenden gesellschaftlichen Wandels schon lange
nicht mehr ausreichend. In diesem Wandel lassen sich drei Megat-
rends ausmachen: Der Trend zur Individualisierung, der Herauslö-
sung des Individuums aus den Vorgaben der lokalen, sozialen und
religiösen Strukturen der Gesellschaft zu einem eigenständig und
eigenverantwortlich gestaltenden Menschen. Die Entwicklung unserer Gesellschaft zu einer Informations-, Lern- und Wissensgesell-
schaft aufgrund der fortschreitenden Entwicklung und Dominanz
von Kommunikationstechnologien. Durch neues Wissen konstituiert
sich diese Gesellschaft ständig neu und erfordert zur Anteilnahme
lebenslanges Lernen des Einzelnen. Die unter dem Stichwort Globa-
lisierung kontroversiell diskutierte Internationalisierung der Gesellschaft. Immer stärker werden lokale Ereignisse und Gegebenheiten
im Bewusstsein des weltweiten Zusammenhangs erlebt und gestaltet. Dieser Trend manifestiert sich in der weltweiten Migration von

Menschen in beruflicher wie persönlicher Mobilität auf der Suche nach besserer Verwirklichung der eigenen Potenziale. Für Schulen ergaben sich aus diesen Trends eine Reihe von Folgen, die in den vergangenen Jahren bereits Gegenstand öffentlicher wie interner Diskussionen und Reformen waren. Würde der Wandel ein ganzes Land wie Österreich gleichförmig betreffen, wäre die Konsequenz verhältnismäßig einfach. Die Veränderung würde bewertet, Anpassungen der schulischen Aufgaben und Strukturen würden vorgenommen und, wie in der historischen Form der Schulentwicklung, bis ins Detail der pädagogischen Praxis landesweit für alle verordnet. Aber da der gesellschaftliche Wandel lokal und regional höchst unterschiedlich verläuft, ist die Automatisierung der Schulen eine notwendige Folge. Innerhalb eines gemeinsamen Rahmens müssen Schulen selbst die Anpassungen und Veränderungen vornehmen, die regional sinnvoll sind. Nur so kann der Komplexität einer modernen Gesellschaft entsprochen werden. Auf Schulebene eröffnet das Spielräume für eigene Entscheidungsmöglichkeiten, denen gleichzeitig Rechenschaftspflicht über getroffene Entscheidungen gegenüber stehen muss. Diese Steuerungsphilosophie, grundlegend anders als die Schulreform der 60er und 70er Jahre, ist in Österreich ansatzweise seit den 90er Jahren zu beobachten. Stichworte dieser Entwicklung sind Deregulierung, Dezentralisierung, Autonomie, vorsichtige Orientierung an Marktprinzipien von Angebot und Nachfrage und vorsichtige Privatisierung.

Die pädagogische Situation in der Grundschule ist durch eine ausgeprägte Heterogenität in der Schülerpopulation bestimmt. Dies sowie Veränderungen im Leistungsverständnis und in der Aneignung von Wissen, Fertigkeiten und Verhaltensweisen bedingen die Notwendigkeit neuer Lernkulturen. Reformbemühungen und diverse Schulversuche im Bereich der didaktischen Arbeit und neuer pädagogischer Entwicklungen behandeln daher im Besonderen Aspekte der Individualisierung, Bedingungen der Arbeit mit Kindern unterschiedlicher Begabungsprofile sowie Organisationsformen im Umgang mit altersheterogenen Gruppen.

In seinem Referat zum Thema *Schulische Leistungsbewertung und Qualitätssicherung* definiert Eckinger (2000) Leistung – schulpädagogisch gesehen – als Lernleistung, die Komponenten wie soziale Einsatzbereitschaft, Einfühlungsvermögen, Solidarität und mitmenschliche Fürsorge umfasst. Aus pädagogischer Sicht wäre also – ausgehend von diesem modifizierten Leistungsbegriff – eine Schule zu fordern, in der die Würdigung jeder Leistung von der Individuallage des Kindes aus geschieht. Zahlreiche Grundschulen unternehmen auf Grundlage dieses veränderten Leistungsbegriffs Versuche, Lernen anders zu organisieren. Leistungsbeurteilung wird dementsprechend unter Beachtung der jeweiligen Individuallage der Kinder und der gesellschaftlichen Funktion zu einem Schlüssel zur Kultivierung schulischen Lernens. Nach Eckinger (2000) stehen folgende Kernelemente für die Begründung eines pädagogisch legitimierten Leistungsverständnisses miteinander in Verbindung und können nur zusammen ihre Wirksamkeit entfalten. Leistung ist produkt- und prozessorientiert. Es dürfen nicht ausschließlich Lernresultate ins Zentrum der Unterrichtsarbeit rücken, mindestens gleichgewichtig sollten die prozessualen Aspekte des schulischen Lernens berücksichtigt werden. Leistung ist individuelles und soziales Lernen. Ein pädagogisches Leistungsverständnis sollte die Verbindung zwischen diesen beiden Aspekten stiften. Leistung ist problemorientiertes und vielfältiges Lernen. Schulische Umwelten sollten aufforderungsstarke Lernsituationen enthalten, um die Neugierde bei den SchülerInnen zu wecken und ihnen vielfältige Möglichkeiten explorativer Tätigkeit zu bieten. Leistung hat ermutigendes und anstrengendes Lernen als Voraussetzung. Der Grundsatz der Ermutigung ist dem Förderprinzip in Relativierung zum Ausleseprinzip verpflichtet.

Nicht nur Schulbehörden, sondern auch einzelne Schulstandorte versuchen durch unterschiedliche Maßnahmen und Schwerpunktsetzungen diesen neuen Entwicklungen gerecht zu werden. Dieser Paradigmenwechsel charakterisiert sich durch flexible Organisationsformen, die Konzeptionierung neuer Unterrichtsgegenstände, einen schülerzentrierten, handlungsorientierten Unterricht, die Entwicklung eines Sets an spezifischen Fördermaßnahmen, einen neuen Leistungsbegriff, der neben den kognitiven Leistungen auch auf den Erwerb sozialer Kompetenzen abzielt, alternative Formen der Leistungsbeurteilung, Jahrgangsheterogenität in zahlreichen Modellen des Schuleingangsbereichs (Neue Grundschule, Mehrstufenklasse), ein Dynamisches Förderkonzept (integrative Förderung), reformpädagogische Ansätze (Offenes Lernen, Freinet, Montessori, Jena-Plan, Dalton-Plan, Projektunterricht, ...) und letztlich durch die Durchführung internationaler Projekte wie *Comenius, Sokrates, Arion,* ... (vgl. Stadtschulrat für Wien 12/99, S. 88).

2.1.5.1 Der neue Lehrplan als Grundlage der Vermittlung einer gemeinsamen Elementarbildung

Das österreichische Bildungswesen hat im Schulorganisationsgesetz von 1962 seine Grundlage. Veränderungen und Erneuerungen werden auf dem Wege von Novellierungen des Gesetzes durchgeführt. Für die Lehrplanreform Mitte der 80er Jahre des 20. Jahrhunderts waren vor allem fachliche Überlegungen maßgebend und nicht gesetzliche oder politische Vorgaben. Zeitgleich zur beginnenden Lehrplanreform wurde ein Projekt des Europarates durchgeführt, das den Innovationen in der Grundschule gewidmet war und sämtliche Bereiche der Grundschule betraf. Die allgemeinen Bestimmungen des Grundschullehrplanes (2000) sowie die allgemeinen didaktischen Grundsätze enthalten alle jene Bestimmungen, die ein aktuelles Bild der österreichischen Grundschulpädagogik und den der Grundschule zugedachten Aufgaben bieten.

Erstmals wurde in den allgemeinen Bestimmungen die Aufgabe der Schulart über die Formulierungen im Schulorganisationsgesetz hinaus konkretisiert. Die Vermittlung einer für alle SchülerInnen gemeinsamen Elementarbildung, die Priorität förderpädagogischer Grundsätze – insbesondere im Schuleingangsbereich die Verzahnung mit der Vorschulpädagogik – und die Berücksichtigung neuer elementardidaktischer Erkenntnisse waren wesentliche Zielsetzungen dieser Reform. Der Lehrplan sollte auch mehr als bisher als Steuerungsinstrument für die Unterrichtsplanung der LehrerInnen konzipiert sein.

Im Vordergrund steht expressis verbis die Vermittlung einer gemeinsamen Elementarbildung in allen relevanten Persönlichkeitsbereichen sowie die individuelle Förderung eines jeden Kindes. *„Dabei soll einerseits der individuellen Erziehungsbedürftigkeit und Bildsamkeit der Schüler entsprochen werden, andererseits bei allen Schülern eine kontinuierliche Lernentwicklung angebahnt werden. Damit soll die Grundschule die Voraussetzungen für ein erfolgreiches Lernen in den weiterführenden Schulen schaffen"* (Lehrplan 2000, S. 20).

In den allgemeinen didaktischen Grundsätzen schreibt der Lehrplan *fest, den Unterricht „(...) grundsätzlich am Kind zu orientieren, an seinen*

Lernmöglichkeiten und -grenzen im Spannungsfeld von dem, was es braucht, und dem, was es will" (Lehrplan 2000, S. 40). Auch wird dem Alter des Kindes und seiner Entwicklung ein entsprechendes Maß an Schülermitverwaltung eingeräumt. Die Förderung der Persönlichkeit der Kinder wird betont und das Mit- und Voneinanderlernen bzw. das Lernen in kooperativen Sozialformen werden postuliert.

Eine zeitgemäße Auffassung einer gesamtunterrichtlichen Konzeption des Grundschulunterrichts verlangt die Vermittlung des Lehrstoffes vom *„eher ganzheitlichen Erleben der Kinder ausgehend (...) in größeren Sinnganzheiten unter Ausnützung aller Wechselbeziehungen"* (Lehrplan 2000, S.45). Dies wird auch in der Lehrplanformulierung deutlich – *„(...) vom vorfachlichen Unterricht auf der Grundstufe I"* soll *„auf der Grundstufe II allmählich zu einem stärker fachlich gegliederten Unterricht fortgeschritten"* (Lehrplan 2000, S. 45) werden. SchülerInnen sollen genügend Zeit zur persönlichen Auseinandersetzung mit den Lernstoffen haben und selbstgesteuertes, entdeckendes Lernen soll angeregt und gefördert werden. Die Unterschiedlichkeiten der Kinder *„hinsichtlich des Entwicklungsstandes, des Sozialverhaltens, der Kommunikationsfähigkeit, der Selbstständigkeit, der Interessen, der Motivation, des Vorwissens, der Lernfähigkeit, der Arbeitshaltung"* (Lehrplan 2000, S. 49) werden zum Ausgangspunkt für Lernangebote und Lernanforderungen gemacht. Der Rahmencharakter des Grundschullehrplanes eröffnet ausreichende Möglichkeiten für ermutigende, hilfreiche und individualisierende Leistungsfeststellungen und Leistungsbeurteilungen. In den allgemeinen Bestimmungen für die Grundschule finden sich wesentliche Gesichtspunkte zur grundschulmäßigen Lernplanung, die reformpädagogische Ansätze sehr deutlich erkennen lassen. Dies äußert sich in der *„allgemeinen Festlegung des Bildungsziels, der Bildungs- und Lehraufgaben und des Lehrstoffs für die einzelnen Unterrichtsgegenstände sowie der fächerübergreifenden Lernbereiche"* (Lehrplan 2000, S. 23). Es werden Ziele jeweils für zwei Schulstufen zusammengefasst, sie sind als Richtmaß anzusehen und ermöglichen die *„Verlängerung der Lernzeit durch einen sich über zwei bzw. mehrere Unterrichtsjahre erstreckenden Zeitraum, wenn dies aus didaktischen Gründen erforderlich ist"* (Lehrplan 2000, S. 25).

Eine strenge Trennung nach Unterrichtsgegenständen ist zu vermeiden, so heißt es, weil der Unterricht „womöglich von den Erfahrungen, Interessen und Bedürfnissen der Kinder ausgeht, oder diese zumindest einbezieht" (Lehrplan 2000, S. 26). Wesentlich ist die Bestimmung, dass sich die Dauer unterrichtlicher Einheiten in der Regel nicht an der schulorganisatorischen Zeiteinheit Unterrichtsstunde orientiert und somit eigentlich ein hohes Maß an Flexibilität für organisatorische Möglichkeiten eingeräumt wird. Die Unterrichtsplanung soll „die aktuellen Bedürfnisse und Interessen der Schülerinnen und Schüler berücksichtigen und ihnen ein dem Alter und der Entwicklung entsprechendes Maß an Mitbestimmung ermöglichen können" (Lehrplan 2000, S. 27f.). Der geltende Lehrplan bringt reformpädagogische Anliegen zum Ausdruck. Er bildet eine verlässliche Grundlage für die Planung eines zeitgemäßen, kindorientierten Grundschulunterrichts, der sowohl national als auch international her- und vorzeigbar ist.

2.1.5.2 Die flexible Grundschule – *ein Lernort für alle*

Die Novelle des Jahres 1998 zum Schulorganisationsgesetz (1974) legt folgende Strukturen der Organisation des Grundschulwesens fest:

(1) Volksschulen sind

> ➢ nur mit der Grundschule oder
> ➢ mit Grundschule und Oberstufe zu führen.

(2) Die Grundschule ist in der Grundstufe I

> ➢ mit einem getrennten Angebot von Vorschulstufe (bei Bedarf) sowie 1. und 2. Schulstufe oder
> ➢ mit einem gemeinsamen Angebot von Schulstufen der Grundstufe I zu führen.

Über die Organisationsform gemäß Absatz 1 und 2 entscheidet nach den örtlichen Gegebenheiten die nach dem Ausführungsgesetz zuständige Behörde nach Anhörung des Schulforums, des Schulerhalters und des Bezirksschulrates (Kollegium). Darüber hinaus wird in der Regierungsvorlage (1998) auf die Schulversuche zum Schuleingangsbereich hingewiesen, wo die Vorschulstufe in die Grundstufe I eingebunden wird, d.h. dass sie nicht mehr gesondert besteht. Die bundesweit durchgeführten Schulversuche zur flexiblen Gestaltung der Schuleingangsphase sind im § 131c des Schulorganisationsgesetzes folgendermaßen geregelt:

§ 131c (1) Durch die Einbindung der Vorschulstufe in die Grundstufe I sind während der Schuljahre 1993/94 bis 1997/98 in Schulversuchen bei der Klassenbildung flexible Formen für eine bedarfsgerechte, regional abgestimmte schulische Versorgung im Schuleingangsbereich zur individuellen Förderung der Kinder zu erproben.

Die Schulversuche sollen möglichst große lernorganisatorische Freiräume in Bezug auf Zusammensetzung der Klassen- bzw. Gruppenverbände, Altersjahrgänge bzw. Altersheterogenität und klassenübergreifende Organisation bieten. Auch an die Möglichkeit zeitlich begrenzter Kleingruppenförderung ist zu denken – Verzicht auf Schullaufbahnverluste bzw. Verzicht auf Zurückstellung. Bei den Schulversuchen werden die Lehrpläne der Vorschulstufe und der Grundstufe I als Einheit gesehen. Die Bedürfnisse, Interessen, Fähigkeiten, Lernerfolge, Lernstile und –muster jedes einzelnen Kindes bestimmen das individuelle Lernangebot.

Alternative Organisationsformen zu den Jahrgangsklassen sollen erprobt werden. Die Führung des Schuleingangsbereiches unter Verzicht auf Selektion führt einerseits zwangsläufig zur Altersheterogenität, mitunter zur Auflösung des Jahrgangsklassensystems. Dabei ist Folgendes zu beachten: Die Berücksichtigung verschiedener Reifegrade, Kinder sollen voneinander lernen, Kinder werden nicht einem gleichgerichteten Lernziel angepasst und Kinder werden nicht miteinander verglichen.

Andererseits macht es individualisiertes Lernen notwendig, wobei die Charakteristika individualisierten Lernens (flexible Lehrplananwendung, der Entwicklungsprozess bestimmt den Lernprozess, Förderung der Einsichten der Kinder, persönlicher Leistungsfortschritt, Verschiedenheit statt Gleichheit, Bereitschaft zu modernen Unterrichtsformen) Berücksichtigung finden sollten. Anstelle eines lehrerzentrierten Frontalunterrichts tritt ein schülerzentrierter Unterricht. Schüleraktivitäten stehen im Vordergrund, LehrerInnen sollen Hilfestellungen bieten, unterstützen, beraten und motivieren.

In der langjährigen Praxis des Schuleingangsbereiches zeigte sich immer wieder, dass die Kinder über sehr unterschiedliche Voraussetzungen hinsichtlich ihres kognitiv-geistigen, motivationalen, sozialen und physischen Entwicklungsstandes zu Beginn ihrer Schulpflicht verfügen. Von diesen Voraussetzungen ist und war die Situation in den Klassen der Grundstufe schon bisher durch ein hohes

Maß an Heterogenität geprägt. Diesen verschiedenen Bedürfnissen wurde bei der Neugestaltung der Schuleingangsphase entsprochen, wobei auch Konzepte zur schulischen Förderung von nicht schulreifen und schulpflichtigen Kindern, die bisher nicht die schulische Betreuung in einer Vorschulstufe in Anspruch nehmen konnten, miteinbezogen wurden. Um den Leitgedanken der Aufnahme und Förderung aller schulpflichtigen Kinder, ob schulreif oder nicht, Rechnung zu tragen, wurde die Grundstufe I sowohl pädagogisch als auch organisatorisch mit dem Ziel, allen Kindern die Grundschule als Lern- und Entwicklungsort anzubieten, neu gestaltet.

Im Juli 1998 beschloss der Nationalrat die neuerliche Novellierung des Schulorganisationsgesetzes – die flexible Gestaltung der Schuleingangsphase wird der Führung einer Vorschulklasse gleichgestellt. Besonderheiten der neuen Schuleingangsphase werden festgeschrieben: Alle schulpflichtigen Kinder werden in die Grundstufe I aufgenommen, eine Rückstellung vom Schulbesuch ist nicht mehr möglich. Jedes Kind bringt individuelle Fähigkeiten und Bedürfnisse mit und soll von Anfang an bestmöglich gefördert werden. Dies kann sowohl mittels Führung der Vorschulstufe gemeinsam mit der ersten bzw. ersten und zweiten Schulstufe als auch mit getrennt geführter Vorschulklasse realisiert werden. Sollten Kinder mehr Zeit zur Bewältigung der gestellten Aufgaben und Lernziele der Grundstufe I benötigen, haben sie dafür bis zu 3 Jahre Zeit (1. und 2. Schulstufe, bei Bedarf Vorschulpädagogik). Daher wird auch hinsichtlich der Anwendung von Lehrplänen in der Grundstufe I und innerhalb der Klassen eine größere Flexibilität und mehr Freiraum für schülerbezogene Entscheidungen im Bereich der Schulstufen der Grundstufe I (Wechsel in die nächst höhere bzw. nächst niedrigere Schulstufe) geboten. Durch den Einsatz von ZweitlehrerInnen in der Grundstufe I soll die pädagogische Arbeit unterstützt und die Qualität des Unterrichtsangebotes gesichert werden. Für Kinder, die den ersten Abschnitt der Grundschule rascher bewältigen können, wurde das Überspringen von Schulstufen erleichtert und gesetzlich geregelt.

Die Grundschule umfasst nach den vorliegenden Bestimmungen entweder jeweils eine Klasse auf der Vorschulstufe (bei Bedarf) und auf der 1. und 2. Schulstufe (entspricht der derzeitigen Rechtslage, nur dass die Vorschulstufe in die Grundstufe I einbezogen wird) oder eine bis drei Stufen gemeinsam geführte Klasse (neue Schuleingangsphase).

Obwohl die Volksschule eigentlich über den Primarbereich hinaus-reicht – sie umfasst weiterhin die Schulstufen 1 – 8, einschließlich der Volksschuloberstufe – wird sie heute, nach nahezu vollständiger Reduzierung im Sekundarbereich, fast ausschließlich durch die Grundschule (Schulstufen 1 – 4) repräsentiert.

Die Neuordnung des Schuleingangsbereiches soll auch der Förde-rung von besonders begabten SchülerInnen dienen, indem diese SchülerInnen während der Schuleingangsphase von der 1. in die 2. Schulstufe wechseln können. Im Übrigen sei auf die erläuternden Bemerkungen zur im Entwurf vorliegenden Novelle des Schulunter-richtsgesetzes verwiesen, wobei jedoch im Falle eines Wechsels von der 1. in die 2. Schulstufe ein abermaliges Überspringen im Rahmen des Grundschulbesuchs gemäß § 26 des Schulunterrichtsgesetzes nicht mehr möglich sein soll. Weiters können Kinder, die das sechste Lebensjahr erst zwischen dem 1. September und dem 31. Dezember des laufenden Schuljahres vollenden und durch die Anforderungen der 1. Schulstufe nicht überfordert werden, vorzeitig in die 1. Schul-stufe aufgenommen werden. Der vorzeitige Besuch der ersten Schul-stufe wird in die Dauer der allgemeinen Schulpflicht eingerechnet. Nach Oswald (2002) lässt sich an der Genese der Formulierungen des § 26 des österreichischen Schulunterrichtsgesetzes – vom Grund-text aus dem Jahre 1974 über die Novellen von 1982 und 1992 bis zur Neuerung von 1998 – folgende gesellschaftliche Bewusstseinsbil-dung ablesen: Die Loslösung von einer Fixierung der intellektuellen und sozialen Entwicklung auf das Lebensalter zugunsten einer Ori-entierung nach dem Begabungsalter. Die Aufhebung der bisher gel-tenden Einschränkungen, die nach Oswald (2002) weniger pädago-gisch und psychologisch als vielmehr verwaltungsorientiert begrün-det waren, hat dem eigentlichen Sinn des Lernens und der individu-ellen Entwicklung von Kindern und Jugendlichen Rechnung getra-gen.

Die Novelle des Jahres 1998 zum Schulunterrichtsgesetz ermöglicht den besonders begabten SchülerInnen neue Chancen zum rascheren Durchgang durch schulische Lernstufen (Überspringen von Schul-stufen). Für die Grundstufe I der Volksschule (1. und 2. Schulstufe) wird die Flexibilität erhöht, indem SchülerInnen berechtigt sind, während des Unterrichtsjahres in die nächsthöhere oder nächstnied-rigere Schulstufe zu wechseln (SchUG § 17, Abs. 5).

Für die Schulstufen 1 bis 4 der Volksschule ist nach dem Gesetz nur vorgeschrieben, dass *„die Gesamtdauer des Schulbesuches nicht weniger als drei Jahre"* (SchUG § 26, Abs. 1) betragen soll. Durch die bundesgesetzliche Neuregelung der Schuleingangsphase konnten seit dem Schuljahr 1999/2000 die Schulversuche zur flexiblen Gestaltung der Schuleingangsphase in das Regelschulwesen übernommen werden. Nur jene Vorhaben, die möglichst große lernorganisatorische Freiräume in Bezug auf Zusammensetzung der Klassen- bzw. Gruppenverbände, Altersmischung und klassenübergreifende Organisationsformen auch im Bereich der Grundstufe II nutzen, werden weiterhin als Schulversuche beantragt.

2.1.5.3 Aktuelle Schulversuche und Schulentwicklung an Grundschulen

Im folgenden Kapitel sollen exemplarisch aktuelle innovative, schulorganisatorische Projekte der Schulentwicklung auf Basis des Schulorganisationsgesetzes dokumentiert werden. Diese Zusammenstellung basiert vorrangig auf einer Veröffentlichung des Wiener Stadtschulrates (2002) zum Thema *Schulversuche und Schulentwicklung.*

2.1.5.3.1 Modifizierte Grundschule

Im Sinne einer konsequenten integrativen selektionsfreien Struktur der Grundschule durchlaufen die SchülerInnen diese im Zeitraum von 3 – 5 Schuljahren. Die Grundschule (Grundstufe I und II) wird somit als Einheit betrachtet. Eine flexible innere Organisation der Grundschule bedingt eine weit gehende Individualisierung des Unterrichtsgeschehens – diese soll in diesem Modell besondere Berücksichtigung finden.

Der Unterricht erfolgt in zwei parallelen Klassen, die eine Stammklasse bilden und ca. 50 Kinder umfasst. Die Stammklasse der Elementarklassen kann schulpflichtige Kinder und solche, die im darauf folgenden Schuljahr schulpflichtig wären, umfassen. Die Organisation des Unterrichts erfolgt flexibel – je nach erreichten Lernzielen, Lerntempo, Lernschritten, individuellem Interesse bzw. Förderbedarf – sowohl in der Stammklasse, in einer der Parallelklassen als auch in Kleingruppen. Für alle SchülerInnen wird ein individueller Förderplan erstellt.

2.1.5.3.2 Neue Grundschule auf der Grundstufe II

Dieser Schulversuch versteht sich als sinngemäße Fortsetzung des Modells der flexiblen, selektionsfreien Gestaltung der Grundstufe I. Schulstandorte bzw. Klassen bilden auf der Grundstufe II aus den Absolventen der Grundstufe I jeweils altershomogene Jahrgangsklassen. Jede dieser Jahrgangsklassen wird von einer/m LehrerIn geführt, die/der im Vorjahr auf der Grundstufe I unterrichtet hat. Damit ist sichergestellt, dass der Wechsel von der Grundstufe I in die Grundstufe II jeweils mit einer/m, den Kindern vertrauten LehrerIn, erfolgt. Die neue Grundschule auf der Grundstufe II kann unter Einbeziehung besonderer Fördermaßnahmen (Begleitlehrereinsatz) geführt werden, sofern die Kostenneutralität gewahrt bleibt.

2.1.5.3.3 Die Mehrstufenklasse mit reformpädagogischem Schwerpunkt

Im Modell *Mehrstufenklasse* werden Kinder unterschiedlicher Schulstufenzugehörigkeit unterrichtet. Kinder verschiedener Altersstufen arbeiten unterstützt durch das soziale und differenzierte Lernen gemeinsam. Wobei jedes Kind – dem Grundsatz der maximalen Differenzierung folgend – auf seinem jeweiligen Lernniveau arbeitet, um so die Lernziele des Lehrplanes der entsprechenden Schulstufe zu erreichen. Durch den altersheterogenen Klassenverband wird dem individuellen Lerntempo der Kinder Rechnung getragen. Ein Durchlaufen der Mehrstufenklassen wäre in drei bis fünf Jahren möglich. Damit kann den Ansprüchen nach Begabungsförderung, aber auch nach der Förderung lernschwacher Kinder optimal entsprochen werden.

2.1.5.3.4 Das Dynamische Förderkonzept

Die Grundschule als Ort heterogener Lebens- und Lernbedingungen, will alle Kinder in bewusster Anerkennung und Gestaltung ihrer Individualität miteinander lernen lassen. Prävention und Integration kennzeichnen die heutige Grundschule. Der Schuleintritt wird nicht als Instrument der Selektion eingesetzt. Um Lernerfolge zu ermöglichen und zu sichern, sind Förderkonzepte notwendig. Die Förderung aller Kinder ist ein Grundprinzip jedes Unterrichts. Dieses Konzept soll allen SchülerInnen der Grundschule entsprechend ihren individuellen Bedürfnissen optimale Förderung ihrer Begabungen und Fähigkeiten zukommen lassen. Als Charakteristika dieses Konzepts führt der Stadtschulrat für Wien (2000) die Unterstützung der Lernprozesse durch Schaffung begabungsfördernder Lernsituationen, Individualisierung der Arbeitsweise, intensivere Lernhilfe, zeitlich längeres Verweilen an Stoffelementen (kompensatorische Maßnahmen), kleine Schritte durch Strukturieren der Lerninhalte und individualisierendes Lernen (das auch speziell und allgemein begabten Kindern zugute kommt), an (vgl. Stadtschulrat für Wien, 2000).

Sowohl Kinder mit Defiziten als auch mit speziellen Begabungsspitzen sollen im Sinne einer zielgerichteten Förderung für alle Begabungsausprägungen gefördert und gefordert werden. Für die Kinder mit speziellen Lernproblemen soll hier bereits präventiv ein Förderprogramm entwickelt und angewendet werden. Die spezielle Förderung von Kindern mit besonders ausgeprägten Begabungen ist durch unterrichtliche Maßnahmen (Individualisierung, Differenzierung, offene Lernformen, Teamteaching, unverbindliche Übungen, integrativer Förderunterricht, Schwerpunktangebote) zu intensivieren und zu verwirklichen. Derart konzipierte Formen des Lernens stehen beispielsweise in Kongruenz mit dem Grundsatzerlass (1990) zur ganzheitlich-kreativen Erziehung, der problemorientiertes Lernen, Prozessorientierung, Selbsttätigkeit, Leistung, mehrdimensionales Arbeiten sowie Kompetenzerweiterung ausdrücklich anführt.

2.1.5.4 Schulversuche zu alternativen Beurteilungsformen

Innovative Formen der Leistungsrückmeldungen entstehen nach Ziegenspeck (1999) in der Regel dann, wenn Lehrende die Bereitschaft entwickeln, die dem Kind zukommende Wertschätzung seiner Individualität u.a. durch die Schaffung neuer Lernkulturen in ihr Verhaltensrepertoire zu integrieren. Neue Formen der Leistungsbeurteilung verlangen Transparenz und Öffnung der Schule für die Eltern, sie bedingen gemeinsame Gespräche und erfordern erweiterten Zeitaufwand. Neue Formen der Leistungsrückmeldung erfordern auch kompetenten Umgang mit dem Beobachtungs- und Beurteilungsinstrumentarium.

2.1.5.4.1 Verbale Beurteilung

Der Schulversuch verfolgt das Ziel, die Mängel der bestehenden Notenbeurteilung durch eine verbale Beschreibung der allgemeinen

Leistungsfortschritte des Kindes zu überwinden und Eltern und SchülerInnen zu einer sachbezogenen Einschätzung der schulischen Leistungen des Kindes zu verhelfen. Die verbale Beurteilung über die individuelle Lern- und Leistungssituation der SchülerInnen soll eine gerechtere Form der Elternbenachrichtigung bzw. Schülerbeurteilung ermöglichen.

Die in ihrer Aussage reduzierte, kategorisierte, numerische Festlegung der Ziffernnote mit ihrer diskriminierenden und entmutigenden Auswirkung auf das Kind soll einer individualisierten, beschreibenden und Hilfestellungen bietenden Form der Leistungsdarstellung weichen. Die verbale Beurteilung soll ein den Eltern verständlicheres Informationsforum darstellen, als es die Ziffernnotengebung vermag. In diesem Sinne soll die verbale Beurteilung Formulierungen finden, die allgemein verständlich, jedoch inhaltlich wertvoll sind.

Schulnachrichten und Jahreszeugnisse der Grundstufe I enthalten eine in Worte gefasste Mitteilung über den allgemeinen Lernzuwachs des Kindes mit besonderen Angaben über die soziale Dimension des Lernens (Kooperationsfähigkeit, ...) und die Mitarbeit im Unterricht. Auf Wunsch der Eltern und der/dem klassenführenden LehrerIn besteht die Möglichkeit, die verbale Beurteilung bis zum Halbjahr der 4. Schulstufe auszudehnen. Bei der Verbalisierung der Beurteilung ist es erforderlich, sowohl den richtigen Ausdruck für die individuelle Situation des Kindes zu finden, als auch die Formulierungen so zu gestalten, dass auch weniger sprachgewandte Eltern die betreffende Aussage verstehen. Bei der Wiederholung der verbalen Beurteilung in den folgenden Beurteilungsabschnitten muss die Veränderung des kindlichen Verhaltens und seiner Leistungen zum Ausdruck gebracht werden. Die richtige Einstellung der LehrerInnen auf die Individualität der SchülerInnen hilft, schematische Darstellungen und leerformelhafte Verallgemeinerungen zu vermeiden.

2.1.5.4.2 Kommentierte direkte Leistungsvorlage

Die derzeit gültigen Lehrpläne der Volksschule sind unter anderem geprägt vom Postulat individueller Förderung – Binnendifferenzierung, Individualisierung des Unterrichts – sowie modernen Unterrichtsformen – Offenes Lernen, Freinet- und Montessori-Pädagogik, Interkulturelles Lernen. Gleichzeitig ist die Integration von behinderten Kindern, lernschwachen Kindern, Kindern mit nichtdeutscher Muttersprache eines der zunehmend systemkonstutiven Merkmale der Grundschule, insbesondere des Schuleingangsbereiches. Ferner wirken jene Maßnahmen, z.B. Schulversuche nach § 131c SchOG, verstärkend in Richtung Umsetzung der Lehrplananforderungen. Die verstärkten Bemühungen auf Entfaltung, Förderung der Fähigkeiten und Fertigkeiten, der Interessen und Neigungen zu setzen, hat unter anderem Konsequenzen im Hinblick auf die Beurteilungsformen der SchülerInnen. Die Ermöglichung von alternativen Formen der Leistungsbeurteilung ist insofern eine mögliche Reaktion, die aus der Abkehr von der Orientierung an der Kollektivnorm, dem Vergleich der Schülerleistungen und der neuen Sichtweise des Förderprinzips, resultiert.

Der Schulversuch *Kommentierte direkte Leistungsvorlage* ist vor allem im Zusammenhang mit folgenden Zielstellungen zu sehen:

- Schulstart ohne Selektionsmaßnahmen
- individuelle Förderung
- Förderung anstelle von Selektion steht im Mittelpunkt des Unterrichtsgeschehens
- Verzicht auf Zurückstellung
- Konzept, das die Entwicklungsschübe im Volksschulalter berücksichtigt
- engere Kooperation Schule-Elternhaus
- Erhöhung der Reliabilität der Leistungsbeurteilung
- Stärkung der Fähigkeit der SchülerInnen, Wege zur Selbstbeurteilung zu finden
- Stärkung und Erhaltung der Lernfreude und kindlichen Wissbegierde
- Stärkung und Entwicklung des Vertrauens der SchülerInnen in die eigene Leistungsfähigkeit

An die Stelle der Ziffernbeurteilung tritt das Sammeln der Leistungen aller SchülerInnen. Im Detail bedeutet dies ein Auffächern der Grob- in Feinziele anhand des Lehrplanes der Volksschule. Die Arbeiten der SchülerInnen, die Lernzielen entsprechen, werden von den LehrerInnen in einer Sammelmappe abgelegt. Diese umfasst u.a. Arbeitsblätter, Niederschriften, verfasste Texte, Zeichnungen, Werkstücke, Hausübungen, Plakate, etc. Diese Sammelmappe ist von den Erziehungsberechtigten jederzeit einsehbar und wird diesen mindestens einmal pro Semester nachweislich zur Kenntnis gebracht. In diesem Eltern-, Lehrer-, Schülergespräch werden die Schülerarbeiten erläutert.

2.1.5.4.3 Pensenbuch bzw. Studienbuch

Pensenbücher als Beurteilungsform existieren an sich in Österreich seit Ende der 70er Jahre, wobei ihre Entstehung eng mit den Ansätzen der Montessori-Pädagogik verknüpft war. Das Pensenbuch bzw. das Studienbuch kann aufsteigend von der 1. bis zur 3. Schulstufe verwendet werden und ist insbesondere im Zusammenhang mit den Schulversuchen zur selektionsfreien Gestaltung der Schuleingangsphase SchOG § 131c zu sehen.

Ziel der Führung eines Pensenbuches ist das Gewinnen eines fundierten Leistungs- bzw. Fertigkeitenprofils der SchülerInnen, die Nachvollziehbarkeit der Lernzuwächse von SchülerInnen, ein besseres Abschätzen der Motivation, des Leistungszuwachses und Lernfortschritts anhand der gemachten Aufzeichnungen durch die LehrerInnen. Diese Dimensionen schulischen Lernens können eher anhand der vorformulierten Lernziele überprüft werden. SchülerInnen lernen aufgrund der vorformulierten Lernziele ihre eigenen Leistungen besser einzuordnen, die Fähigkeit der Selbsteinschätzung wird somit gestärkt. Die Beurteilung erfolgt nicht ausschließlich von oben herab, sondern vielmehr in diskursiver Form unter Einbeziehung der SchülerInnen. Die traditionelle Form der Ziffernbeurteilung wird durch die Führung eines Pensenbuches bzw. Studienbuches ersetzt. Dieses enthält die dem Lehrplan entnommenen Lernziele über die Grundstufe I und die 3. Schulstufe. Die Lernziele werden dabei gebündelt, die Formulierungen sind so gewählt, dass sie für Eltern und SchülerInnen leicht verständlich sind. Pensenbücher bzw. Studienbücher sind von den Erziehungsberechtigten jederzeit einsehbar. Sie sind jedoch den Erziehungsberechtigten vor Semesterende bzw. Schuljahresschluss nachweislich zur Kenntnis zu bringen und von ihnen zu unterschreiben. Sie enthalten auch die Berechtigungsklausel zum Aufsteigen in die nächst höhere Schulstufe.

Bildung definiert sich nicht ausschließlich im Bereich des Wissens, sondern konstituiert sich aus der exemplarischen Gegenwarts- und

Zukunftsbedeutung des zu Lernenden für den Lernenden. Schulisches Lehren und Lernen sind daher charakterisiert als aktives, selbstständiges, selbst organisiertes und selbstbestimmtes Lehren und Lernen. Formen des entdeckenden und sinnhaft verstehenden Lernens sind zur Bildung des Menschen als unbedingt notwendig anzusehen. Daher sollte sich auch zukünftig Schule als „(...) ein Haus des Lernens begreifen, als ein Ort

* dessen Räume einladen zum Verweilen, dessen Angebote und Herausforderungen zum Lernen, zur selbsttätigen Auseinandersetzung locken (...),

* an dem Umwege und Fehler erlaubt sind und Bewertungen als Feedback hilfreiche Orientierung geben,

* wo intensiv gearbeitet wird und die Freude am eigenen Lernen wachsen kann und als ein Ort,

* an dem Lernen ansteckend wirkt" (Ziegenspeck 1999, S. 327)

Die Phänomene der zunehmend gesellschaftlichen Komplexität und die damit zusammenhängende Individualisierung bilden den Hintergrund für die bildungstheoretischen Überlegungen zu den Schulreformbestrebungen der letzten Jahre. Es scheint sich ein tiefgreifender Wandel des Bildungswesens abzuzeichnen, wie er seit der Öffnung der Schulen für Kinder aller Bevölkerungsschichten nicht mehr stattgefunden hat. „Wesentliches Kennzeichen dieses Wandels ist eine Erweiterung und damit auch Neubestimmung der Aufgaben der Schule (...). Beide verändern die Situationen an den Schulen und erfordern eine Neubestimmung der Spielräume von Lehrern (und Schülern)" (Posch & Altrichter 1993b, S.72).
Der gesellschaftliche Wandel in der reflexiven Moderne scheint nach Seel und Scheipl (2004) eine Pädagogik der Vielfalt zu fördern. Sie eröffnet dem Bildungswesen einen neuen Spielraum der Optionen – von der Akzentuierung der Heterogenität der Schule über variantenreiche Unterrichtsformen bis hin zu individuellen Förderangeboten und anschlussfähigen Übergangs- und Weiterqualifizierungsmöglichkeiten" (Seel & Scheipl 2004, S. 41).

2.2 Individualisierung und differenzierende Lernorganisation

Dieses Kapitel soll mehrere Ebenen zum Thema *Individualisierung und differenzierende Lernorganisation* aufzeigen: Neben pädagogischen Begründungen (Kap. 2.2.1) werden auch jene Teile der Allgemeinen Bestimmungen des Lehrplans der österreichischen Grundschule zitiert und analysiert, die hinsichtlich der Individualisierung und Differenzierung konkrete Aussagen treffen (Kap. 2.2.2). Im Anschluss werden – zum Teil kontroverse – Interpretationen und Differenzierungskriterien eingehend beschrieben, pädagogisch analysiert und miteinander verglichen (Kap. 2.2.3).

Das Kapitel 2.2.4 beschreibt und analysiert Lernorganisationsformen in der Volksschule – der Aspekt Homogenität versus Heterogenität (mit Fokussierung auf die altersheterogene Lerngruppe) steht hier im Vordergrund. Weiters soll der Unterricht in altersgemischten Lerngruppen historisch–systematisch, definitorisch analysiert und im pädagogischen Begründungszusammenhang erläutert werden. In weiterer Folge wird die Kleinschule als Ort der Differenzierung und Individualisierung mit ihren spezifischen Organisationsformen dargestellt (Kap. 2.2.5). Die Selbstverständlichkeit der Jahrgangsklasse wird im Rahmen der Argumentation für eine Orientierung von Schule auf die Person des Kindes in Frage gestellt und gleichzeitig wird die Lerngruppierung, wie sie in Mehrstufenklassen vorzufinden ist, als innovativer Beitrag zur Schulreform vorgestellt – dabei gilt die über das Alter zusätzlich herbeigeführte Differenzierung als Chance für neue Ansätze des schulischen Lernens bzw. als Grundlage eines begabenden Unterrichts. Die Charakteristik der Mehrstufenklasse, die neue alte Organisationsform als bewusst gestaltetes Unterrichtskonzept in voll gegliederten Schulen, wird im anschließenden Kapitel 2.2.6 dargestellt.

2.2.1 Pädagogische Begründung für Individualisierung und differenzierende Lernorganisation

„Es gehört in der gegenwärtigen Situation zu den selbstverständlichen pädagogischen Forderungen, daß der Lehrer im Schulunterricht allen Schülern ein gemeinsames Bildungserbe zu übermitteln und zugleich jedem Einzelnen den Weg zu seiner individuellen Bildung zu ebnen habe" (Fischer 1972, S. 3).

Diese fast schon historische Forderung von Margret Fischer (1972) steht als erster Satz der Einleitung ihres Beitrages über *Die innere Differenzierung des Unterrichts in der Volksschule* und charakterisiert den doppelten Bildungsauftrag der Schule sehr treffend: Die Gesellschaft (vertreten durch das Parlament) erwartet von der Schule die Weitergabe des gemeinsamem Bildungserbes; die SchülerInnen (und natürlich deren Eltern) erwarten von den LehrerInnen Hilfe beim Erwerb einer individuellen Bildung.

Zum Einen ist es Aufgabe der Schule, Kulturtechniken und gesellschaftlich relevante Themen- und Sachgebiete sowie Wertvorstellungen zu tradieren, also deren Bestand sicherzustellen, zum Anderen muss sie aber auch auf die Individualität eines jeden Kindes eingehen und sich der individuellen Leistungsfähigkeit, den unterschiedlichen Begabungen, Interessen und Neigungen sowie den Lernbedürfnissen und -schwierigkeiten stellen.

Die Überbetonung des gesellschaftlichen Auftrags der Schule führte (letztendlich und trotz der reformpädagogischen Bemühungen) dazu, Prinzipien und Kriterien zur Bildung von leistungshomogenen Lerngruppen zu entwickeln, da vermutet wurde, dass lehrgangsmäßiges Unterrichten in solchen Gruppen einfacher, ökonomischer und erfolgreicher sei, als Unterricht im Sinne Innerer Differenzierung zu organisieren.

Erst in den letzten Jahren erfolgte – vor allem in der Grundschule und unter gleichzeitiger Rückbesinnung auf reformpädagogisches Gedankengut – eine neue Diskussion um die notwendige Berücksichtigung individueller Lernvoraussetzungen und Lerninteressen.

Die zentrale Aufgabe der Schule als gesellschaftliche Sozialisationsinstanz ist der Unterricht, der, wie schon Johann Friedrich Herbart lehrte, immer zugleich die Bildung und Erziehung des einzelnen Individuums angesichts der *Verschiedenheit der Köpfe* ermöglichen soll. Dabei wird dem Bereich der *Bildung* häufig der theoretische Vernunftgebrauch, der Kenntniserwerb, das Wissen oder das Erkennen von Sachstrukturen und Zusammenhängen, dem Bereich der *Erziehung* der praktische Vernunftgebrauch, das verantwortliche Handeln und Urteilen und die Ausbildung von Einstellungen und Werthaltungen zugeschrieben. Als übergreifende Zielvorstellungen werden im Bildungsverständnis unserer Gesellschaft und Wirtschaft – mit unterschiedlicher Gewichtung und Nuancierung – die Befähigung zu bzw. die Vermittlung von grundlegenden fachlichen Kenntnissen,

Fähigkeiten und Fertigkeiten (u.a. in den Kulturtechniken), Demo-
kratiefähigkeit, sozialer Verantwortung, ethischer Urteils- und Ori-
entierungsfähigkeit, Mündigkeit, Autonomie und Kreativität genannt (vgl. Oswald 1988, S. 9ff.).
Es herrscht weitgehend Konsens darüber, dass diese Zielvorstellungen durch *Lernen* erreicht werden sollen. Aus der Sicht der Bedürf-
nislage der SchülerInnen hat nun die Schule die Aufgabe, möglichst
wirksame Anlässe zu einem nachhaltig wirksamen Lernen zu schaffen.
Wie immer der Auftrag der Schule verstanden werden mag und welche unterschiedlichen erkenntnisleitenden Interessen dabei im Spiel
sein mögen, eines gilt als selbstverständlich: In der Schule soll gelernt werden. *Wie* dieses Lernen aber pädagogisch, didaktisch und
methodisch zu organisieren, zu gestalten und zu unterstützen ist,
dass jedes Kind individuell gefördert wird, d.h. zu den seinen Anlagen entsprechend besten Leistungen geführt wird, darüber herrscht
seit der Institutionalisierung der Schule stets Uneinigkeit.
Das aktuelle Bildungsverständnis und der Bildungsauftrag für Schule und Unterricht stehen im Zeichen der Differenzierung und Individualisierung (Kap. 2.2.2). Im Zentrum allen pädagogischen Handelns steht das Individuum mit seinem unverzichtbaren Bedürfnis
nach Persönlichkeitsbildung und Anspruch auf eine individuelle
Förderung von Begabungen im Spannungsfeld von Reifung und
Entwicklung einerseits sowie Sozialisation andererseits.
Individuum bedeutet – vom lateinischen Begriffsursprung her – das
Unteilbare. Der Begriff eignet sich daher in besonderer Weise, auf die
Unmöglichkeit der Teilbarkeit bzw. auf die Unverwechselbarkeit
und Einzigartigkeit jedes Menschen in seiner Gesamtheit hinzuweisen. Die Pestalozzi zugeschriebene Metapher von der Bildung von
Kopf, Herz und Hand drückt dieses individualpädagogische Verständnis für eine positive, ganzheitliche Persönlichkeitsentwicklung
ebenfalls deutlich aus.
Die pädagogisch oft (heimlich) unterstellte Norm einer Durch-
schnittsentwicklung, die in einer, „(…) *Monokultur der Lernorganisation nach Jahrgangsklassen,* '*Stunden'plänen und Fächerabgrenzungen* (…)"
(Oswald 2002, S. 75) Ausdruck findet, wird beim individualpädago-
gischen Paradigma ersetzt durch die Einsicht und das Geltenlassen
von der Verschiedenheit und Vielfalt von Begabungen und „(…)
muss daher in kritische Position zu Organisationsformen gelangen, die

Gleichhaltung (und Gleichschritt) festschreiben würden" (Oswald 2002, S. 75). Individualisierung und Innere Differenzierung sind Basis für jede Begabungsförderung als Voraussetzung einer begabungsfreundlichen Lernkultur, umgekehrt muss Begabungsförderung Ziel jeder Individualisierung und Differenzierung sein. Gemeint sind jene (selbstverständlichen) Maßnahmen, die dem Kind ermöglichen so lernen zu dürfen bzw. unterrichtet zu werden, wie es seinem Entwicklungsstand entspricht. Erstaunlicherweise nimmt auch die Grundsatzerklärung für „die Aufgabe der österreichischen Schule" im § 2 des Schulorganisationsgesetzes genau darauf Bezug. Darin wird ein „(...) *der Entwicklungsstufe entsprechender Unterricht (...)"* postuliert – der Gesetzestext deklariert nicht expressis verbis einen der Altersstufe entsprechenden Unterricht! Individualisiertes Lernen im gemeinsamen Unterricht erfordert weitgreifende unterrichtsmethodische und unterrichtsorganisatorische Maßnahmen. Will man Kinder mit unterschiedlichen Lernvoraussetzungen in heterogenen Gruppen oder Klassen zusammenfassen, um ihnen einen gemeinsamen Unterricht zu ermöglichen, so muss eine frontal organisierte, lehrerzentrierte und streng lehrgangsorientierte Unterrichtsgestaltung zugunsten offener Unterrichtformen in einem strukturierten Klassenraum im Sinne einer *Arrangementdidaktik,* wie beispielsweise Bönsch (1993) sie vorgeschlagen hat, aufgegeben werden.

Auch Preuß (1994) begründet die Notwendigkeit des differenzierten Unterrichts einerseits durch die unterschiedlichen Voraussetzungen und Lebensgeschichten der Kinder und andererseits damit, alle SchülerInnen optimal zu fordern und zu fördern. Der Autor kategorisiert sehr anschaulich folgende Differenzierungsvarianten: Lernangebot, Unterrichtsmethoden, Sozialformen, Medienangebot, Lernziele, Lernschritte, Aktionsformen und Hausaufgabenstellung.

Grell und Grell (1993) sehen in der Möglichkeit der Differenzierung zusätzlich einen unterrichtsorganisatorischen Aspekt, wenn sie festhalten, dass es manchmal geradezu schädlich ist, wenn alle SchülerInnen die gleiche Lernaufgabe ausführen sollen.

Nicht zu übersehen ist, so Haußer (1981), dass die Chancen des sozialen Lernens (auch) in der Schule ungleich verteilt sind. Leistungsdifferenzierung – räumlich, inhaltlich oder zeitlich – hat nach dem Autor nicht nur die bekannten Effekte der unterschiedlichen fachlichen Qualifizierung, sondern auch der unterschiedlichen sozialen

Privilegierung. *„Privilegierte Kinder in Bezug auf Lernchancen sind auch privilegierte Kinder in Bezug auf Chancen des Erwerbs sozialer Kompetenzen"* (Haußer zit. nach Gupfinger 2003, S. 20).
Wie reagiert nun die Schule auf die Unterschiede der SchülerInnen hinsichtlich ihrer Leistungsfähigkeit, ihrer Begabungen und ihrer Interessen? Wie kann sie den Unterschieden Rechnung tragen? Welche lernorganisatorischen bzw. methodisch-didaktischen Maßnahmen zur Berücksichtigung der Individuallage der einzelnen SchülerInnen können getroffen werden, um der *Verschiedenheit der Köpfe* im Sinne Herbarts gerecht zu werden? *„Darauf nicht zu achten, ist ein Grundfehler, der den Despotismus begünstigt und alles nach einer Schnur veranlasst"* (Herbart zit. nach Oswald 1988, S. 9).

2.2.2 Individualisierung und differenzierende Lernorganisation mit Bezug auf den Lehrplan der Volksschule

Die pädagogische Situation in der Grundschule ist durch ausgeprägte Heterogenität in der Schülerpopulation gekennzeichnet. Die Schule steht hier in einem großen Spannungsfeld: Sie hat die Aufgabe, die ganz individuellen Entwicklungsniveaus der Kinder zu beachten, ihre Denk- und Handlungsfähigkeiten zu erforschen und darauf zu reagieren, d.h. die Anforderungen des Lehrplans in differenzierter Weise an die Kinder heranzubringen.
Im Folgenden werden jene Teile der Allgemeinen Bestimmungen des Lehrplans der österreichischen Grundschule zitiert und analysiert, die hinsichtlich des Individualisierens und Differenzierens konkrete Aussagen treffen.
Dass Kinder entsprechend ihrer Entwicklung zu unterrichten und zu fördern sind, hat der Gesetzgeber im Schulorganisationsgesetz im Sinne des § 2 Grund gelegt. Die Volksschule hat – wie alle österreichischen Schulen – die Aufgabe *„an der Entwicklung der Anlagen der Jugend (...) durch einen ihrer Entwicklungsstufe (...) entsprechenden Unterricht mitzuwirken"* (Lehrplan der Volksschule 2001, S. 1). Aufgabe der Grundschule ist die Vermittlung einer für alle SchülerInnen gemeinsamen Elementarbildung unter Berücksichtigung einer sozialen Integration von Kindern mit Behinderungen. *„Der umfassende Bildungsauftrag der Grundschule setzt sich die individuelle Förderung eines jeden Kindes zum Ziel. Dabei soll einerseits der individuellen Erzie-*

*hungsbedürftigkeit und Bildsamkeit der Schülerinnen und der Schüler
entsprochen werden, andererseits bei allen Schülerinnen und Schülern eine
kontinuierliche Lernentwicklung angebahnt werden"* (Lehrplan der
Volksschule 2001, S. 2). Die Kinder dort abzuholen, wo sie sich befinden und sie auf den Weg des Lernens zu bringen, ist somit ein wesentliches Merkmal einer Grundschule für alle Kinder. Das bedeutet,
die Schule nimmt die unterschiedlichen Erfahrungen und verschiedenen Lebensumstände der Kinder zur Kenntnis und macht sie zum
Gegenstand der Grundschule. Schule geht damit über eine reine
Lernanstalt hinaus, wird tatsächlich zu einem sozialen Lebens- und
Erfahrungsraum für die Kinder und kann damit nicht länger Selektion als wesentliches Kriterium an den Beginn der Schulpflicht stellen.
Wie die LehrerInnen mit diesem Auftrag allerdings umgehen sollen
und welche Hilfen der Lehrplan selbst dazu anbietet, wird in der
Folge aufgezeigt.

Die im Lehrplan angegebenen Jahresziele sind als Richtmaß anzusehen und die Zusammenfassung von Schulstufen zu Lehrplan-
Grundstufen soll die Verlängerung der Lernzeit durch einen sich
über zwei bzw. mehrere Unterrichtsjahre erstreckenden Zeitraum
ermöglichen, wenn dies aus didaktischen Gründen erforderlich ist.

Eine Verkürzung der Lernzeit sieht der Lehrplan im Punkt *Wechsel
der Schulstufen* gemäß § 17 des Schulunterrichtsgesetzes (SchUG) vor.
Dies ergibt mit dem in § 26 SchUG deutlich erleichterten Überspringen von Schulstufen die flexible Anpassung der Lernzeit an den individuellen Bedarf des Kindes. Die Grundschule kann nun in drei
bis fünf Jahren absolviert werden, ohne dass beim längeren Schulbesuch auch nur eine Schulstufe wiederholt werden muss. Weil Vorerfahrungen, Vorwissen, Lern- und Leistungsfähigkeit, Lerntempo,
Konzentrationsfähigkeit u.v.m. bei den Kindern in der Regel unterschiedlich ausgeprägt sind, kann grundsätzlich nicht erwartet werden, dass Kinder im gleichen Zeitraum gleiche Leistungen erbringen. *„Das Lernangebot hat diese unterschiedlichen Voraussetzungen zu
berücksichtigen, um leistungsmäßige Über- wie Unterforderungen möglichst zu vermeiden. Es sind auch unterschiedlich lange Lernzeiten zu ge-
währen"* (Lehrplan der Volksschule 2001, S. 24). Vor allem ist den
Kindern im Rahmen der Grundstufe I für die Erstlehrgänge in den
Bereichen Lesen, Schreiben und Mathematik gegebenenfalls unter
Einbeziehung von Teilen der verbindlichen Übung *Sprache und Sprechen, Vorbereitung auf Lesen und Schreiben sowie Mathematische Früher-*

ziehung genügend Zeit zu lassen. Beim Durchlaufen der Grundstufe I in drei Schuljahren wird die für das erfolgreiche Absolvieren erforderliche Lernzeit zur Verfügung gestellt, ohne dass es zu einem Wiederholen einer Schulstufe kommt.

Tatsächlich ist das eine sehr deutliche Abkehr von der Jahrgangsklasse und eine Absage an einen alle und alles gleich machenden Unterricht. Dies hat allerdings wesentliche Konsequenzen für die Unterrichtsplanung und -gestaltung der LehrerInnen.

In der Unterrichtsplanung, die als Ausdruck der eigenständigen und verantwortlichen Unterrichts- und Erziehungsarbeit der LehrerInnen definiert wird, werden Differenzierungsmaßnahmen als Teil der Planungsgrundlagen angeführt, und Überlegungen hinsichtlich individueller Fördermaßnahmen bzw. spezieller Lernangebote zur differenzierenden und individualisierenden Förderung einzelner SchülerInnen bzw. Schülergruppen verlangt.

In den allgemeinen Bestimmungen wird das Wesen des Grundschulunterrichts u.a. dadurch gekennzeichnet, dass eine strenge Scheidung des Lehrstoffes nach Unterrichtsgegenständen zu vermeiden ist, und dass man besonders auf der Grundstufe I von den Erfahrungen, Interessen und Bedürfnissen der Kinder ausgeht oder diese zumindest einbezieht.

Die Dauer einer Unterrichtseinheit hat sich „(...) *vor allem an der Konzentrations- und Lernfähigkeit der Kinder"* (Lehrplan der Volksschule 2001, S. 6) zu orientieren und hängt *(...) von der jeweiligen Lehraufgabe und vom Lehrstoff"* ab (Lehrplan der Volksschule 2001, S. 6).

Zur Lernorganisation auf der Vorschulstufe werden neben der entsprechenden Rhythmisierung des Schultages die individuellen Lernphasen besonders angesprochen und Kleingruppenaktivitäten als eine besonders geeignete Form der Aktivierung und Motivierung der SchülerInnen dargestellt, die den LehrerInnen „(...) *Gelegenheit zur individuellen Förderung"* (Lehrplan der Volksschule 2001, S. 8) bieten. Besonders werden die individuellen Bedürfnisse der SchülerInnen im Zusammenhang mit den modernen Kommunikations- und Informationstechniken erwähnt, weil diese zum „(...) *selbstständigen, zielorientierten und individuali-sierten Lernen (...) genutzt werden können und der Computer eine unmittelbare und individuelle Selbstkontrolle der Leistung ermöglicht"* (Lehrplan der Volksschule 2001, S. 9).

Äußere Formen der Differenzierung zeigt der Lehrplan insbesondere im Punkt 7 Integration und bei der Definition des Rahmencharakters des Lehrplanes auf: Sowohl der Lehrplan der Grundschule als auch der Lehrplan anderer Schularten bzw. unterschiedlicher Schulstufen insgesamt oder für einzelne Unterrichtsgegenstände können zur Anwendung kommen und somit die Grundlage für die Unterrichtsplanung bilden. Abhängig gemacht wird das von den individuellen Lernvoraussetzungen der Kinder und ihren spezifischen Bedürfnissen, um eine Über- oder Unterforderung auszuschließen. Daraus erwächst den LehrerInnen eine verantwortungsvolle Aufgabe zur Sicherung der Kontinuität der individuellen Lernentwicklung.

Der Lehrplan bietet Entscheidungsfreiräume für LehrerInnen an, um den Lehrstoff entsprechend aufzubereiten, indem ausgewählt und gewichtet wird, die zeitliche Verteilung erfolgt, indem konkretisiert und strukturiert wird bzw. die Unterrichtsmethoden und -mittel ausgewählt werden.

Die Zusammenarbeit mit den Erziehungsberechtigten, schulischen und außerschulischen Einrichtungen dient vor allem auch der individuellen Förderung der Kinder in der Vorschulstufe sowie in den weiteren Schulstufen der Grundschule, um die Erziehungs- und Unterrichtsarbeit für die Eltern bzw. Erziehungsberechtigten durchschaubar zu machen und aus unterschiedlichen Erwartungen und Anforderungen resultierende Belastungen zu reduzieren. In den allgemeinen didaktischen Grundsätzen wird den GrundschullehrerInnen der Auftrag erteilt, den Unterricht grundsätzlich am Kind, an seinen Lernmöglichkeiten und -grenzen zu orientieren. Individualisierung verlangt von den PädagogInnen, dass sie trotz der vereinheitlichenden Tendenzen des Klassenunterrichts die Verschiedenartigkeit der kindlichen Persönlichkeiten und ihrer Bedingtheiten ernst nehmen. Dabei sollen sie die unterschiedlichen Entwicklungsstufen und Individuallagen der SchülerInnen im Allgemeinen sowie den sachstrukturellen Entwicklungsstand auf einem umschriebenen Sachgebiet auf Grund bisheriger Lernerfahrungen im Besonderen, also die verschiedenen Bildungsvoraussetzungen der Kinder, berücksichtigen.

Die Unterschiedlichkeiten der Kinder betreffen im Einzelnen das Lerntempo, die Lernbereitschaft und Lernfähigkeit, die Interessen, die Vorerfahrungen, die Kooperationsbereitschaft und Kooperationsfähigkeit, ihre Zugehörigkeit in einen bestimmten Kulturkreis, ihre Kommunikationsfähigkeit, ihre Selbstständigkeit u.a. (vgl. Lehrplan der Volksschule 2001, S. 22). Diesen Unterschiedlichkeiten der Kinder sollen die LehrerInnen durch differenzierende und individualisierende Maßnahmen entsprechen. In diesem Sinne sind auch die wahrgenommenen Lernfortschritte zu berücksichtigen. Sachgerechtheit stellt an den Unterricht die Anforderung, *„(...) dass die Schülerin bzw. der Schüler genügend Zeit zur persönlichen Auseinandersetzung mit den Lehrstoffen hat. Es bedeutet auch keinen Verstoß gegen diesen didaktischen Grundsatz, den Kindern die Möglichkeit zu geben, auf dem Umweg über Irrtümer zu lernen, was häufig viel nachhaltiger und damit letztlich effektiver ist"* (Lehrplan der Volksschule 2001, S. 21).

Als das Kernstück des Lehrplanes zum vorliegenden Thema ist Punkt 7 *Individualisieren, Differenzieren und Fördern* anzusehen. In diesem Punkt wird noch einmal sehr deutlich auf die Unterschiede hinsichtlich des Entwicklungsstandes, des Sozialverhaltens, der Kommunikationsfähigkeit, der Selbstständigkeit, der Interessen, der Motivation, des Vorwissens, der Lernfähigkeit und der Arbeitshaltung hingewiesen und hervor gestrichen, dass dies in der Grundschule wie kaum in einer anderen Schule der Fall sein wird. *„Diese Unterschiede müssen erkannt, beachtet und zum Ausgangspunkt für individualisierende und differenzierende Lernangebote und Lernanforderungen gemacht werden. Eine verantwortungsvolle Berücksichtigung der Unterschiede schafft die Voraussetzungen für erfolgreiches Lernen aller Schülerinnen und Schüler und hilft mit, Über- bzw. Unterforderungen möglichst zu vermeiden"* (Lehrplan der Volksschule 2001, S. 22). *„Dies erfordert von der Lehrerin bzw. vom Lehrer, dass sie bzw. er sich um die bestmögliche Förderung jeder einzelnen Schülerin bzw. jedes einzelnen Schülers bemüht"* (Lehrplan der Volksschule 2001, S. 23). *„Maßnahmen der Individualisierung bzw. inneren Differenzierung sind im Sinne des Förderns zu verstehen und zu gestalten. Sie tragen dazu bei, dass die Grundschule auch die sehr wichtige Aufgabe der Begabungsförderung erfüllt. Im Rahmen der Differenzierung werden innerhalb der Jahrgangsklassen oder heterogenen Lerngruppen unterschiedliche, stets veränderbare Schüler-gruppierungen vorgenommen. Als mögliche Kriterien für Gruppierungen gelten: Interesse, Selbsteinschätzung, unterschiedliche Lernvoraussetzungen, Freundschaftsbeziehungen, Lerntempo usw."* (Lehrplan der Volksschule 2001, S. 23).

Der Lehrplan unterscheidet zwischen Differenzierungs- und Individualisierungsmaßnahmen folgendermaßen: Differenzierungsmaßnahmen beziehen sich auf Schülergruppen und Individualisierungsmaßnahmen auf das einzelne Kind. Als mögliche Verfahren werden unter anderem der Unterschied in der Aufgabenstellung (z.B. Anzahl der Aufgaben, Zeitaufwand, Schwierigkeitsgrad, Anzahl der Wiederholungen), unterschiedliche Sozialformen, unterschiedliche Medien und Hilfsmittel und die unterschiedliche Hilfestellung der Lehrpersonen und Kinder angeführt.

Für die Realisierung der Individualisierung und der inneren Differenzierung ist weiters eine entsprechende Ausstattung der Schule bzw. der Klasse mit Arbeitsmitteln, technischen Medien, modernen Informations- und Kommunikationsmedien erforderlich.

Der die allgemeinen didaktischen Grundsätze abschließende Punkt „Sicherung und Kontrolle des Unterrichtsertrages" geht von der im Allgemeinen sehr hohen Lernbereitschaft der in die Schule kommenden AnfängerInnen aus und macht es zu einer wichtigen Aufgabe der Grundschule, *„(...) diese ursprüngliche Lernbereitschaft der Kinder weiterzuentwickeln und damit ihre Lernfähigkeit zu fördern"* (Lehrplan der Volksschule 2001, S. 24). *„Damit Leistungsfeststellungen und Leistungsbeurteilung als ermutigende Rückmeldung auf den individuellen Lernprozess wirken können, soll im Rahmen der Lernzielorientierung auch der individuelle Lernfortschritt des Kindes berücksichtigt werden"* (Lehrplan der Volksschule 2001, S. 24). *„Die schulische Leistungsbereitschaft von Kindern wird wesentlich von ihrem Selbstwertgefühl, ihrem Selbstvertrauen und ihrer Erfolgszuversicht bestimmt. Leistungsbeurteilungen haben daher äußerst behutsam zu erfolgen. Der Rahmencharakter des Grundschullehrplanes eröffnet für eine ermutigende, hilfreiche und individualisierende Leistungsfeststellung und Leistungsbeurteilung ausreichende Möglichkeiten"* (Lehrplan der Volksschule 2001, S. 25).

Wesentliche Voraussetzung für die VolsschullehrerInnen, die unterschiedlichen Neigungen, Interessen, Fähigkeiten und Fertigkeiten der ihnen anvertrauten Kinder zu erkennen und ihre Unterrichtsarbeit darauf einzustellen, ist auch die Fähigkeit, die Kinder bei ihrem Lernprozess systematisch zu beobachten. *„Die systematische Beobachtung der Kinder im Unterricht ist als erster Schritt für Diagnose- und Fördermaßnahmen anzusehen, ohne dass dadurch der Eindruck entstehen sollte, dies nun als Leitfaden bzw. Aufforderung zur Durchführung von Tests bei allen SchülerInnen anzusehen oder Aufgaben zu übernehmen, die speziell der Schulpsychologie vorbehalten sind"* (Wolf 1994, S. 11).

Zusammenfassend kann festgehalten werden, dass die Volksschule – wie dies auch im Schulorganisationsgesetz verankert ist – ein eigenständiger Schultyp mit speziellen Aufgaben und Zielen ist, um eine *„grundlegende und ausgewogene Bildung im sozialen, emotionalen, intellektuellen und körperlichen Bereich"* (Lehrplan der Volksschule 2001, S. 1) zu vermitteln. Die Realisierung dieser Forderungen hat mit spezifischen organisatorischen und methodisch-didaktischen Maßnahmen zu erfolgen, für die die jeweils individuellen Voraussetzungen der SchülerInnen die Grundlage sind.

2.2.3 Differenzierungsformen

SchülerInnen lassen sich in ihrer Individualität durch Herkunft, Vorerfahrung, Wissen, Kapazität der Lernleistung, Lerntypus, Interesse, u.v.m. unterscheiden. Seit der Institutionalisierung der Schule werden durch verschiedene Arten von Differenzierung und Individualisierung Maßnahmen zur Berücksichtigung dieser Tatsache getroffen. Es wird also nicht in Frage gestellt, dass differenziert werden muss, sondern es ist zu fragen, *wie* differenziert werden soll, um möglichst allen SchülerInnen gerecht zu werden.

Individualisierung und Differenzierung werden häufig als inhaltsgleiche Wortbedeutungen erachtet. Tatsächlich sind sie es des Öfteren, können sich freilich auch voneinander unterscheiden. Im Bereich der *Inneren Differenzierung* werden die Grenzen zwischen Individualisierung und Differenzierung fließend sein. Bei Maßnahmen der *Äußeren Differenzierung* allerdings steht eher der Aspekt der Sortierung der SchülerInnen im Vordergrund des Bewusstseins, denn der Gesichtspunkt der Hinwendung zum einzelnen Schulkind.

Der Begriff *Schulische Differenzierung*, d.h. die Einteilung des Bildungswesens wie auch die Organisation unterschiedlicher Maßnahmen nach verschiedenen Kriterien ist Anlass verschiedener, zum Teil kontroverser Interpretationen. Sehen die einen darin den Weg einer möglichst frühen strengen Aufteilung der SchülerInnen nach unterschiedlichen Kriterien – hauptsächlich vor allem nach der Begabung – bedeutet *Differenzierung* für andere Integration und individuelle Betreuung innerhalb eines Gesamtsystems. Entsprechende Differenzierungsmaßnahmen können nun einerseits auf Basis der Schulorganisation vorgenommen werden (z.B. Jahrgangsklassen), andererseits können Differenzierungsmaßnahmen aber auch methodisch-didaktischer Art sein (z.b. Unterrichtsformen für leistungsheterogene Gruppen, Binnendifferenzierung, flexible Differenzierung nach Neigung, fächerübergreifender Unterricht, Offenes Lernen, Individualisierung, Soziales Lernen, ...).

Differenzierung (differentia: Verschiedenheit, Unterschied) betrifft nach Oswald (2002) alle organisatorischen, didaktischen und methodischen Maßnahmen im Bildungsbereich, durch die für SchülerInnen – individuell oder in Gruppen – unterschiedliche Lernsituationen geschaffen werden. Nach Oswald (2002) gilt für Differenzierungsmaßnahmen im pädagogischen Verständnis das Bestreben „(...) optimale Lernmöglichkeiten für alle Kinder – und das heißt: für jedes Kind – zu schaffen" (Oswald 2002, S. 90). Als Differenzierungskriterien nennt der Autor die Lernfähigkeit, Motivation, Leistungsbereitschaft, Selbstwerteinschätzung, das Interesse und schließlich die Begabung des Kindes. Die Lernorganisation betreffend unterscheidet Oswald (2002) zwischen äußerer und innerer Differenzierung. Er führt an, dass eine äußere Differenzierung dann gegeben ist, wenn „(...) Schülerpopulationen nach bestimmten Gliederungs- oder Auswahlkriterien aufgeteilt werden (bzw. aufgeteilt sind) und in räumlicher Trennung von verschiedenen Personen in der Orientierung auf unterschiedliche Bildungsziele und –inhalte unterrichtet werden" (Oswald 2002, S. 91). Die innere Differenzierung erfolgt nach Oswald (2002) durch Schaffung unterschiedlicher Lernsituationen innerhalb einer Klassengemeinschaft, die von Lehrpersonen geplant oder von den SchülerInnen selbst aufgrund der Auswahl von Arbeiten nach Interessensgebieten oder vorgegebenen Aufgabenstellungen gebildet werden. Dass innere und äußere Differenzierung einander nicht ausschließen, begründet Oswald (2002) mit der Feststellung, dass innerhalb jeder Form einer äußeren Differenzierung unterschiedliche Lernsituationen geplant und durchgeführt werden können. Er verweist auf jene Organisationsformen der *flexiblen Differenzierung*, die von einem sehr hohen Standard individueller Lernförderung gekennzeichnet sind.

Auch Böhnel (1995, S. 18ff.) nennt bedeutsame und grundlegende Merkmale der Differenzierung und Individualisierung – einige werden im Folgenden dargestellt. Die Darstellung von Überlegungen zum Thema *Schulische Differenzierung* soll auch dazu dienen, die in diesem Kontext oft verschiedenartig verwendeten Begriffe darzulegen bzw. – als Art Erklärungsmodell – in den Problemkreis einzuführen: Differenzierung bedeutet eine Einteilung des Bildungswesens wie auch der Organisation unterrichtlicher Maßnahmen nach verschiedenen Kriterien, denn die Differenzierung von Bildungsabläufen ist aufgrund der heterogenen Schülergruppe (Alter, Geschlecht, Herkunft, Vorerfahrung und Wissen, familiäre Förderung, Lerntempo und Lerntypus, Kapazität der Lernleistung, Interesse, manuelle Geschicklichkeit, usw.) notwendig und sinnvoll.

Um den verschiedenen Ausgangsbedingungen und der dynamischen Entwicklung gerecht zu werden, muss die Differenzierung flexibel und damit reversibel sein d.h. durch Differenzierungsmaßnahmen gelenkte Bildungswege müssen durchlässig sein und dürfen nicht in eine Bildungssackgasse führen. Differenzierungsmaßnahmen sind ebenso notwendig, um SchülerInnen vor Über- wie auch vor Unterforderung zu bewahren, sie können aber auch Selektionsfunktion haben. Durch Differenzierung können Berechtigungen erteilt aber auch vereitelt und damit das Bildungsniveau der Gesellschaft verändert werden, d.h. in einem differenzierten Schulsystem muss weitgehende Wahlfreiheit bestehen. Durch missbräuchliche Anwendung von Differenzierungsmaßnahmen besteht die Gefahr der Manipulation der Gesellschaft, deshalb dürfen Differenzierungsmaßnahmen keinerlei Diskriminierung inner- oder außerhalb der Schule bewirken.

Differenzierungsmaßnahmen können schulorganisatorischer Art sein, in Form einer horizontalen Gliederung im Sinne von Jahrgangsklassen bzw. einer vertikalen Gliederung, gemeint sind verschiedene Schultypen oder Leistungsgruppen mit einer starren homogenen Leistungsdifferenzierung oder einer Wahlpflichtdifferenzierung innerhalb einer Jahrgangsstufe. Diese Maßnahmen werden auch als Formen *äußerer Differenzierung* bezeichnet. Bei Modellen äußerer Differenzierung wird vorausgesetzt, dass das Kriterium, nach welchem differenziert wird, klar und eindeutig feststellbar ist (z.B. Alter, spezielle Begabung, usw.) und dass sich Begabungen, Interessen oder Intelligenz im Laufe der Entwicklung kaum verändern. Jede Differenzierung in einem äußerlich gegliederten Schulsystem verschärft die *Nahtstellenproblematik* und bedeutet einen wesentlichen Einschnitt in der individuellen Bildungslaufbahn.

Differenzierungsmaßnahmen können weiters methodisch-didaktischer Art sein – Unterrichtsformen für leistungsheterogene Gruppen, Binnendifferenzierung, flexible Differenzierung nach Neigung,

Projektunterricht, Förder- und Stützkurse, fächerübergreifender Unterricht, Offenes Lernen, Individualisierung, Soziales Lernen. Diese Maßnahmen werden auch als Formen *Innerer Differenzierung* bezeichnet.

Innere Differenzierung bezieht sich somit nicht ausschließlich auf den Leistungsaspekt, sondern ist der Versuch, fachliches und soziales Lernen gleichermaßen zu fördern und Fachziele sowie allgemeine Lernziele wie Selbstständigkeit, Kooperationsfähigkeit, soziale Kompetenz, Mitbestimmungsfähigkeit usw. zu vermitteln.

Individualisierung verlangt von den Lehrpersonen das Eingehen auf die Entwicklung der Persönlichkeit und den individuellen Lernfortschritt jedes Kindes. Dies legt die Anwendung eines subjektiven Bezugsmaßstabs nahe. Modelle innerer Differenzierung geben die Möglichkeit, auf den momentanen Leistungsstand jedes einzelnen Kindes individuell einzugehen und eventuelle Lerndefizite daher sofort auszugleichen. Individualisierungsmaßnahmen machen bei den LehrerInnen ein neues Selbstverständnis der Schüleraktivität notwendig und setzen ein verändertes Lehrer-Schüler-Verhältnis voraus.

Maßnahmen Innerer Differenzierung beziehen sich immer auf Zielsetzungen, Inhalte, Arbeits- und Sozialformen. Für die Innere Differenzierung kommen als Sozialformen homogene bzw. heterogene Kleingruppen-, Partner- oder Einzelarbeit in Betracht. Ein gestuftes (differenziertes) System erfordert zur optimalen Ausschöpfung der individuellen Möglichkeiten an allen Nahtstellen eine gut fundierte Bildungsberatung.

Schittko (1984) versuchte aufgrund der uneinheitlichen Verwendung des Begriffes Differenzierung im schulpädagogischen Bereich eine Zusammenfassung zu formulieren: *„Differenzierung meint die Bemühungen, angesichts der unterschiedlichen Lernvoraussetzungen der Schüler und unterschiedlicher Anforderungen durch die Gruppierung nach bestimmten Kriterien und durch didaktische Maßnahmen den Unterricht zu gestalten, dass die für das schulische Lernen gesetzten Ziele möglichst weitgehend erreicht werden können"* (Schittko 1984, S. 23).

Vier spezielle Merkmale sind beim Definitionsversuch von Schittko (1984) erkennbar:

(1) Voraussetzung und Gründe für schulische Differenzierung sind individuelle Unterschiede zwischen den SchülerInnen und ihren unterschiedlichen Lernvoraussetzungen.

(2) Differenzierungsmaßnahmen führen zu einer Gruppierung von SchülerInnen.

(3) Differenzierungsformen beinhalten immer didaktische Maßnahmen.

(4) Differenzierungsformen setzen voraus, dass die Zielvorstellungen für schulische Differenzierung geklärt werden.

2.2.3.1 Differenzierungskriterien

Kriterien schulischer Differenzierung – also Schülermerkmale wie zum Beispiel Leistung, Lebensalter, Interesse oder Konfessionszugehörigkeit – standen und stehen in engem Zusammenhang mit den gesellschaftlichen Funktionen von Schule und den hieraus resultierenden Effektivitätsvorstellungen.

Zur Klärung der Aufgaben und Wege zu einer inneren Differenzierung und Individualisierung empfiehlt Haußer (1981) die Analyse von Differenzierungskriterien, die in der europäischen Geschichte der Schule bis hin zur Gegenwart vorherrschend waren. Er will damit auf Wege und Irrwege schulischer Entwicklungen im Zusammenhang mit gesellschaftlichen und politischen oder wirtschaftlichen *Vorgaben* aufmerksam machen.

Haußer (1981) gibt in diesem Zusammenhang folgende Differenzierungskriterien (bei wechselnder Prioritätenfolge und mit sehr unterschiedlicher Wertung bzw. Kritik) an: Soziale Herkunft, Geschlecht, Rasse, Konfession, Lebensalter, Leistung, Wahl, persönliche Beziehung und Interesse.

Diese Differenzierungskriterien können einerseits in einem historischen gesellschaftlichen Entwicklungsprozess gesehen werden. Dass der Autor vor allem auf die sozialen Aspekte, die in Lerngruppen auftreten, aufmerksam machen möchte, interpretiert Oswald (1988) folgendermaßen: *„Differenzierung bringt, je nach Bezugskriterium, bestimmte soziale Einstellungen mit sich. Es bleibt nicht bloß bei der nach rationalen Gründen erfolgten lernspezifischen Einteilung! Daher, so die weitere Konsequenz, sollte Differenzierung in der Art erfolgen, dass ‚soziales Lernen' – welchen Begriff (…) wir im Sinn von demokratischem, kommunikativem Lernen verstehen – möglich sein sollte! Die pädagogische Perspektive von Differenzierung wird daher bei der Konstituierung von Lerngruppen Bezug nehmen müssen auf die integrative Verwendung sozialwissenschaftlicher Erkenntnisse"* (Oswald 1988, S. 13f.).

Die Bewertung von Differenzierungsmodellen sollte daher sowohl kognitive als auch soziale Qualitätsmerkmale aufweisen: *„Als kognitives Qualitätsmerkmal gilt die Orientierung an einem dynamischen Begabungskonzept sowie die optimale Passung des Lehr-Lern-Prozesses mit den individuellen Lernvoraussetzungen der Schüler. Als soziales Qualitätskriterium gilt die Orientierung an einem nicht diskriminierenden Prozeß sozialen Lernens im Sinne der Vermeidung des Erwerbs generalisierter Überlegenheits- bzw. Unterlegenheitseinstellung"* (Haußer 1981, S. 89).
Ziel von Differenzierungsmaßnahmen ist gegenwärtig in erster Linie durch das Kriterium Begabung bzw. Intelligenz in ihrer prognostizierten Leistungsfähigkeit weitgehend homogene Lerngruppen in differenten Schularten oder in Leistungs-gruppen zu bilden und für diese dadurch bessere Lern- und Entwicklungs-möglichkeiten zu schaffen. Häufig wird dabei allerdings nicht beachtet, dass die nach einem speziellen Kriterium gebildeten Gruppen hinsichtlich anderer Dimensionen wie z.B. Persönlichkeitsentwicklung, soziale Kompetenz, etc. durchaus heterogen sind.
Eine Aufteilung nach Leistung in homogene, niveaudifferente Lerngruppen bringt z.B. eine soziale Bewertung mit sich. D.h., dass auch Differenzierung aufgrund rationaler Aspekte und durchaus zum Wohl und zur optimalen Förderung und Entwicklung der SchülerInnen eingesetzt, mit Konsequenzen in Hinblick auf soziale Einstellungen verbunden ist. Es muss daher Anliegen der LehrerInnen sein, die durch Differenzierungskriterien bedingte Selektion flexibel, reversibel, möglichst für kurze Zeiträume und ohne diskriminierende Auswirkungen zu praktizieren.
Eines der gebräuchlichsten und trotz vielfältiger wissenschaftlicher Gegenstimmen durch die Schulgesetzgebung erstaunlicherweise am wenigsten in Frage gestelltes Kriterium ist das Alter: Die seit Comenius unangefochtene Vorrangstellung der Jahrgangsklasse basiert auf einer überkommenen Phasentheorie der Entwicklung. In zahlreichen Forschungsarbeiten wurde nachgewiesen, dass Entwicklung nicht ausschließlich endogen, d.h. reifungsbedingt ist, sondern ihr Verlauf durchaus von Umwelteinflüssen bestimmt wird und dass daher Lernreife nicht abgewartet, sondern durch eine anregende Umwelt hergestellt werden muss.
Ein Differenzierungskriterium, das in der Schulrealität kaum bis gar nicht zur Anwendung kommt, ist das der Vorerfahrung, das Vorhandensein von Vorwissen betreffs einer bestimmten Lernstufe. Dies ist

damit zu erklären, dass es eigentlich im Widerspruch zum oben ausgeführten Grundsatz der Gleichaltrigkeit steht. Ansätze, diesen Antagonismus zu überwinden, können in Österreich bei verschiedenen Alternativmodellen für die Gestaltung des Schuleingangsbereichs gefunden werden.

Herber (1994) sieht als bildungspolitische Intention eine weitest mögliche Integration durch innere Differenzierung. *„SchülerInnen mit unterschiedlichen Ausgangslagen und Möglichkeiten sollen lernen, miteinander kognitive und soziale Aufgaben zu bewältigen. Nach Möglichkeit wären zu integrieren: allgemeine oder bereichsspezifische Hoch- und Schwachbegabung (...). Methodisches Schlagwort der I.D.: Integration durch Individualisierung (durch Ernstnehmen der intra- und interindividuellen Unterschiede) und durch Eingehen auf die individuellen Besonderheiten"* (Herber 1994, S. 124).

2.2.3.2 Pädagogische Analysen zur Frage der Differenzierung

Die Tatsache, dass Individualisierung und differenzierende Lernorganisationen im Schulwesen unumgänglich sind, veranlasst nun der Frage nachzugehen, welche Differenzierungsmethode wohl die beste sei. Die unterschiedliche Verwendung der Begriffe und Auffassungen gestaltet einen Versuch der Systematisierung schulischer Differenzierung schwierig und führt häufig zu missverständlichen Interpretationen. Lediglich in der Unterscheidung zwischen einer äußeren (durch schulorganisatorische, administrative Maßnahmen verordnete) Differenzierung und einer inneren (durch methodisch-didaktische Maßnahmen bedingte) Differenzierung herrscht bei den meisten AutorInnen Einigkeit. Schwieriger stellt sich die Antwort auf die Frage dar, wo denn die Grenze zwischen beiden Formen zu ziehen ist. Im Folgenden werden unterschiedliche Differenzierungsmodelle (die Reihung erfolgt alphabetisch und nicht chronologisch oder hierarchisch!) vorgestellt, die einen Einblick in die verschiedenen Denkmodelle geben und vor allem auch auf die Vielfalt der Ansätze zur schulischen Differenzierung aufmerksam machen sollen.

Arnold (1991) geht von unterschiedlichen Voraussetzungen der SchülerInnen aus und bezieht sich in seinem Modell auf Maßnahmen innerer Differenzierung in heterogenen Lerngruppen. Durch didaktische Passung soll trotz der Verschiedenheit der Ausgangslagen das Erreichen bestimmter einheitlicher Anforderungen auf kognitiver, psychomotorischer und emotionaler Ebene ermöglicht werden. Dabei ist nicht zu erwarten, dass alle SchülerInnen ein und dasselbe Lernziel erreichen können. Diese Tatsache ist in der unterrichtlichen Praxis klar, wird jedoch bei der Planung und Zielsetzung von Unterricht häufig außer Acht gelassen – durch Differenzierung verschiedener Tiefe kann dies aber berücksichtigt werden.

Curriculare Differenzierung bedeutet bei Arnold (1991) die Unterteilung von einzelnen Lehrstoffabschnitten in Fundamentum und Additum. Es kann dabei – je nach Thema bzw. der Lehrstoffeinheit – nach dem Umfang der gestellten Aufgaben (quantitativ), deren Schwierigkeitsgrad (qualitativ), der zur Bearbeitung vorgegebenen Zeitspanne (zeitlich) und den angebotenen Auswahl- bzw. Vertiefungsmöglichkeiten (fakulativ) differenziert werden. Weiters besteht die Möglichkeit bei einheitlichem Curriculum im Bereich der Methoden, der Sozialformen oder der eingesetzten Medien zu differenzieren. Diese sogenannte Prozessdifferenzierung kommt auch bei individualisierender Einzelarbeit zur Anwendung. Curriculare Differenzierung und Prozessdifferenzierung – so Arnold (1991) schließen einander keineswegs aus, sondern können im Unterricht in vielfältiger Weise kombiniert werden.

Bönsch (1989) unterscheidet drei Ebenen der Differenzierung, nämlich die

1. Schulsystemdifferenzierung (in verschiedene Schulgattungen),
2. Schuldifferenzierung (verschiedene Schultypen innerhalb einer Schule),
3. Unterrichtsdifferenzierung (Unterricht in einem Fach oder einer Fächergruppe).

Kriterien der Unterrichtsdifferenzierung betreffen den Lehrstoff (methodisch und medial differenziert in Umfang, Anforderung, Art der Bearbeitung). Bönsch (1985) definiert den Begriff *Differenzierung* folgendermaßen: *„Unter Differenzierung wird zum einen das variierende Vorgehen in der Darbietung und Bearbeitung von Lerninhalten verstanden, zum anderen die Einteilung beziehungsweise Zugehörigkeit von Lernenden zu Lerngruppen nach bestimmten Kriterien"* (Bönsch 1985, S. 441). Bönsch (1985) unterscheidet ebenso wie viele andere AutorInnen zwischen innerer und äußerer Differenzierung. Wenn für eine Lerngruppe Unterricht in einem bestimmten Fach angeboten werden soll, sind mit dem Terminus *Innere Differenzierung* nach Bönsch (1985) Maßnahmen gemeint, die verschiedenen Kriterien folgend, zeitweise unterschiedliche Untergruppierungen (Gruppen- oder Partnerarbeit) ermöglichen, mit methodischen Varianzen arbeiten (das Maß der Erläuterungen oder das Lern- und Arbeitstempo variieren), mit unterschiedlichen medialen Hilfen (Programm, Arbeitsplan, bildhafte Darstellungen) operieren und die Differenzierungsmaßnahmen im stofflichen Umfang, in den Anwendungsaufgaben, im Zielanspruch und in den Schwierigkeiten setzen. Dies ist eine Begriffsbestimmung von Innerer Differenzierung, die sehr stark von der Lehrperson her formuliert ist: Unterricht wird angeboten, Maßnahmen werden ergriffen. Diese Ausführungen von Bönsch (1985) müsste man heute – mehr als 19 Jahre später – erweitern und Formen selbstbestimmten Lernens mit in den Begriffsumfang von Innerer Differenzierung einbeziehen. Der Terminus *Äußere Differenzierung* meint demgegenüber Maßnahmen, die lerngruppenübergreifend (klassenübergreifend) Unterricht differenziert organisieren. Kriterien für eine äußere Differenzierung lassen sich in vielfältiger Weise denken. Das Alter von Lernenden, ihr Geschlecht, ihre Religionszugehörigkeit, ihre Leistung, Begabung, Neigung und ihr Interesse können bei Bönsch (1985) angemessene Differenzierungskriterien sein.

Diederich (1979) geht von der altershomogenen Jahrgangsklasse als äußeres Differenzierungsmerkmal aus und bekennt sich zum Konzept der Inneren Differenzierung, wobei er die Art der Gruppenzusammensetzung und die hinter den Differenzierungsmaßnahmen stehende pädagogische Absicht und deren Ziele berücksichtigt. Die Entscheidung über die Zusammensetzung in leistungshomogene oder heterogene Gruppen erfolgt aufgrund fach- und schülerspezifischer Kriterien.

Nach Haußer (1980) ist *„Schulische Differenzierung (...) die Einteilung bzw. Zugehörigkeit von Schülern der Grundgesamtheit einer Differenzierungsebene (Unterrichtsdifferenzierung – Schuldifferenzierung – Schulsystemdifferenzierung) zu relativ homogenen bzw. heterogenen Lerngruppen auf latentem bzw. manifestem Differenzierungsweg nach einer Prioritätenfolge multipler Differenzierungskriterien unter geltenden multiplen Effektivitätskriterien, deren spezifische Bestimmung und Gewichtung untereinander den jeweiligen Differenzierungsvorgang notwendig einer curricularen Entscheidung unterordnen"* (Haußer 1980, S. 26f.).

Differenzierung wirkt sich nach Haußer (1980) – wie schon im Kapitel 2.2.3.1 ausführlicher behandelt – aber nicht nur auf der fachlichen,

sondern auch auf der sozialen Ebene aus. Gerade dafür ist das Zustandekommen der Gruppenbildung (von Lehrpersonen angeordnet
oder intentional/spontan) von besonderer Bedeutung.

Herber (1994) geht von der Jahrgangsklasse aus, hebt jedoch die
Wahrscheinlichkeit einer starken Streuung der Schülerleistungen
besonders hervor. Er beschreibt in seinem Konzept weniger Formen,
Kriterien oder Ziele schulischer Differenzierung, sondern skizziert
einen curricularen Ablauf des Unterrichts von der Problembegeg-
nung mit unterschiedlichen Sozialformen, über differenzierte
Übungsphasen mit wechselndem Anspruchsniveau zwischen Basis-
und Zusatzstoff bis hin zur Einbettung des Erlernten in bereits bekannte Inhalte und dessen Transfer. Weiters werden bei Herber
(1994) auch Abschluss-qualifikationen sowie formale Lernziele berücksichtigt.

Zielsetzungen der Inneren Differenzierung sind nach Herber (1994)
weitestgehende Integration, dies bedeutet größtmögliche Vermeidung von Ausgrenzung jeglicher Art. Integration soll methodisch
durch Individualisierung realisiert werden, d.h. Optimierung der
individuellen Leistungsfähigkeit. Ein lebensnaher Zugang zu Fun-
damentumszielen spricht die intrinsische Motivation an, das Lösen
durch Additumsaufgaben verstärkt durch bessere Noten die extrin-
sische Motivation. Herber (1994) spricht von einer kompensatori-
schen Erziehung – SchülerInnen arbeiten weitgehend selbstständig
in freigewählten Sozialformen, der Lehrer kann sich intensiver lern-
schwächeren Schülern widmen. Nach Klafki (1976) umfasst der Begriff Differenzierung alle organisatorischen und methodischen Maßnahmen, die darauf zielen, den individuellen Begabungen, Fähigkeiten, Neigungen, Interessen einzelner SchülerInnen oder Schülergruppen gerecht zu werden. Die *methodenbezogene Differenzierung*
bezieht sich auf verschiedene Lehr- und Lernverfahren wie auch auf
den gezielten Einsatz von Unterrichtsmaterialien und Medien. Die
inhaltsbezogene Differenzierung betrifft die Lernziele und -inhalte einer
Unterrichtseinheit. In Klafkis Modell werden den Differenzierungs-
aspekten Phasen des Unterrichtsprozesses beigeordnet, in denen
diese wahlweise zur Anwendung kommen können. Je nach Differen-
zierungsaspekt und Phase entstehen unterschiedliche Modelle von
Differenzierung. Als dritte Dimension lassen sich den einzelnen Differenzierungsmöglichkeiten noch drei Aneignungs- bzw. Hand-
lungsebenen zuordnen, nämlich die konkrete, in der die SchülerIn-

nen mit gegenständlichen bzw. bildhaften Repräsentanten konkreter Dinge umgehen, die explizit sprachliche und die rein gedankliche, in der geistige Handlungen rein abstrakt vollzogen werden.

Klafki (1985) fordert explizit eine innere Differenzierung: *„Die bewusste Bemühung des Lehrers, durch innere Differenzierung verschiedene Persönlichkeitsdimensionen der Schüler anzusprechen, kann Anreize für jeden Schüler bieten, über das Ins-Spiel-Bringen und die positive Erfahrung und Bestätigung seiner ,Stärken' andere, weniger entwickelte eigene Fähigkeiten auszubilden"* (Klafki 1985, S. 127).

Klafki vertritt weiters die Ansicht, dass innere Differenzierung häufig daran scheitert, dass die SchülerInnen nicht behutsam genug auf die neuen Arbeitstechniken von ihren LehrerInnen vorbereitet sind. *„Es gibt etliche Fälle, in denen entsprechende Versuche deswegen gescheitert sind, weil sich Lehrer nicht zuletzt junge Kollegen – von der Zielsetzung innerer Differenzierung überzeugt – sofort anspruchsvolle Formen eines solchen Unterrichts vorgenommen haben, ohne dass sie dafür gesorgt hatten, dass die Schüler die notwendigen methodischen Voraussetzungen besaßen oder dass sie sich diese Voraussetzungen im binnendifferenzierten Unterricht schrittweise hätten aneignen können, also Arbeitsformen und Arbeitstechniken"* (Klafki 1985, S. 131).

Wandl (1984) beschreibt Maßnahmen der Binnendifferenzierung in einer Schule ohne äußere Differenzierung und stellt fest, dass eine heterogene Schule die Rahmenbedingung für eine individuelle Förderung der SchülerInnen eher und besser erfüllt als Schulen, die glauben, sie besäßen homogen zusammengesetzte Klassen. Er beschreibt bezüglich differenzierender Maßnahmen innerhalb einer solchen heterogenen Gruppe drei Ansatzpunkte. Es gibt Fächer, Themen oder Aufgaben, in denen Differenzierung von selbst aufgrund der individuellen Gegebenheiten erfolgt. Differenzierung kann im Unterricht spontan aufgrund von unterschiedlichem Lern- und Arbeitstempo der einzelnen SchülerInnen notwendig werden, ohne dass diese in der Stundenplanung vorgesehen war.

Winkeler (1978) bezeichnet Differenzierung als das breite Spektrum schul- und unterrichtsorganisatorischer Maßnahmen. Er sieht sein Konzept der Inneren Differenzierung auch innerhalb einer altershomogenen Jahrgangsklasse. Neben den Sozialformen des Unterrichts werden drei Differenzierungsfelder unterschieden, mit denen jeweils unterschiedliche, einander ergänzende Zielvorstellungen verbunden sind. Differenzierung wird ermöglicht durch Anpassung der Unterrichtsmethode, des Einsatzes von Medien wie auch der Lerninhalte (durch Aufteilung in Fundamentum bzw. Additum) an die Lernvoraussetzungen der SchülerInnen. Die Entscheidung über methodische, mediale bzw. thematisch-intentionale Differenzierung ist von der Wahl der Sozialform abhängig und wird in diesem Modell erst nach der sozialen Differenzierung getroffen.

Böhnel (1995) versuchte, die vielfältigen Schwerpunkte, Fragestellungen und Interpretationsmöglichkeiten von Differenzierung schematisch darzustellen. Auf der Ebene der äußeren Differenzierung wird ausgehend von einer fast ausnahmslos praktizierten Altersdifferenzierung die Einteilung in verschiedene Schulgattungen, in Schultypen bzw. Züge innerhalb einer Schule sowie in relativ starre Untergruppen für einzelne Gegenstände innerhalb einer Stammklasse unterschieden.

Auf der Ebene der flexiblen Differenzierung innerhalb einer Klasse erfolgt die Unterscheidung aufgrund der Kriterien und der Art der Gruppeneinteilung und der methodisch-didaktischen Maßnahmen, die für den binnendifferenzierten Unterricht notwendig und hilfreich sind.

Äußere Differenzierung nach Jahrgangsklassen (horizontale Gliederung)		
Schulsystem	Schule	
vertikale Gliederung	Züge (streaming)	Kurse
verschiedene Schularten für Schüler derselben Alterstufe	fächerübergreifende Differenzierung Klassentyp Schultypen	fachspezifische Differenzierung Fachleistungskurse (settings) Wahldifferenzierung Wahlpflichtfach- differenzierung flexible Differenzierung

Innere Differenzierung		
Gruppenaufteilung		methodisch-didaktische Maßnahmen
Gruppenzusammensetzung Plenum Gruppenarbeit Partnerarbeit Einzelarbeit	*Kriterien* Leistung Neigung, Interesse homogen heterogen arbeitsgleich arbeitsteilig	Team-Teaching Tutoren Fundamentum/ Additum Arbeitsblätter Programmierter Unterricht Medien

(Böhnel 1995, S. 77)

2.2.4 Heterogene oder homogene Lernorganisation in der Volksschule

Die *homogene Jahrgangsklasse* im so genannten voll gegliederten Volksschul-wesen hat sich historisch erst spät durchgesetzt und ist bis heute eine fast unangefochtene verwaltungstechnische Einheit geblieben, die nach Laging (1999) für die amtlichen Statistiken hervorragend geeignet ist. Es ist nun der Frage nachzugehen, ob diese Organisationsform auch die erwarteten pädagogischen Aufgaben adäquat erfüllen kann.

Die künstliche Nivellierung durch die Jahrgangsklasse täuscht nach Gupfinger (2003) einen imaginären Entwicklungsdurchschnitt vor. Einigen Kindern gelingt es, sich diesen Einschränkungen anzupassen, obwohl ihre Interessen und Fähigkeiten schon darüber hinaus reichen. Andererseits bleibt für manche Kinder bereits dieser Durchschnitt eine kaum überwindbare Hürde.

Die Diskussion um altersheterogenen Unterricht als Oberbegriff verschiedener Formen für nicht in Jahrgangsklassen erteilten Unterricht wird aus verschiedenen Motiven geführt. Zum einen stellt sich in vielen ländlichen Gemeinden vor dem Hintergrund eines starken Schülerrückgangs die Frage: Schließung einer Grundschule oder Erhalt der Grundschule vor Ort. Zum anderen wird – ausgehend von reformpädagogischen Überlegungen – grundsätzlich die Jahrgangsstruktur des Unterrichts in Frage gestellt.

Es ist anzumerken, dass in der aktuellen Diskussion (Laging 1999; Sandfuchs 1997; Gupfinger 2003) die Organisationsbegriffe *altersgemischt, altersheterogen, jahrgangsübergreifend, jahrgangskombiniert, jahrgangsgemischt, schulstufenübergreifend, mehrstufig* synonym verwendet werden. Zur Erläuterung muss jedoch festgestellt werden, dass de facto jede Regelschulklasse *altersgemischt* bzw. *jahrgangsgemischt* ist. Der Altersnormal-abstand zwischen Schulkindern in einer Schulklasse beträgt 9 – 10 Monate, in vielen Fällen mehr als ein Jahr. Es handelt sich bei den genannten Synonymen daher um Organisationsbegriffe, die per se noch kein didaktisches Konzept beschreiben! Wie oben schon erwähnt wird die Selbstverständlichkeit der Jahrgangsklasse im Rahmen einer reformpädagogischen Orientierung von Schule zunehmend kritisch hinterfragt. So arbeiten Reformschulen vollständig oder teilweise mit altersgemischten Lerngruppen oder ermöglichen neben den Jahrgangsklassen altersgemischte Lern- und Arbeitszusammenhänge. Darüber hinaus gibt es derzeit auch für das Regelschulwesen verschiedene Anlässe, über die Aufhebung oder zumindest die Auflockerung der Jahrgangsklassen nachzudenken (flexible Schuleingangsphase, Überspringen von Schulstufen, Geburtenrückgang, Kleinschul- bzw. Landschuldidaktik, …).

Nach Oswald (2002) lässt sich an der Genese der Formulierungen des § 26 des österreichischen Schulunterrichtsgesetzes – vom Grundtext aus dem Jahre 1974 über die Novellen von 1982 und 1992 bis zur Neuerung von 1998 – folgende gesellschaftliche Bewusstseinsbildung ablesen: Die Loslösung von einer Fixierung der intellektuellen und sozialen Entwicklung auf das Lebensalter zugunsten einer Orientierung nach dem Begabungsalter. Die Aufhebung der bisher geltenden Einschränkungen, die nach Oswald (2002) weniger pädagogisch und psychologisch als vielmehr verwaltungsorientiert begründet waren, hat dem eigentlichen Sinn des Lernens und der individuellen Entwicklung von Kindern und Jugendlichen Rechnung getragen.

2.2.4.1 Altersunabhängige Lerngruppenbildung – Heterogene Lernorganisation im historischen Überblick

In diesem Kapitel soll die altersunabhängige Lerngruppenbildung als innovativer Beitrag zur Schulreform dargestellt werden. Es wird der Frage nachgegangen, ob jene Organisationsstrukturen in Kleinschulen mit Mehrstufenklassen, die aufgrund der Altersheterogenität der Schülergruppe per se besondere Konzepte der Individualisierung und Differenzierung benötigen, Erkenntnisse zur Förderung von Begabungen liefern, die für das *voll gegliederte Regelschulwesen* fruchtbringend sein könnten. Dabei gilt die über das Alter zusätzliche (bewusst gestaltete oder aus schulorganisatorischen Gründen notwendige) Differenz als Chance für neue Ansätze des schulischen Lernens. Theoretische Ansätze und Untersuchungen zum altersgemischten Lernen, ebenso wie die Entwicklung von entsprechend organisierten Schulmodellen und die Beschreibung von praktischen Beispielen in verschiedenen Lernfeldern der Schule sollen im Folgenden vorgestellt werden.

Lernen in altersheterogenen Settings ist eine der ältesten Unterrichtsformen. Ihr Zustandekommen ist auf andere Beweggründe zurückzuführen als die in der gegenwärtigen schulpädagogischen Diskussion genannten. In den Anfängen der Schule stand die Jahrgangsklasse sicher nicht im Vordergrund. Im Mittelalter gab es zwar eine genaue Reihenfolge, was zu lernen sei, aber in welchem Alter damit begonnen wurde, war nicht festgelegt. Individuelle Lernprozesse wurden hier dadurch ermöglicht, dass sich jeder Schüler so lange mit dem festgelegten Lehrstoff beschäftigen konnte, wie er für seinen Kenntniszuwachs und die Erreichung des Lehr- bzw. Lernziels benötigte. Eine Voraussetzung dieser Schulform waren die geringen Schülerzahlen. Es gab noch keine Schulpflicht und so war Schulbildung im Wesentlichen auf Adel und Geistlichkeit beschränkt und somit das Privileg Einzelner.

„Mit Sicherheit kann gesagt werden, dass die Jahrgangsklassen keine Folge der Lehrpläne sind, denn schon im Mittelalter wurde der Schulneuling, unabhängig von seinem Alter, ‚der elementaren Stufe des Lehrstoffes' zugewiesen (Nicklis 1973 zit. nach Heuß 1989, S. 313) und individuell unterrichtet. Wenn er verbindliche Lehrinhalte sicher beherrschte, war er, gemäß einem vorgebenden Curriculum, berechtigt, weiterzulernen. Diejenigen

Schüler, die – wiederum unabhängig von ihrem Alter – alle Lernziele beherrschten, wurden aus der Schule entlassen" (Heuß 1989, S. 54).

Auch bei Comenius gab es die Jahrgangsklasse in ihrer heutigen Form nicht. Er forderte in seiner *Didactica Magna, „daß alle, die als Menschen geboren sind, gemeinsam zu allem Menschlichen hin unterrichtet werden, damit sie sich gegenseitig beleben, anregen und anspornen"* (Comenius 1992, S. 199). Johann Amos Comenius entwickelte im 17. Jahrhundert ein Unterrichtskonzept, mit dessen Hilfe es möglich sein sollte, dass nur ein einziger Lehrer für die gleichzeitige Belehrung von hundert SchülerInnen verantwortlich war. Dieses neue Konzept der Schulorganisation zielte auf eine Zusammenfassung nach Jahrgangsklassen ab. Er glaubte damit, eine natürliche Ordnung des Bildungsganges gefunden zu haben, die auf die Gemeinsamkeit von Gleichaltrigen aufbaut. Natürlich kannte auch er die Unterschiede in der Aufnahmefähigkeit der SchülerInnen, hielt sie *„(...) aber für das Ganze nicht für so wichtig demgegenüber, daß dadurch eine Entwicklung gestört würde"* (Mohr 1965, S. 44).

Comenius erkannte jedoch, dass der Massenunterricht anderer Unterrichtsformen bedarf als der Einzelunterricht. So wurde dann auch vom Lehrer verlangt, dass dieser als distanzierte Persönlichkeit vom Katheder herunter seine SchülerInnen unterrichtete, ohne dem Einzelnen besondere Aufmerksamkeit zukommen zu lassen. Durch das Fehlen der Einzelzuwendung wurde – so die spätere Kritik von Herbart im 19. Jahrhundert – das Beachten individuell verschiedener Fähigkeiten erschwert, so dass schlechter erkannt werden konnte, dass die *Verschiedenheit der Köpfe* innerhalb einer Jahrgangsklasse wohl gravierend ist.

August Hermann Francke (1663 – 1727), ein Vertreter des Pietismus, kritisierte Ende des 17. Jahrhunderts die von Comenius entwickelte These, dass die Fassungskraft eines Schülers altersbedingt und mit seiner allgemeinen Lernfähigkeit gleichzusetzen sei. Francke hielt es für unangemessen, Kinder gleichen Lebensalters in der gleichen Zeit zum gleichen Ziel führen zu wollen. Er erkannte, *„dass es in den einzelnen Fächern Leistungsdimensionen gibt, die sich voneinander unterscheiden und dass dem gemäß die Fassungskraft eines Schülers als die Leistungsfähigkeit in bestimmten Fachgebieten spezifiziert werden muss"* (Francke zit. nach Kraft 2001, S. 27).

Somit war es sein Ziel, Lernende bezüglich ihrer Leistungsfähigkeit in bestimmten Lerngebieten zu unterscheiden und in leistungshomogene Schülergruppen aufzuteilen. Differenzierungskriterium war also nicht mehr wie bei Comenius das Alter, sondern die Leistungsfähigkeit der Schüler. Francke versuchte eine Beziehung zwischen der Beschaffenheit des Lehrstoffs und der Beschaffenheit des Lernenden zu stiften – und nicht wie Comenius eine solche zwischen Lehrstoff und Lebensalter.

Sowohl bei Comenius als auch bei Francke handelt es sich um Formen der äußeren Differenzierung: Homogene Schülergruppen werden zum gemeinsamen Unterricht zusammengefasst. Weder die so genannten *Lateinschulen*, die den Einstieg in die höhere Bildung ermöglichten, noch die Dorf- oder Küsterschulen auf dem Land hatten eine altershomogene Gruppe. Die SchülerInnen der verschiedenen Abteilungen in Lateinschulen unterschieden sich vornehmlich durch ihren individuellen Kenntnis-, Fertigkeits- und Fähigkeitsstand. Lernende einer Abteilung beschäftigten sich mit Hilfe von Lehrbüchern und Einzelzuwendung von Seiten des Lehrers mit dem festgelegten Unterrichtsstoff. Ein Zuwachs von Kenntnissen war mit dem Aufrücken in die nächst höhere Abteilung verbunden, in der sich SchülerInnen dann auf einer gehobeneren Stufe weiterbildeten.

Erst mit der Einführung der allgemeinen Schulpflicht durch Maria Theresia, dem Ausbau des Volksschulwesens, dem Anstieg der Schülerzahlen und dem Festsetzen des Schulbeginns ab einem bestimmten Alter kam es, dass Gleichaltrige in Schulklassen zusammengefasst wurden, um das Unterrichten möglichst rationell zu gestalten.

Nicklis (1973) sieht den Ursprung der Jahrgangsklasse als *„Grundeinheit der Lernorganisation"* (Nicklis 1973, S. 313) im Rationalismus. Durch die Altersübereinstimmung wollte man den gleichen Beginn, das gleichschrittige Unterrichten und das gleiche Ende einer Klasse sicherstellen.

„Die qualitative Einteilung der Schülerschaft eines Altersjahrganges in Jahrgangsklassen geht auf die Ökonomisierung und Rationalisierung des Schulwesens nach Einführung der allgemeinen Schulpflicht und den Ausbau des Berechtigungswesens im 19. Jahrhundert zurück (...) Vorbild war die Einziehung von Rekrutenjahrgängen zum Militär" (Schaub & Zenke 1995, S. 193).

In Oberösterreich war bis nach dem 2. Weltkrieg die Mehrzahl der Klassen altersgemischt, da die Schulen über das gesamte Land verstreut waren. Erst Ende der 60er Jahre, als die Landschule immer mehr ins Blickfeld der Kritik trat, stand das Leitbild der Jahrgangsklasse hoch im Kurs. Durch diese Neuorganisation erhoffte man sich eine gleichförmigere Bildung und eine bessere Kontrolle der Schulen. Wegen ihrer einfachen Verwaltung und Ökonomie wird die Schulorganisation bis heute von dieser Vorstellung beherrscht, obwohl schon Ingenkamp (1969) in einer sehr umfangreichen Untersuchung auf das Problem der Jahrgangsklasse aufmerksam machte. Zu Beginn des 20. Jahrhunderts kündigte sich mit der Reformpädagogik ein radikaler Blickwechsel an: Von den objektiven Unterrichtsinhalten zu den subjektiven Gegebenheiten im Zögling. Einhergehend mit diesem Blickwechsel fand auch ein Wechsel der Differenzierungskriterien und -maßnahmen statt. Mit dem Erscheinen des Buches *Das Jahrhundert des Kindes* (1905) der Schwedin Ellen Key (1849 – 1926) kam es zu einem Umdenken. Nicht mehr der Lernstoff war Ausgangspunkt und Maßstab aller Betrachtungen, sondern das Kind in seiner Persönlichkeit rückte ins Zentrum der Überlegungen.

Die ReformpädagogInnen vermieden es, eine äußere Differenzierung vorzunehmen. Sie erkannten die Bedeutung einer heterogenen Lerngruppe für den individuellen Lernprozess und nahmen daher eine innere Differenzierung des Unterrichts vor. Die Grundauffassung vom lernenden Schulkind (allgemein: vom lernenden Menschen) erfuhr eine grundlegende Wandlung. Das Kind wurde vom aufnehmenden Objekt zum selbstbestimmenden Subjekt des Lehr-/Lernprozesses gemacht; das Unterrichtsgeschehen wurde nicht mehr um die zu vermittelnden Inhalte und Ziele, sondern um die Individualität der SchülerInnen zentriert.

VertreterInnen der Reformpädagogik griffen mit ihren Idealvorstellungen von Unterricht und Individualismus zwei Jahrhunderte nach Rousseau dessen Vorschläge und Ideen zu einem Unterrichtsgang auf, die er in seinem Erziehungsroman *Emile* entwickelt hatte. Rousseau ging davon aus, dass der Mensch wiss- und lernbegierig sei und sich seinen Lernweg selbst strukturieren könne und müsse, um erfolgreich seinen Wissens-, Fähigkeits- und Fertigkeits-stand zu erweitern. So wurde nach Rousseau die überaus anspruchsvolle Aufgabe an ErzieherInnen herangetragen, ihre SchülerInnen zu beobachten und kennen zu lernen, *„(…) da dieses die einzige Methode ist,* *die Lernfähigkeiten und -bedürfnisse aufzuspüren, um sich dann in adäquater und lenkender Form auf sie einlassen zu können"* (Kraft 2001, S. 29).

Auch der wissenschaftsorientierte, lernzielorientierte, programmierte Unterricht brachte langfristig nicht den Erfolg, den man sich erhofft hatte. Für die Schule wurden neue Leitlinien wie Individualisierung, Differenzierung, Entfaltung und Entwicklung der kindlichen Persönlichkeit, Förderung der Eigentätigkeit und Selbstständigkeit der Kinder, Schule als Lebens-, Lern- und Erfahrungsraum, Entwicklung von Sozialbezügen und Sozialkompetenz, ... formuliert, die Didaktik Offener Unterrichtskonzepte (Bönsch & Schittko 1979) entwickelte sich und die in Jahrgangsklassen vorzufindende Heterogenität fand damit ihre Akzeptanz. Diese Heterogenität nicht nur zu akzeptieren, sondern auch pädagogisch zu nutzen, wurden Anliegen der Konzepte *Altersgemischter Lerngruppen* (vgl. Laging 1995).

Sandfuchs (1997) beschreibt zusammenfassend die Tendenzen im historischen Wandel so: *„Die Schule der Neuzeit mit der Einteilung ihrer Schüler in Jahrgangsklassen, dazugehörigen Lehrplänen, Lehr- und Lernmitteln und ihren gleichschrittigen Unterrichtsverfahren entstammt dem rationalistischen Denken des Barockzeitalters. Der Grund für die Einrichtung von Jahrgangsklassen und entsprechend ausgebauten Schulen beruht auf der Annahme gleichen Entwicklungsstandes und gleicher Lernfähigkeit der Schüler"* (Sandfuchs 1997, S. 12).

Fragner (2003) verweist auf die aktuelle Pisa-Studie und stellt fest, dass *„der Mythos der Homogenisierung – also der Versuch, über äußere Differenzierungen homogene Schülergruppen zusammenzufassen – theoretisch wie durch praktische Erfahrungen zumindest in unserem Kulturkreis gescheitert ist. Dieses Konzept unterstellte viel zu einfache Vorstellungen vom Menschen, von Entwicklung und Lernen, führte zu einer Verarmung des inhaltlichen Angebotes und der sozialen Anregungen und hat oft ein Scheitern von Lernprozessen zur Folge. Eine inklusive Schule akzeptiert die Verschiedenheit der Kinder. Die heterogene soziale Gruppe wird aufrecht erhalten, aber es gibt besondere Fördermaßnahmen für schwache Schüler und Zusatzangebote für starke"* (Fragner 2003, S. 6).

2.2.4.2 Kritik an der Jahrgangsklasse

„Nirgendwo in unserer Gesellschaft wird das Zusammensein vom Geburtsjahr her organisiert. Bereits im Vorschulalter spielen und lernen Kinder

verschiedenen Alters in natürlicher Weise miteinander. Und nach Beendigung der Schulzeit werden die Schüler in eine Gesellschaft entlassen, wo sowohl im Arbeitsleben als auch im Studium altersgemischte Gruppen die Regel sind (...).

Allein die Schule ist es, die mit aller Macht an einem Altersghettosystem festhält, wo sehr schnell ein unüberbrückbarer Abstand zwischen einem Erstklässler und einem Zweitklässler markiert wird. Dies ist, im wahrsten *Sinne des Wortes, Klassengesellschaft in reinster pädagogischer Form. Sicherlich eine absolut praktische Lösung für die verwaltenden Behörden – aber in vieler Hinsicht ein Unglück für das Lernen und die Schulmotivation"* (Bjorkvold 1993 zit. nach Hagstedt 1999, S. 30).

Hagstedt (1999) versucht der Frage nachzugehen, ob denn die Jahrgangsklasse ein Anachronismus der Konformpädagogik sei bzw. ob die Einteilung von Kindern zu Lernzwecken in voneinander getrennte Altersklassen möglicherweise zu den großen pädagogischen Irrtümern, denen unsere Schulen Jahr für Jahr erliegen, gehöre.

Schon zu Beginn des 19. Jahrhunderts, als die Tendenz zur Jahrgangsklasse durchgesetzt wurde, wiesen zwei große Pädagogen darauf hin, *„dass es eben auch nur eine Fiktion ist, dass alle zur gleichen Zeit dasselbe lernen: Wilhelm von Humboldt kritisiert die Tendenz der Schule, alle ein und derselben Richtschnur zu unterwerfen und J.F. Herbart sagt: Die Verschiedenheit der Köpfe sei das größte Hindernis aller Schulbildung"* (Sandfuchs 1997, S. 13).

Mit der endgültigen Einführung der Jahrgangsklasse war die der Individualität des Kindes angepasste Lernweise verschwunden. Im Mittelpunkt stand eine einseitige Lehr-Lern-Beziehung, die zu einem Gleichschritt im Lernen führte. Gerade dieser Tatsache wird heute mit neuen Lehr- und Lernformen begegnet, *„um aus der Homogenisierungsproblematik heraus zu kommen"* (Sandfuchs 1997, S. 28). Kritik gegen das Jahrgangsklassensystem wurde – wie schon erwähnt – laut durch die reformpädagogischen Strömungen anfangs des vergangenen Jahrhunderts. Gerade von dort kam die Forderung nach Rücksichtnahme auf die individuellen Bedürfnisse der Kinder.

Beck (1994) weist in der Auswertung ihrer Studie darauf hin, dass den SchülerInnen in der Jahrgangsklasse Leistungsunterschiede bewusst seien, dass es aber die Jahrgangsklasse unmöglich macht, *„vorhandene Unterschiede durch Alter erklärbar zu machen, sie suggeriert Gleichheit. Es gibt kein Einordnungskriterium ‚Alter', zumal in Bezug auf* *die schulischen Leistungen keineswegs die gleichen Unterschiede sichtbar sein müssen wie im sozialen Verhalten. Während in einer altersgemischten Gruppe die Zuordnung zu den Älteren oder Jüngeren für die Selbst- und Fremdwahrnehmung sehr wichtig ist und hilft, Selbstbewusstsein zu entwickeln, gibt es diese Unterscheidung in der Jahrgangsklasse nicht oder nur äußerst vage"* (Beck 1994, S. 39).

Gerade auch im Zusammenhang mit der Problematik der so genannten *SitzenbleiberInnen* wurde im Schulwesen die Unsinnigkeit der Jahrgangsklasse immer wieder diskutiert. *„Die altersgemischte Klasse wäre eine ehrliche Konsequenz, Schulreformen dahingehend zu lenken, dass es keine wirkliche Jahrgangsklasse im Grundschulbereich mehr gäbe"* (Sandfuchs 1997, S. 28). *„Das von der Fiktion der Alters- und Leistungsgleichheit ausgehende System der homogenen Jahrgangsklasse hat bis heute trotz der Forderung nach innerer Differenzierung des Unterrichts zu hohen Sitzenbleiberquoten geführt"* (Schaub & Zenke 1995, S. 193).

Eine Studie, die sich eher am Rande mit der Kleinschulproblematik befasst, ist die Untersuchung von Ingenkamp (1969) *Zur Problematik der Jahrgangsklasse.* In Ingenkamps Studie (1969) wurden Daten aus 39 sechsten Klassen erhoben, die auf entscheidende Schwächen der Jahrgangsklasse aufmerksam machten und dieses System entschieden in Frage stellten. Bei dieser Untersuchung wurde deutlich auf die Repetentenfrage und den Aspekt der Leistung hingewiesen. Die große Anzahl an SitzenbleiberInnen bringt altersmäßig sehr inhomogene Klassen, obwohl unser Schulsystem am Prinzip der Altersgruppierung orientiert ist. Die Realität und die Daten dieser Untersuchung zeigen uns immer wieder, wie illusorisch dieses Argument ist – Jahrgangsklassen sind weder leistungs- noch altershomogen!

Nicht nur Petersen (1884 – 1952) hat schon den *Bankrott der Jahrgangsklassen* erklärt, sondern auch Ingenkamp (1969) hat bei der Tempelhof-Untersuchung die Schwächen dieses Systems nachgewiesen. Diese Untersuchung ergibt eine empirisch abgesicherte Antwort über das Versagen des Jahrgangsklassenmodells. Mit den gewonnenen Daten wird der Beweis erbracht, dass die wichtigsten Voraussetzungen für das Modell der Jahrgangsklasse nicht gegeben sind. *„Die untersuchten Klassen waren weder nach dem Einteilungsprinzip, dem Jahrgang, homogen, noch erzielten die Maßnahmen zur Korrektur der Leistungshomogenisierung, Sitzenbleiben und Zurückstellung, den angestrebten Erfolg. Die einzelnen Klassen unterschieden sich nicht nur nach äuße-*

ren Merkmalen, sondern auch in den Leistungen und Beurteilungen in solchem Maße, daß die für dieses System notwendige Synchronität der Klassen nicht erreicht wurde" (Ingenkamp 1969, S. 280).

Als Konsequenz aus seiner Studie fordert Ingenkamp (1969), die Schule sollte *„auf starre Altersgrenzen bei der Einschulung verzichten und die individuellen Entwicklungsunterschiede bei der Einschulung berücksichtigen"* (Ingenkamp 1969, S. 298). Weiters fordert er, vom verpflichtenden Fächerkanon als Kriterium für die Versetzung wegzugehen und stattdessen *„SchülerInnen zu ermöglichen, sich in verschiedenen Fächern in unterschiedliche Niveaukurse einzustufen und damit fachspezifische Leistungsstärken und Motivierungen zu berücksichtigen"* (Ingenkamp 1969, S. 299). Als eine mögliche Alternative schlägt er vor, nicht alle Fächer gleichzeitig abzuprüfen, sondern unterschiedliche Lernzeiten für bestimmte Lehrinhalte zu ermöglichen und wenn ein bestimmter Lehrstoff beherrscht wird, sich anderen Inhalten zuzuwenden. *„Je nach Alter, Leistungsniveau und Unterrichtsgebiet müsste ein Wechsel von Großgruppen, Kleingruppen und individueller Instruktion mit Hilfe von Lernprogrammen möglich sein"* (Ingenkamp 1969, S. 300). In erster Linie ging es ihm darum, die Lernleistung des einzelnen Kindes zu steigern. Sein Ausblick auf eine mögliche schulorganisatorische Alternative zum Jahrgangsklassensystem ging in Richtung Gesamtschule.

Ingenkamps Studie (1969) lieferte eine Fülle an Daten über das Misslingen des Jahrgangsklassensystems. Obwohl der Autor diese Untersuchungen schon vor mehr als 30 Jahren durchführte, wurde eigentlich noch nie ernsthaft am Organisationsprinzip der Jahrgangsklasse gezweifelt – es scheint aber nicht aus pädagogischen, sondern eher aus politischen und verwaltungstechnischen Gründen aufrechterhalten zu werden.

Auch Berger (1976) beschreibt zusammenfassend Kritikpunkte an der Jahrgangsklasse:

- *„fix zugemessene für das Klassenkollektiv ununterschiedlich bindende Lehrgegenstände und Lehrplanforderungen*
- *statisches Verhältnis von Alterstufe und Leistungsnorm*
- *auf mittlere Leistungshöhe zugeschnittener Frontalunterricht*
- *Nichtberücksichtigung von individuellen Verlaufsgesetzlichkeiten (Lerntempo, usw.) und entwicklungspsychologisch und/oder soziokulturell bedingten Varianten individueller Leistungsfähigkeit*

• *fixe, jedoch von Klasse zu Klasse verschiedenwertig angewendete Skala von Leistungsbeurteilungen; bei Nichterreichen der vorletzten Note in einem oder zwei Fächern Klassenwiederholung in allen Fächern"*

(Berger 1976, S. 49).

Das Jahrgangsklassenmodell ist jedoch in den Grundschulen sowohl von LehrerInnen, Eltern als auch BildungspolitikerInnen noch immer erstrebenswert und außer Zweifel gestellt, obwohl schon lange Kritik an diesem geübt wird. Gerade auch im Zusammenhang mit der Problematik der so genannten RepetentInnen aber auch mit dem Überspringen von Schulstufen wurde im Schulwesen die Unsinnigkeit der Jahrgangsklasse immer wieder diskutiert. Die altersgemischte Schulklasse wäre eine Möglichkeit, Schulreformen dahingehend zu lenken, dass es zu wirklichen Innovationen und Reformimpulsen im Grundschulbereich käme. Es stellt sich ernstlich die Frage, ob *Mehrstufenklassen*, wie sie auch an Kleinschulen vorzufinden sind, eine mögliche Alternative zur Jahrgangsklasse darstellten. Reformimpulse könnten demnach auch aus Kleinschulen heraus entstehen, wenn diese Organisationsform nicht mit Vorurteilen abgetan, sondern ihr pädagogischer Wert erkannt wird.

Heute wird die Kritik viel akzentuierter geäußert und auch Überlegungen und Fragen in Bezug auf eine Änderung dieses Modells formuliert. *„Für die Grundschule der Zukunft wird es ein entscheidender Prüfstein sein, wie viel Heterogenität sie zulassen und produktiv ins Spiel bringen kann"* (Faust-Siehl 1996, S. 20).

Durch das nach wie vor häufig praktizierte Lernen im Gleichschritt – besonders in den Jahrgangsklassen – geraten viele SchülerInnen und oft auch deren Eltern unter einen nicht gerechtfertigten Leistungsdruck. In Jahrgangsklassen herrscht nicht selten die irrige Meinung vor, eine relativ homogene Gruppe vor sich zu haben, da alle Kinder eines Jahrgangs sich auf der gleichen Entwicklungsstufe befänden. Ein weiteres Argument wäre, dass sich die stofflichen Lehrplananforderungen auf alle SchülerInnen in gleicher Weise beziehen. Wolf (1997) weist auf den Grundschullehrplan aus dem Jahr 1989 hin, der sich *die individuelle Förderung eines jeden Kindes* wegen der unterschiedlichen Lernvoraussetzungen der Kinder zum Ziel setzt. Eine solche Zielsetzung bedingt allerdings auch eine andere Art des Lehrens und Lernens. Deshalb fordert Wolf (1997), dass sich der Unterricht öffnen muss. *„Dem steht jedoch die immer noch geltende Philoso-*

*phie der Grundschule entgegen, in der durch Jahrzehnte die hochorganisier-
te Grundschule als Leitbild angesehen worden ist und in der jede Klasse einer Schulstufe entsprochen hat, weil eine Gruppe möglichst gleich (gut?)
begabter Kinder eben besser zu unterrichten sei als eine heterogene"* (Wolf
1997, S. 495).

Die Chance der Altersheterogenität in Schulklassen wird zunehmend erkannt. Schulfachleute des Europarates schlagen die Förderung der altersgemischten Schülergruppe in Schulentwicklungspro-
jekten vor. Verwiesen sei in diesem Zusammenhang auf das Kapitel
2.4 *Modellentwicklung zu begabungsfördernder Lernorganisation im internationalen Vergleich.* Die altersheterogene Klasse in der Kleinschule
fördert ein Helfersystem, wo ältere SchülerInnen teilweise jüngere
unterrichten, wo individuelles und gemeinsames Lernen keine lee-
ren Schlagworte bleiben. Ein ständiger Wechsel von direktem und
indirektem Unterricht ermöglicht eine *„dynamischere Kultur des Lehrens und Lernens"* (Posch 1989, S. 10).

Olechowski (1997) zeigt auf, dass die überwiegende Mehrzahl von
Untersuchungen darauf hinweist, *„dass es im Hinblick auf die Lernleistung effektiver ist, in (leistungsmäßig) heterogenen Gruppen als in verhältnismäßig homogenen Gruppen zu unterrichten"* (Olechowski 1997,
S. 488).

Auch sozialpsychologische Aspekte des Lernens in leistungsheterogenen Gruppen zeigen eine positive Auswirkung. Das psychosoziale
Klima wird durch den Unterricht in heterogenen Klassen positiv
beeinflusst. Soziales Lernen hat einen hohen Übertragungswert auf
das Sozialverhalten und Einstellungen, auch in außerschulischen Situationen. Es zeigen sich positivere Einstellungen zur Schule, größere Schulfreude, eine verbesserte gegenseitige Anerkennung und soziale Anpassung sowie ein Abbau von Vorurteilen und anderen In-
teraktionsbarrieren.

Zusammenfassend kann festgestellt werden, dass sich – sowohl im
österreichischen Kontext als auch im internationalen Vergleich – Tendenzen des Aufbrechens und Aufweichens der Altershomogenität in
Schulklassen zeigen. Diese Tendenzen zur Veränderung von Organisationsstrukturen der Grundschule im ländlichen Bereich könnten
als pädagogische Herausforderung und Chance für pädagogische
Innovation genutzt werden: Die aufgrund rückläufiger Schülerzahlen notwendig gewordene Zusammenfassung von mehreren Schul-

stufen in einer Klasse kann die Entdeckung einer (inneren) Gliederung nach Lernstufen, die individuell und fachspezifisch wahrgenommen werden können, an Stelle der bisherigen Abteilungsgliederung begünstigen. Lehren und Lernen in altersheterogenen Settings findet sich in vielen reform-pädagogischen Konzepten und Positionen (z.b. die reformpädagogische Tradition der altersgemischten Gruppe bei Maria Montessori, Berthold Otto, Peter Petersen, Ellen Key, Helen Parkhurst, Célestin Freinet, ...). Sie alle betonen die natürliche Alltagssituation altersheterogener Lerngruppen, die günstigeren Bedingungen des Helfens und die Bildungswirksamkeit der Differenz. Darüber hinaus werden altersheterogene Settings der individuellen Entwicklung Rechnung tragen können.

2.2.4.3 Lerngruppenorganisation an Kleinschulen unabhängig vom Lebensalter der Kinder – Schülerrückgang als pädagogische Herausforderung

Schulen, an denen nicht jede Schulstufe in einer eigenen Schulklasse geführt wird, werden sowohl alltagssprachlich als auch amtlich als *Kleinschulen* bezeichnet und dem so genannten *nieder organisierten Volksschulwesen* zugeordnet. Sie gelten in der öffentlichen Meinung gemeinhin als rückständig und sind nach Laging (1999) *„lediglich der Situation geschuldet, nicht ausreichend Schulkinder für eine Jahrgangsklasse zu haben"* (Laging 1999, S. 1). Der jahrgangsübergreifende Unterricht in Kleinschulen wird oftmals nur mit Abteilungsunterricht und Stillarbeit assoziiert. Manche Eltern, meint Hörmann (2001), sind in Sorge, *„ob ihr Kind in einer Kleinschule keine Nachteile habe und genügend lerne"* (Hörmann 2001, S. 145).

Die Diskussion um altersheterogenen Unterricht als Oberbegriff für verschiedene Formen für nicht in Jahrgangsklassen erteiltem Unterricht wird aus verschiedenen Motiven geführt. Zum einen stellt sich in vielen ländlichen Gemeinden vor dem Hintergrund eines starken Schülerrückgangs die Frage: Schließung einer Grundschule oder Erhalt der Grundschule vor Ort. Zum anderen wird – ausgehend von reformpädagogischen Überlegungen – grundsätzlich die Jahrgangsstruktur des Unterrichts in Frage gestellt.

Hörmann (2000), der in seiner Untersuchung am Beispiel der Kleinschulen aufzeigte, dass es auch in einer altersgemischten Kleinschulklasse grundsätzlich möglich ist, durch den Einsatz bestimmter Differenzierungsmöglichkeiten auf die individuellen Voraussetzungen der SchülerInnen Rücksicht zu nehmen, stellte mehrmals fest, dass man von der schulstufenmäßigen Einteilung leicht abweichen und heterogene Lerngruppen bilden kann, die jeweils über einen gewissen Zeitraum in einem bestimmten Fach unterrichtet werden. Bei der Planung und Gestaltung des Unterrichts wird auf die individuellen Unterschiede, wie Vorwissen, Lernfortschritt, Selbstständigkeit, Interesse u.a.m., Rücksicht genommen. Innerhalb der Lerngruppe werden die Schülergruppierungen nach verschiedenen Gesichtspunkten flexibel verändert. Das Lernen im Gleichschritt wird dadurch abgebaut und zurückgedrängt. So bietet die Kleinschule ideale Bedingungen für eine kindgemäße, humane und allen SchülerInnen gemeinsame Schule, die auf Selektion und Auslese verzichtet, wie Olechowski (1994) es immer wieder fordert.

In der Kleinschulklasse wird von der Annahme ausgegangen, dass Kinder verschiedenen Alters mit individuellem Leistungsvermögen und unterschiedlicher Aufnahmekapazität in einer Klasse beisammen sind. Es wird nicht zielgleich, sondern zieldifferent unterrichtet. Die Heterogenität im Lernen könnte das Sitzenbleiben leistungsschwacher SchülerInnen erübrigen und gleichzeitig ein problemloses Überspringen einer Schulstufe besonders begabter Kinder ermöglichen.

„Durch schulstufenübergreifendes Lernen wird der Kontakt zwischen allen SchülerInnen intensiver. Vielleicht ist es sogar oft angezeigt, klassenübergreifend zu lernen und zu arbeiten. Die Kinder fühlen sich dann eher als SchülerInnen ihrer Schule und nicht nur als SchülerInnen einer Klasse. Die Großen gewöhnen sich so an den Umgang mit den Kleinen. Sie erleben die Jüngeren mit deren Schwierigkeiten und müssen oft Geduld mit ihnen haben. Dabei merken sie, wie lange es dauert, bis ein Lehrziel erreicht ist, und sehen so das Lernen Gleichaltriger mit anderen Augen. Ein Kind, das selbst erlebt hat, wie aufregend es ist, vor größeren MitschülerInnen etwas zu sagen oder zu tun, wird eine/n jüngere/n MitschülerIn kaum auslachen oder verspotten" (Hörmann 2001, S. 151).

Wesentliche Fixpunkte für die optimale Gestaltung von Unterricht in altersgemischten Klassen sind *„das Entwickeln von zielführenden Maßnahmen zur inneren Differenzierung, die intensive Arbeit mit kleinen Lerngruppen, die Auseinandersetzung mit einer sehr aufwendigen und zeitintensiven Unterrichtsplanung, die gleichzeitige Betreuung von direktem und indirektem Unterricht und eine geeignete Zeiteinteilung in einer* *komplexen Lehr-Lern-Situation"* (Pädagogische Akademie des Bundes, Vorarlberg 1998, S. 3). Die Klassenzimmer haben durch die Veränderung der Kultur des Lehrens und Lernens ihren Charakter verändert und sind zu Lernwerkstätten mit verschiedenen Funktionsbereichen geworden (vgl. Nädelin & Bienert 1986, S. 83ff.). Der Weg zur Öffnung des Unterrichts erfolgte in der Kleinschule vom dominierenden Abteilungsunterricht über Stationenarbeit, Formen des Werkstattunterrichts zu Wochenplanarbeit (vgl. Krüger 1993, S. 50) und projektorientiertem Unterricht. Obwohl der *„Abteilungsunterricht als traditionsreiche Kultur des Lehrens und Lernens"* (Sutter-Moosbrugger 1998, S. 10) in der Vergangenheit eine ganz bedeutende Rolle im Unterricht altersgemischter Kleinschulklassen gespielt hat, ist er heute eher negativ besetzt und fast aus der didaktischen Sprachwelt verschwunden. Beim altersgemischten Lernen steht heute der Werkstatt- und Projektunterricht im Vordergrund. Individuelles und gemeinsames Lernen kann nur durch Differenzierung geschehen. Es gilt den Boden für *„dynamische Fähigkeiten"* (Posch 1986, S. 703) wie Selbstständigkeit, Kooperationsfähigkeit, logisches Denken, Kreativität, Problemlösefähigkeit zu bereiten und zu fördern. Der Unterricht in Kleinschulklassen passt sich an die besonderen Gegebenheiten an. Grundsätzlich steht auch in diesen Klassen das einzelne Kind im Vordergrund. Nösterer, Bezirksschulinspektor des Bezirkes Freistadt erwähnte in einem Gespräch (2003), *„(…) dass nicht pädagogische Plantagen – monokulturell ausgerichtet, sondern Arbeit im Kleingarten im Mittelpunkt der Bemühungen stehen sollten"*.

Das Angebot von unterstützenden Maßnahmen für die Unterrichtstätigkeit an Kleinschulen ist umfangreich und die Schlagworte *Projektarbeit, Werkstattunterricht, …* gehören sicher zur neueren pädagogischen Diskussion. Die Vielfalt des Lehrens und Lernens dient der Arbeit in Kleinschulklassen, um den Anfang der Allgemeinbildung für alle Kinder zu ermöglichen, ihre kindliche Lernfähigkeit im kognitiven, sozialen, emotionalen und ästhetischen Bereich anzusprechen und zu stärken. Hameyer (1997) beschreibt die Arbeit in Kleinschulen als *pädagogische Schatzkammer,* die Innovationsimpulse gibt. *„Diese Facetten aus Dorfschulen stehen für gestalterisches Talent im Unterricht. Lehr- und Lernangebote werden zur Motivation der Kinder. Für sie will man das Lernen spannend gestalten und viele Elemente des Spielens einbinden. Solche Unterrichtsformen entstehen im Zusammenwirken eines reflektierten Selbstbilds für unterrichtliches Handeln mit professionellem* *didaktischen Können, das zum Ziel hat, jeden Unterricht attraktiv und adaptiv aufzubauen, aktivierende Lernumgebung bereitzustellen und aus gelingenden Praxisinnovationen zu lernen"* (Hameyer 1997, S. 9).

„Individuell fördern – gemeinsam lernen" ist nach Hörmann (2001) das Gebot der Kleinschule. Je mehr Schulstufen in einer Klasse sind, desto dringlicher wird die individuelle Förderung. Je intensiver die individuelle Förderung, desto dringlicher wird wieder das gemeinsame Lernen. Gerade diese Spannung erfordert eine ganz andere Gestaltung des Schullebens. Der Autor nennt einige Beispiele dafür:

- „ältere bzw. begabtere SchülerInnen stellen jüngeren bzw. weniger begabteren ihre Arbeit vor,

- ältere bzw. begabtere SchülerInnen helfen jüngeren bzw. weniger begabteren beim Erlernen bestimmter Aufgaben und Fähigkeiten,

- gemeinsamer Beginn und Ausklang der Unterrichtseinheiten (Entwicklung einer Kultur des Beginnens und Endens)" (Hörmann 2001, S. 152).

BildungspolitikerInnen, PädagogInnen und Eltern sind sich heute großteils darüber einig, dass für jüngere SchülerInnen kleinere Schulen, die im Wohnort liegen und gleiche pädagogische Qualität gewährleisten und gute Ausstattung haben, kindgerechter sind und wesentliche pädagogische Vorteile gegenüber großen Schulen aufweisen.

Essig (1992) als profunde Kennerin der Kleinschulproblematik meint: *„Die Vorteile dieser pädagogischen Nahversorgung, eines Unterrichts in kleinen Gruppen, der familiären Atmosphäre und der individuellen Förderung der Kinder sind den Eltern und den Gemeindevertretern bewusst geworden. Aus der niederorganisierten Schule ist die ‚wohnortnahe Kleinschule' entstanden. Sie bietet modernen Unterricht in lebensnahen Situationen an"* (Essig 1992, S. 1).

2.2.5 Die *Kleinschule* als Ort der Differenzierung und Individualisierung

Am Beispiel der so genannten Kleinschulen soll gezeigt werden, dass es gerade in einer altersheterogenen Schulklasse möglich ist, durch Einsatz bestimmter Differenzierungsmöglichkeiten auf die individuellen Voraussetzungen der SchülerInnen Rücksicht zu nehmen. Die innere Differenzierung im heterogenen Klassenverband der Kleinschulen drängt den Abteilungsunterricht und die Stillarbeit zurück und führt zu einer dynamischen Kultur des Lehrens und Lernens. Die größere Unterschiedlichkeit der Kinder in der altersheterogenen Gruppe verlangt jedoch von den LehrerInnen einen individualisierteren, mindestens aber eine sehr viel differenziertere Vorbereitung der Lernaufgaben, als dies in der Jahrgangsklasse der Fall ist.

2.2.5.1 Der Unterricht in Kleinschulen

Im Unterricht an Kleinschulen wird die Heterogenität der Lerngruppe bewusst in Kauf genommen, ja man sieht sogar einen Vorteil darin. Viele Jahre war es das große Ziel der BildungspolitikerInnen, möglichst große Homogenität in den Klassen zu erreichen, obwohl uns die Natur etwas anderes lehrt. SchülerInnen haben verschiedene Entwicklungsstände, (besonders im Schuleingangsbereich) unterschiedliche Motivation und Lernfortschritte und verschiedene Zugänge zu Lehr- und Lerninhalten.

In der Kleinschuldidaktik steht heute nicht mehr der Abteilungsunterricht und die Stillbeschäftigung im Vordergrund, sondern jahrgangsübergreifendes Arbeiten. Ein solches Arbeiten erfordert ein pädagogisches und organisatorisches Konzept, das wir zum Großteil an Kleinschulen vorfinden.

Der neue Lehrplan der Volksschule (2001) schafft nicht nur Möglichkeiten, Unterricht in verschiedenen Lehr- und Lernformen zu organisieren, sondern verpflichtet geradezu, so zu arbeiten. Bei der Realisierung dieser Lehrplanforderungen bietet die Kleinschuldidaktik eine Fülle von konkreten Anregungen und Möglichkeiten, wo im Unterricht individualisierte und differenzierte Lernwege angeboten werden, wo mit offenen Lehr- und Lernformen gearbeitet wird, wo integrative Maßnahmen gesetzt werden und dort wird auch verstanden, *„dass sich Kinder verschiedener Altersstufen in einem Raum nicht stören müssen"* (Nösterer 1995, S. 19).

Wenn der Unterricht an der Kleinschule modern, lebendig und kindgemäß gestaltet wird, dann muss das Erleben der nächsten Umwelt einbezogen werden. Es muss ein offener Unterricht sein, der selbstständiges und handlungsorientiertes Lernen fördert, fächerübergreifend ist, Projekte durchführt und möglichst viel differenziert und individualisiert. Sicher wird ein solcher Unterricht nicht nur an

Kleinschulen gefordert, sieht man aber genauer hin, kann man dafür in Kleinschulen günstigere Bedingungen vorfinden – Bedingungen, aus denen viel zu lernen ist.

2.2.5.2 Abteilungsunterricht – eine Lernorganisation gegen die Schulklasse

„Abteilungsunterricht ist eine Arbeitsform der einklassigen und wenig gegliederten Schule und entspringt der Notwendigkeit, alle oder mehrere Jahrgänge zu gleicher Zeit und im gleichen Raum zu unterrichten. Es werden benachbarte Jahrgänge zu festen Unterrichtsverbänden (Abteilungen) zusammengefasst und nach eigenen Stoffplänen unterrichtet" (Odenbach 1971, S. 4f.).

Odenbach (1971) erwähnt auch besondere Schwierigkeiten des Abteilungs-unterricht und nennt dabei folgende Kriterien: Die Zeitnot der Lehrpersonen, die Zusammenfassung von Kindern verschiedener Reife zu einer Lerngruppe und den Zwang zum indirekten Unterricht.

Kraft (2001) beschreibt die wichtigsten Merkmale des Abteilungsunterrichts folgendermaßen: *„Unterricht in Abteilungen hat zur Folge, dass*

(1) die gerade nicht vom Lehrer direkt unterrichteten Abteilungen entweder auf Stillarbeit verwiesen sind oder mit einem vom Lehrer vorher instruierten Helfer lernen. Dies bedeutet wiederum, dass

(2) Arbeitsmittel entwickelt werden müssen und dass

(3) Lernkontrollen vorhanden sein bzw. eingeübt werden müssen, die unabhängig vom Lehrer sind.

(4) Vorlernen und Nachlernen erlauben individuelle Züge (z.B. Nachlernen bei Versäumnis wegen Krankheit).

(5) Prinzipiell ist damit bei dieser Lernorganisation ein schnelleres bzw. langsameres Durchschreiten des Stoffes (gegenüber der Norm) ohne Klassenwechsel möglich – Überspringen und Sitzenbleiben werden überflüssig" (Kraft 2001, S. 11).

Kraft (2001) sieht in der Organisationsform des Abteilungsunterrichts besondere Anforderungen an LehrerInnen und SchülerInnen, sieht aber im Abteilungs-unterricht – abgesehen von der Mehrbelastung aller Beteiligten am Unterrichts-geschehen – auch positive Aspekte, indem er festhält, dass *„das Helfersystem, die Erziehung zur Stillarbeit und Selbstkontrolle und die Entwicklung von Arbeitsmitteln* *progressive Leistungen der weniggegliederten Schulen waren bzw. sind, die heute in jahrgangsübergreifenden Klassen bzw. Lerngruppen weiterentwickelt werden und die inzwischen für alle Schulen richtungsweisend wurden bzw. sein könnten"* (Kraft 2001, S. 12).

Ein genuines Merkmal der Kleinschule sind also mehrere Schulstufen, die in einer Klasse zusammengefasst und gemeinsam unterrichtet werden. Beim Unterricht kommt es dadurch zur Bildung von Abteilungen, *„das sind Kindergruppen, die gleichzeitig, in verschiedenen Unterrichtsgegenständen mit unterschiedlichen Lerninhalten, von nur einem Lehrer/einer Lehrerin, im gleichen Raum unterrichtet werden müssen"* (BMUK 1990, S. 14).

Abteilungsunterricht verlangt eine intensivere Vorbereitung und eine erhöhte Beanspruchung der Lehrerperson während der Unterrichtsarbeit. Gerade das kleinschuldidaktische Problem der gleichzeitigen Unterrichtsführung mehrerer Schulstufen in einer Klasse führt zur Ablehnung der Kleinschulen und zur Bevorzugung der Jahrgangsklassen durch LehrerInnen.

Schon Schmidberger (1964) vertritt den Grundsatz: *„Sowenig Abteilungen als möglich, nur soviel als unumgänglich nötig"* (Schmidberger 1964, S. 2l). Durch verschiedene neue Lehr- und Lernformen wird der Abteilungsunterricht relativ zurückgedrängt. Bezirksschulinspektor Franz Nösterer (1995) aus Oberösterreich spricht daher nicht mehr vom Abteilungsunterricht, sondern von der *„inneren Differenzierung im heterogenen Klassenverband"* (Nösterer 1995).

Faust-Siehl (1995) ortet für die Zukunft eine abnehmende Schülerdichte. Diese Tatsache stellt die Schulen in Zukunft vor ein neues Problem, nämlich die Unterrichtsqualität auch in jahrgangsübergreifenden Klassen zu sichern und LehrerInnen darauf vorzubereiten. *„Ein reiner Abteilungsunterricht mit langen Stillarbeitsphasen ist keineswegs die optimale Lösung. Offene Lernformen im Rahmen von kleinen Unterrichtsprojekten könnten Kinder mit verschiedenen Lernvoraussetzungen in Kontakt miteinander bringen; so dass sie zusammen an Aufgaben arbeiten und einander fördern"* (Faust-Siehl 1996b, S. 16f.).

„Wenn schon Abteilungsunterricht notwendig ist" – berichtet Hörmann (2000) *„dann wäre eine ‚Elastische Abteilungsführung' vorteilhaft. Es müsste überhaupt von der strengen Gruppierung nach Jahrgängen abgegangen werden und das Leistungsniveau der Schüler für die Bildung von Abteilungen entscheidend sein. Nicht das Schulalter, sondern Begabung, Interesse und Können müssten dafür ausschlaggebend sein. Besonders Be-*

gabte können durch Mitarbeit in der höheren Abteilung oft besser gefördert werden und schwache Schüler können ihren Rückstand nachholen und aufarbeiten. Dadurch kann jedem Kind die ihm angemessene Zeit gelassen werden und es muss nicht auf Gleichschritt gedrängt werden" (Hörmann 2000, S. 117).

2.2.5.3 Differenzierung und Individualisierung in Kleinschulklassen

Infolge eines sehr unterschiedlichen Problembewusstseins der GrundschullehrerInnen gestaltet sich die Diskussion um die Arbeit in der Kleinschule eher schwierig. Es gibt immer wieder LehrerInnen, die die Notwendigkeit von Individualisierung und Differenzierung im Unterricht noch gar nicht entdeckt haben und am starren Jahrgangsklassenmodell festhalten wollen. Diese unbefriedigende Lage spricht auch Elfriede Schmidinger, Landesschulinspektorin für OÖ. an, indem sie feststellt, *„dass dort, wo eben mehrere Schulstufen in einer Klasse sind, der Abteilungsunterricht – im Sinne von Trennung – noch immer die häufigste Organisationsform darstellt"* (Schmidinger 2002).

Hentig (1993) beschreibt dieses Phänomen so: *„Die innere Differenzierung wird noch immer für eine Art Magie gehalten, eine theoretisch einleuchtende, jede praktische Lehrkunst aber übersteigende Forderung. Man wird sich vielleicht eher auf sie einlassen, wenn man darunter zunächst nur versteht: jedem Kind die ihm angemessene Zeit lassen; nicht auf Gleichschritt drängen; manchmal Jahre warten müssen, bis es die anderen einholt"* (Hentig 1993, S. 222).

Gerade diese elementare Erfahrung kann in altersheterogenen Klassen von Kleinschulen immer wieder gemacht werden. LehrerInnen werden täglich in ihren Klassen mit den unterschiedlichen Entwicklungsstufen der Kinder konfrontiert. Unterschiedliche Lernvoraussetzungen, Begabungen und Entwicklungsprofile verlangen Individualisierung und Differenzierung im täglichen Unterricht – die Arbeit in der Kleinschule bedeutet für alle LehrerInnen eine enorme didaktische Herausforderung!

Schmidinger (2002) meint im Laufe des Gespräches:

„Es herrscht großer Bedarf an Fort- und Weiterbildungsangeboten bezüglich methodisch-didaktischer Konzeptionen für das Lehren und Lernen im Umgang mit unterschiedlichen Lernstufen bzw. Leistungsniveaus. Lehre-

rInnen fühlen sich für das Unterrichten in altersheterogenen Lerngruppen wenig vorbereitet und oft überfordert" (Schmidinger 2002). In Kleinschulen mit zwei, drei oder gar vier Schulstufen in einer Klasse ist aus organisatorischen Gründen eine sehr starke Altersheterogenität vorhanden. Aus diesem Grund hat sich nach Hörmann (2001) sowohl bei LehrerInnen als auch bei SchülerInnen eine große Fähigkeit zur Differenzierung und Individualisierung ergeben. *"Mit der Akzeptanz der Heterogenität, der Verschiedenheit der Kinder in Klassen von Kleinschulen muss sich der/die LehrerIn vom homogenen Klassenbild und dem damit verbundenen Lernen im Gleichschritt verabschieden"* (Hörmann 2001, S. 149).

Dass individuelles Eingehen auf SchülerInnen differenzierenden Unterricht erfordert, diagnostizieren auch Antoni, Scheiber und Wolf (1996). *"Lerntempo, Lernbereitschaft und Lernfähigkeit sind so verschieden, dass jedem Kind die Möglichkeit geboten werden muss, eventuelle Rückstände nachzuholen und sich den eigenen Anlagen entsprechend zu entfalten"* (Antoni, Scheiber & Wolf 1996, S. 54).

Kleinschulklassen müssen auf die großen Unterschiedlichkeiten der Kinder durch eine verstärkte Individualisierung und Differenzierung der Methoden, Lernhilfen und Lernziele antworten.

Die spezifische Aufgabe der LehrerInnen in mehrstufig geführten Klassen besteht darin, den Unterricht möglichst so zu gestalten, dass sie den Bedürfnissen einzelner SchülerInnnen bzw. Schülergruppen gerecht werden, d.h., dass das Anspruchsniveau möglichst jeder einzelnen Schülerpersönlichkeit getroffen wird. Dieser Anspruch stellt vermutlich eine große Herausforderung – vielleicht manchmal eine Überforderung – für die PädagogInnen dar. Ein Zusammenfassen von SchülerInnen mit ähnlichen Lernvoraussetzungen – *"(...) eine Organisation nach Lernstufen (an Stelle von) Schulstufen (...)"* fordert Oswald (2002, S. 92) – ist erstrebenswert und – vielleicht gerade in Mehrstufenklassen an Kleinschulen – auch durchführbar!

2.2.6 Die Charakteristik der Mehrstufenklasse – eine neue alte Organisationsform in der Volksschule

Kinder in altersheterogenen Klassen zu unterrichten ist nicht neu. Demografische Bedingungen haben häufig dazu geführt, dass Kinder verschiedener Geburtsjahrgänge gemeinsam unterrichtet wurden. Gründe dafür waren z.B. nach den Weltkriegen akuter Lehrermangel oder weil nicht genügend Kinder für einzelne Jahrgangsklassen vorhanden waren. Auch die Vertreter der Reformpädagogik wie u.a. Maria Montessori, Peter Peterson, Célestin Freinet, deren Orientierung des erzieherischen Handelns am und vom Kinde ausging, wählten in ihren pädagogischen Modellen die Organisationsform der altersheterogenen Lerngruppe.

Die Entwicklung der Volksschule in der Organisationsform der wenig gegliederten Schule steht auch im Zusammenhang mit der Landschulbewegung, die nach 1946 einsetzte. Es bestand das Interesse, die volkstümliche Bildung und die Bindung der Schule an die milieumäßigen Gegebenheiten des ländlichen Lebenskreises zu bewahren. Es wurde beabsichtigt, dem Dorf das kulturelle Zentrum Schule zu erhalten und damit der Landflucht entgegen zu steuern. Bemühungen fanden dahingehend statt, die Volksschule (insbesondere ihre Oberstufe) aufzuwerten, um den Einheitsschultendenzen in einer zweizügigen Hauptschule entgegen zu wirken. Besonders herausgestellt wurde dabei die Entwicklung einer spezifischen Didaktik und Methodik des Unterrichts in der wenig gegliederten Volksschule mit ihrer besonderen Form des Schullebens und der Schularbeit.

Da die Auseinandersetzung mit der Umwelt bei Kindern und Jugendlichen in altersgemischten Gruppen in Familien, auf Spielplätzen, mit Peers, etc. als ein natürlicher Lernvorgang stattfindet und auch nichtschulische, institutionalisierte Gruppierungen (Kindergarten, Musikschule, Sportverein, Jugendgruppen, Ferienlager, …) in der Regel altersheterogen organisiert sind, liegt es nahe, dass altersheterogene Lerngruppen, wie sie kennzeichnend für die wenig gegliederte Schule sind, im Gegensatz zu den altershomogenen Jahrgangsklassen (z.B. durch die gelungene Integration der LernanfängerInnen, die Vorbildfunktion der Älteren, das Helfersystem, Ermöglichen eines unbemerkten Überspringens von Schulstufen) eine Idealform der integrativen Begabungsförderung sein könnten. Integrative Begabungsförderung in Mehrstufenklassen stellt ein Unterrichtskonzept dar, das die individuellen Lernstufen der Entwicklung vielseitig berücksichtigt. Selbst Kinder mit großen Lernrückständen werden immer wieder erleben, dass sie in vielen Bereichen Wissen an jüngere Kinder weitergeben können und dies eine positive Auswirkung auf das Selbstkonzept der Begabung hat. Kinder mit hoher Begabung sind nicht länger an ein durchschnittliches Arbeitstempo

gebunden, sondern können der bisher ihrer Altersgruppe zuge-
schriebenen Entwicklung vorauseilen.

*„Mehrstufenklassen sind im Bereich der Grundschule entwickelt worden:
Durch die in mehreren Jahren hintereinander erfolgende Aufnahme von
Kindern im Stadium des Schuleintritts entsteht eine ,Klasse, in der zwei bis
vier Lernstufen (vormals Schulstufen)' existieren.*

*Der Übergang eines begabten Kindes in eine höhere Lernstufe (der nur bei
Fixierung der Intelligenzentwicklung nach der Altersnorm mit ,vorzeitiger
Aufnahme' etikettiert werden kann) erfolgt ,natürlich fließend'* "(Oswald
2002, S. 92).

2.3 Intentionen der Begabungsforschung und die Besonderheit der Begabtenförderung in der Grundschule

Begabungsforschung erhält ihren Sinn und ihre Bedeutung in der
Suche nach Erkenntnis dessen, was Begabung ist, wie sie identifiziert
und entdeckt werden kann und wie Kinder und Jugendliche in ihrer
Persönlichkeit und mit ihren Talenten gefördert werden können.
Die Besondertheit der Begabtenförderung in der Grundschule besteht in den – im Vergleich zur Unterrichtssituation der weiteren
Schulstufen – größeren Möglichkeiten zu flexibler Lehr- und Lernorganisation. Durch das in dieser Stufe gerechtfertigte Klassenlehrer-
rInnen-System, nach dem im Wesentlichen alle Unterrichtsgegenstände von einer Lehrperson unterrichtet werden, ist die Wahrnehmung der Vielfalt von Begabungen in der Klasse (auch der möglichen Pluralität von Begabungen bei einzelnen Kindern) gewährleistet, und die Überschaubarkeit der Strukturen lässt *klassenübergreifende* Kooperation eher zustande kommen.
Mit diesen *Vorbedingungen* ist eine in der pädagogischen Begabungsforschung angestrebte Offenheit der Begegnung mit Begabungen
zugänglich, die Weinert (2001) im Bezug auf die Förderung multipler Intelligenzen (vgl. Gardner 1998) für Forschende und Lehrende
gleichermaßen aufzeigen möchte: *„Wir wissen in der Regel nicht, ob es
vorgegebene Begabungsschwerpunkte, ob es spontane Neigungen oder ob es
extrem provozierte Interessen sind, die den einen zum sprachlich-ästheti-
schen Ausdruck, die andere zum mathematischen Grübeln, den dritten zum
naturwissenschaftlichen Experimentieren und eine vierte zur Welt der
Technik hinzieht. Begabung, Motivation, die Erfahrung eigener Leistung*

und die damit verbundene Anerkennung durch andere, stehen in einer dynamischen Wechselwirkung, schaukeln sich gegenseitig auf, verstärken sich und führen mittelfristig zur Entwicklung intelligenter ExpertInnen. (...) Unter diesen Umständen wäre es entwicklungspsychologisch, bildungspolitisch und individualpädagogisch völlig verfehlt, sich bei der Begabungsförderung auf eine kleine, rigide definierte Gruppe von hochintelligenten Kindern mit einem bestimmten IQ zu beschränken. Viele einseitig begabte oder lediglich gut befähigte Kinder haben auf den verschiedensten kulturellen Feldern exzellente Leistungen hervorgebracht" (Weinert 2001, S. 28).

Der Thematik *Begabungsförderung* bzw. *Begabtenförderung* wird heute zunehmend Beachtung geschenkt. Dem ist nicht nur in der pädagogischen und erziehungswissenschaftlichen Literatur so, sondern auch in der Bildungspolitik. Wurde die Erörterung diesbezüglicher Fragestellungen vor ein paar Jahren noch tabuisiert (vgl. Stamm 1992) so wird die Auseinandersetzung um die Förderung besonders begabter SchülerInnen heute mehr und mehr öffentlich und mitunter mit starkem emotionalem Engagement geführt. Die Auffassung darüber, worum es sich beim Begriff *Begabung* handelt, differieren dennoch zum Teil enorm. Das Kapitel 2.3.1 soll die verschiedenen Positionen des Begriffsverständnisses – je nach Forschungsrichtung – darstellen und analysieren. Im Anschluss an die definitorische Erörterung werden Begabungskonzepte und -modelle erläutert und Möglichkeiten, Begabungspotentiale zu erkennen, beleuchtet (Kap. 2.3.2).

Begabungsförderung als Motiv zur inneren Schulreform und als zentraler Aspekt der Schulentwicklung betrifft die Einleitung einer pädagogischen Bewusstseins-bildung bezüglich Variation und Differenzierung in der schulischen Lernorganisation. Sie erfordert eine enge Zusammenarbeit unter allen Beteiligten: PädagogInnen, Schulleitungen, Eltern, schulischen Diensten, Behörden, externen Fachleuten und Verwaltung. Es geht dabei nicht nur um die Realisierung von außergewöhnlichen Leistungen, sondern auch um die Prävention von Lernschwierigkeiten bei besonders begabten Kindern. Damit sind neue Anforderungen und Aufgaben insbesondere für LehrerInnen verbunden, denen sie ohne diesbezügliche Kenntnisse nur unzureichend entsprechen können. Welche konkrete Möglichkeiten der Begabungsförderung / Begabtenförderung im Rahmen der österreichischen Schulgesetze vorgesehen sind, wird das Kapitel 2.3.3 näher analysieren und interpretieren.

Bei den im Kapitel 2.3.4 beschriebenen Konzepten von Begabungsförderung geht es nicht primär um Formen der Hochbegabtenförderung, sondern um einen multiperspektivischen Zugang zum Begabungsbegriff, der im Unterschied zum Begriff der individuellen
Förderung durchaus die Entwicklungsmöglichkeiten im einzelnen
Kind im Anschluss an die heutigen integrativen Begabungskonzepte
inkludiert.
Der pädagogische Anspruch auf Förderung hat in den letzten Jahren
eben auch im Rahmen der Diskussion um die Qualitätsentwicklung
von Schulen Aufwind erhalten, indem die Einzigartigkeit des Individuums wieder stärker betont und demzufolge auch die Unterschiedlichkeit der SchülerInnen, die Heterogenität in den Schulklassen,
vermehrt ins Zentrum des Erkenntnisinteresses gerückt wird. Welche geeigneten Unterrichtsmethoden den LehrerInnen mehr Einblick in das Lernverhalten ihrer SchülerInnen geben, um deren (besondere) Begabungen zu erkennen und zu identifizieren, ferner
welche Probleme und Fehlerquellen dabei häufig auftreten können,
wird im Kapitel 2.3.5 kritisch dargestellt. Ein breites Spektrum di-
daktischer und methodischer Möglichkeiten bzw. konkrete Modelle
zur begabungsfördernden Unterrichtsgestaltung in einzelnen schulischen Lernbereichen sind Inhalte des Kapitels 2.3.6.

2.3.1 Begriffsverständnisse von Begabung

Man braucht nicht sehr tief in die Materie einzudringen, um festzustellen, dass es eine Vielzahl von Definitionen vom Begriff *Begabung*
gibt. Bereits vor vielen Jahren konnten Feger und Prado (1998) ForscherInnen zitieren, die mehr als 100 Begabungsdefinitionen vorge-
funden hatten – manche dieser Begriffsklärungen haben wenig miteinander gemeinsam – und verdeutlichen damit die unterschiedlichen Auffassungen über die inhaltliche Bedeutung des Begriffs, so
dass eine allgemein anerkannte und wissenschaftlich präzise Definition (bislang) nicht existiert. Diese Vielfalt ist eigentlich nicht ver-
wunderlich, wenn man den Kontext der jeweiligen Verwendung betrachtet. Einmal sind es PädagogInnen, die den Begriff verwenden,
dann wieder PsychologInnen, es sind zum Teil PraktikerInnen oder
TheoretikerInnen. Manche Definitionen sind explizit in einer bestimmten Zeit verwendet worden, andere in einem bestimmten
Land.

Nach Heller und Hany (1996) *„lässt sich Hochbegabung (allgemein) als individuelles Fähigkeitspotential für herausragende Leistungen, oft (nur) in einem bestimmten Bereich"* (Heller & Hany 1996, S. 477) definieren. Andere Forscher bezeichnen das Fähigkeitspotential in einem spezifischen Gebiet auch als *Spezialbegabung* bzw. *Talent*. Weitere AutorInnen betrachten überdurchschnittliche Begabungen als einen Entwicklungsvorsprung, d.h. dass ein Kind in bestimmten Bereichen in seiner geistigen, künstlerischen, motorischen oder sozialen Entwicklung den Gleichaltrigen deutlich überlegen ist.

Auch Weinert (1984) hat auf die Definitionsproblematik hingewiesen: *„Meinen wir mit Begabung das, was jemand auf einem bestimmten Gebiet zu leisten imstande ist, bevor er das relevante inhaltsspezifische Wissen und die speziellen Fertigkeiten erwirbt? Oder denken wir an jene maximale Leistung, die jemand unter großen Anstrengungen erreichen kann? Bezeichnen wir damit einen besonders schnellen und qualitativ ausgezeichneten Lernfortschritt? Sollte der Begriff für alle Fähigkeitsabstufungen gelten oder nur für die besonders herausragenden?"* (Weinert 1984, S. 354).

Obwohl die Auffassungen darüber, worum es sich bei dem Begriff Begabung handelt, stark auseinander gehen, kann davon ausgegangen werden, dass folgende Definition auf weitgehende Akzeptanz stößt und einem minimalen Konsens zwischen den verschiedenen Forschungsrichtungen entspricht: *„Begabung ist erstens das Potential eines Individuums zu ungewöhnlicher oder auffälliger Leistung, also die Kompetenz eines Menschen. Sie ist darüber hinaus zweitens ein Interaktionsprodukt, in dem die individuelle Anlagepotenz mit der sozialen Umgebung in Wechselwirkung steht"* (Stamm 1999, S. 10).

Wenn somit die Leistungsmöglichkeiten entwickelt werden können und nicht statisch vorgegeben sind, bekommt die Frage des wie, die Frage des Zusammenwirkens der Faktoren Schule, Umwelt und Familie eine neue Bedeutung. Eine solche Sichtweise weist der Schule eine zukünftig spezifischere Aufgabe zu, nämlich jedem Kind jene Entwicklungschancen zu gewährleisten, die eine optimale Entfaltung seiner Begabungen ermöglichen. Das erfordert eine Passung von individuellen Lernbedürfnissen und effektiven, sozialen Lernumwelten. Solche Lernumwelten zeichnen sich als reichhaltige und stimulierende Settings aus, die variable, den Grenzen der eigenen geistigen Kapazität entsprechende Anforderungsniveaus besitzen, Anregungen und Angebote bereitstellen und von einer Atmosphäre der Akzeptanz und der Anerkennung geprägt sind (vgl. Heller 1998).

Die Fülle der Definitionen, Konzeptionen und Modelle der Begabung sollte dennoch nicht als Manko sondern vielmehr als Bereicherung gesehen werden. Alle Begriffsklärungen lassen sich unter sehr vielen verschiedenen Positionen einordnen und klassifizieren, doch zusammenfassend lassen sich nach Oswald (2002) zwei Grundverständnisse von Begabung herleiten:

2.3.1.1 Begabung als eine unveränderliche, statische Fähigkeit des Menschen

Zu Beginn der Begabungsforschung dominierte die Vorstellung, dass das Begabungsniveau eines Menschen von Geburt an festgelegt sei. Diese Betrachtung stimmte mit der (damals) in der Entwicklungspsychologie verbreiteten Auffassung überein, dass sämtliche Persönlichkeitsmerkmale genetisch determiniert seien und von Umweltfaktoren nur in vernachlässigbarem Ausmaß beeinflusst werden könnten. Entwicklung wurde ausschließlich als anlagebedingter Reifungsprozess verstanden. Theorien dieser Auffassung werden als *endogenistische Theorien* bezeichnet – sowohl das Individuum als auch die Umwelt werden als passiv angesehen.

Ebenso betrachten die Vertreter der *organismischen Theorien* den Begabungsbegriff eher als statisch. Hier wird das Subjekt wohl als aktiver Gestalter seiner Entwicklung angesehen; es wendet sich seiner Umwelt erkundend zu und konstruiert sich sein Weltbild selbst. Interventionen seitens der Umwelt können diesen Theorien zufolge nur dann wirksam werden, wenn das Kind den entsprechenden Entwicklungstand erreicht hat und daher angebotene Anregungen nutzen kann (vgl. Feger & Prado 1998).

Beide Ansätze sehen die Begabung eines Menschen als ein festes Persönlichkeitsmerkmal, das von förderlichen oder hemmenden Umständen weitgehend unabhängig ist – sie betonen deutlich die angeborene Leistungsdisposition.

Zwischenzeitlich ist der statische Begabungsbegriff aber keineswegs aus der alltagsweltlichen Diskussion ganz verschwunden. Begabungen werden immer wieder – insbesondere in der Alltagsbegrifflichkeit – als zeitstabile, weitgehend unkontrollierbare Persönlichkeitsmerkmale angesehen. Geht diese Sichtweise in die subjektiven Theorien von LehrerInnen ein, so behindert sie die Ausbildung einer pädagogischen Grundhaltung, die eine optimale Unterstützung der sehr verschiedenen Lernprozesse unterschiedlicher Kinder ermöglicht (vgl. Kornmann 1998).

2.3.1.2 Begabung als dynamischer, entwicklungsorientierter Begriff

Die bildungspolitische Diskussion der 60er und 70er Jahre um Chancengleichheit und dynamischen Begabungsbegriff spiegelt die Anlage-Umwelt-Kontroverse der Entwicklungspsychologie wider. ForscherInnen erkannten, dass auch die Umwelt Einflüsse auf Persönlichkeitsmerkmale von Menschen haben kann. Diese Vorstellung impliziert weitreichende praktische Konsequenzen, die verlockend sind: Wenn Persönlichkeitsmerkmale wie Intelligenz oder Temperament durch Umweltfaktoren determiniert sind, kann man sie durch geeignete familien-, sozial- und bildungspolitische Maßnahmen verändern (vgl. Oerter 1998). Höhepunkt der Entwicklung, die Umwelt als wichtigen Faktor für Entwicklung anzusehen, war der Behaviorismus, dessen Hauptvertreter Watson der Auffassung war, dass alle Menschen von Geburt an gleich seien und durch entsprechende Maßnahmen in jeden beliebigen Typ Mensch, *„(...) sei er ein Genie, ein kultivierter Gentleman, ein Rowdy oder ein Mörder"* (zit. nach Feger & Prado 1998, S. 55), formbar seien. Theorien, die diese Auffassung vertreten, werden als *exogenistische Theorien* bezeichnet. Ihnen zufolge ist das Subjekt passiv, ein unbeschriebenes Blatt, die Umwelt jedoch sehr aktiv (vgl. Feger & Prado 1998).

Die Vorstellung, dass die Intelligenz eines Menschen nicht anlagebedingt festliegt, sondern durch Umwelteinflüsse verändert werden kann, führte dazu, dass soziokulturelle Einflüsse auf das Bildungsniveau untersucht wurden. Der *dynamische Begabungsbegriff* wurde geboren. Die Tatsache, dass Arbeiterkinder hauptsächlich niedrige Schulabschlüsse erreichten, während Akademikerkinder fast immer die Matura ablegten, wurde nicht mehr im Licht der Vererbung von Intelligenz gesehen, sondern das mehr oder minder anregende Milieu, in dem die Kinder aufwuchsen, wurde verantwortlich für die Unterschiede gemacht. Diese pädagogische Vorstellung von Entwicklung misst der, durch kulturelle Anregungen vermittelten Begabungsentwicklung eine zentrale Bedeutung bei und stellt den dynamischen Prozess des Lernens, die Entfaltung von Fähigkeiten in den Mittelpunkt. Vertreter dieser Auffassung ist Heinrich Roth, der den dynamischen Begabungsbegriff Ende der sechziger Jahre prägte. Dieser dynamische Begabungsbegriff und die Forderung nach Chancengleichheit haben zweifelsohne zu wichtigen Veränderungen in Gesellschaft und Bildungspolitik geführt. So wurde weitgehend erreicht, dass Bildungsabschlüsse nicht mehr vom sozialen Status der Person abhängig sind. Der dynamische Begabungsbegriff wird jedoch häufig im Sinne des Behaviorismus und damit falsch verstanden. Ursprünglich ging man beim dynamischen Begabungsbegriff und beim Chancengleichheitsprinzip von der Vorstellung aus, dass Begabung auch durch Umweltfaktoren beeinflusst werden kann und man versuchte daher, hemmende Sozialisationsfaktoren durch entsprechende Förderung und die Ermöglichung des Zugangs zu höheren Bildungseinrichtungen zu kompensieren. Weder der dynamische Begabungsbegriff noch das Prinzip der Chancengleichheit oder -gerechtigkeit bedeuten, dass alle Menschen von Geburt an mit den gleichen Fähigkeiten und Persönlichkeitsmerkmalen ausgestattet sind (vgl. Roth 1972; Feger 1988). So schrieb Heinrich Roth, der, wie oben erwähnt, den dynamischen Begabungsbegriff entscheidend (mit-) prägte, schon 1966: *„Die Erziehungswissenschaft (...) muss sich gegen eine pädagogisch falsch interpretierte Vererbungstheorie und gegen eine pädagogisch falsch interpretierte Milieu-theorie zur Wehr setzen"* (Roth 1966, S. 152).

Allgemein kann festgestellt werden, dass Begriffsverständnisse die Praxis des Handelns bestimmen – auch wenn dieser Zusammenhang nicht immer klar bewusst ist. Ebenso bestimmt das jeweilige Begriffsverständnis von *Begabung* die Praxis unterrichtlicher Intentionen und personaler Erwartungshaltungen.

2.3.2 Begabungsmodelle

Unidimensionale Komponentenmodelle erklären Leistungseminenz mit der günstigen Ausprägung einer einzelnen Komponente, zumeist der Intelligenz. Der berühmteste Vertreter dieser Position war zweifellos Terman (1925), der Intelligenz für eine genetisch fixierte Eigenschaft hielt. Allerdings differenzierte auch er zwischen Begabung im Sinne günstiger Anlagen und Erfolg im Leben, welcher zusätzlich Persönlichkeitsvariablen und günstige Umweltbedingungen erfordere (vgl. Terman 1954). Letztere werden jedoch eher als Hindernisse angesehen, nicht als flankierende und gar mit der Begabung positiv interagierende Faktoren.

Häufig wird auch Kreativität als möglicher Einzelfaktor diskutiert, der Begabung ausmacht. Schließlich existiert die Auffassung von Begabungen im Sinne spezifischer Talente, die etwa musikalischen oder sportlichen Fähigkeiten unterliegen. Ein Spezialfall unidimensionaler Begabungsmodelle ist Gardners Ansatz (1986). Er ordnet verschiedenen Bereichen jeweils eine Intelligenz zu, die zu den jeweiligen Höchstleistungen in diesen Bereichen prädisponieren. Konkret unterscheidet er (mittlerweile) neun Intelligenzen: Die sprachliche (linguistische), logisch-mathematische, räumlich-visuelle, körperlich-kinästhetische (motorische), musikalische, intrapersonale, interpersonale, naturalistische und schließlich die existenzielle Intelligenz. Die praktische Bewährung des Gardner-Modells in empirischen Studien gestaltet sich jedoch schwierig, da zu den meisten Intelligenzen keine erprobten Messinstrumente vorliegen. Ziegler und Raul (2000) bewerten Gardners Theorie der Multiplen Intelligenzen daher als theoretisch anregend, doch als praktisch wenig einflussreich.

Ende der 60er Jahre hatte die bis dahin vorherrschende, dem statischen Begabungsbegriff zugewandte Forschung Kritik erfahren, insbesondere von Heinrich Roth. Er unterstellte in seiner Einführung zu den Gutachten des Deutschen Bildungsrats (vgl. Roth 1969), dass Konsens über die wissenschaftliche Unbrauchbarkeit des Begriffes Begabung (als statische Eigenschaft) herrsche. Auf Roth (1952) wird der bis heute weitgehend konsensfähige dynamische Begabungsbegriff wesentlich zurückgeführt. *„Begabung ist in einer Hinsicht Anlage, Reifung, Selbstentfaltung, in anderer Hinsicht ist aber ihre Entfaltung wesentlich abhängig von der Gesamtpersönlichkeit, ihrem Energieüberschuß, ihrer sozialen Sicherheit und Geborgenheit, der Erfüllung ihrer Ansprechbarkeit mit wertvollen Erlebnissen, der sorgfältig geplanten Verwandlung ihres Tätigkeitsdranges in Gestaltungskraft. Jede Begabung bedarf des Erwecktwerdens, bedarf lockender Bilder und Vorbilder, rechtzeitiger Hilfe und rechtzeitiger Kritik, echter Fortschritte, der Verknüpfung mit der Lebensplanung und Lebenserfüllung"* (Roth 1952, S. 406). Der von Roth 1968 herausgegebene *Band Begabung und Lernen* spiegelt die damalige Diskussion und ist hinsichtlich der diskutierten praktischen Probleme heute noch aktuell.

In der Folge gewannen multivariate Intelligenz- und Begabungskonzepte zunehmend an Bedeutung. Der dynamische Begabungsbegriff hat hinsichtlich einzelner Aspekte Ausdifferenzierungen in verschiedene Richtungen erfahren. Im Folgenden werden exemplarisch einzelne Konzepte der Begabungsforschung beschrieben und analysiert, die in ihrer Darstellung eine wissenschaftshistorische Entwicklung zur Mehrdimensionalität aufzeigen. Verantwortlich für diese Tendenzen sind u.a. historische Entwicklungen in der Pädagogischen Psychologie, die – je nach Epoche – unterschiedlich akzentuierte Begabungskonzeptionen unterstützten. Mit dem Aufkommen allgemeiner und differenzierter Fähigkeitsmodelle und entsprechender Messverfahren wurden kognitiv orientierte Begabungsmodelle favorisiert. Begünstigt wurde diese Tendenz durch eine von der Intelligenzforschung deutlich abgegrenzt verlaufende Entwicklung der Leistungsmotivationsforschung, die wiederum mit der Vernachlässigung volitionaler Handlungsaspekte einherging. Im Blickpunkt praxisorientierter Bemühungen stand außerdem jahrelang die schulische und später auch vorschulische Erziehung und Ausbildung. Begabungsforschung wie Begabungsdiagnostik wurden deshalb vornehmlich zum Zweck der Chancengerechtigkeit im Bildungswesen, d.h. der Unterstützung einer den individuellen Voraussetzungen angemessenen Bildungslaufbahn betrieben. Da das Kindes- und Jugendalter durch starke Veränderungen im Bereich kognitiver Kompetenzen gekennzeichnet ist und da sich in den ausschließlich nach Altershomogenität zusammengesetzten Jahrgangsstufen (Schulklassen) eine hohe Fähigkeitsvariabilität findet, verwundert es nicht, dass diese Thematik, d.h. die Ausprägung interindividueller Kompetenzunterschiede und deren Verlauf während der individuellen Entwicklung, die empirische Schul- und Bildungsforschung mitbeherrscht.

2.3.2.1 Leistungsorientierte Modelle

„Hochbegabung ist zwar an Leistungen erkennbar und teilweise auch messbar, aber das Potential ist aus der Vernetzung von Leistungen zu erschließen" (Oswald 2001, S. 10).

Leistungsorientierte Modelle können Begabungen insbesondere über Leistung feststellen, wobei jedoch zwischen potentieller und realisierter Leistungsexzellenz unterschieden wird. In dieser Konzeptgruppe gibt es wiederum zwei Arten von Modellen, die diese Grundtatsache veranschaulichen:

- **Faktoren-Modelle** (Renzulli 1978; Mönks 1992; Wieczerkowski & Wagner 1986) gehen davon aus, dass Leistung möglicherweise nur ein Detail des Begabungspotentials erkennen lässt. Es bedarf der Fähigkeit der PädagogInnen zu entdecken, dass die Diagnose einer besonderen Leistung (auf sprachlichem, mathematischem oder künstlerischem Gebiet) möglicherweise auf umfassendere Fähigkeiten schließen lässt.

- **Einflussfaktorenmodelle** (Gagné 2000; Heller 2000) erklären Begabung als Prozess und führen damit zur Entdeckung der pädagogischen Kompetenz in der Förderung besonderer Fähigkeiten und Fertigkeiten. *„Die prozess- und handlungsorientierten Modelle zur Erklärung von Begabung und Begabungsentfaltung von Gagné und Heller entsprechen in diesem Gedanken der Verbindung von theoretischer Überlegung und praktischer Durchführung eher als die psychologisch intendierten Modelle von Renzulli, Mönks, Wieczerkowski, weil sie die von vornherein gegebene **pädagogische Kompetenz** in ihrer Herausforderung wie auch in ihrer Bewährung und Bewertung beschreiben und analysieren lassen"* (Oswald 2001, S. 14).

Das Drei-Ringe-Modell von Renzulli (1978) versucht zu veranschaulichen, welche Faktoren für hohe Leistungsfähigkeit – *begabte Handlungen* (Cropley 1988, S. 89) – entscheidend sind. Herausragende Leistungen werden nach diesem Modell nicht allein durch eine überdurchschnittliche Intelligenz erreicht. Wesentlich sind ebenso eine hohe Kreativität und Motivation. Damit sind Intelligenz und Kreativität gleichermaßen für das Begabungsniveau relevant. Für das Realisieren der Begabung ist zudem der Faktor *Motivation* entscheidend. Im Renzulli-Modell steht in der Schnittmenge der drei Kreise der Begriff *Begabung* (Abbildung 1).

Renzullis Modell ist in enger Anlehnung an die Förderpraxis entstanden und hat sich in den letzten 26 Jahren als prägnante und verständliche Darstellung erwiesen. Hochbegabung (*giftedness*) entsteht personenintern durch die *glückliche* Interaktion von drei integrierenden Fähigkeitsclustern: Überdurchschnittliche intellektuelle Fähigkeiten, Motivation und Kreativität. Mangelt es bei einer Person an der Motivation, hohe Leistungen zu vollbringen, so kann ein möglicherweise vorhandenes hohes Intelligenz- und Kreativitätsniveau nicht in entsprechende Leistungen umgesetzt werden (vgl. Cropley 1988).

Abb. 1: Das Drei-Ringe-Modell der Hochbegabung nach Renzulli (1978, S. 182)

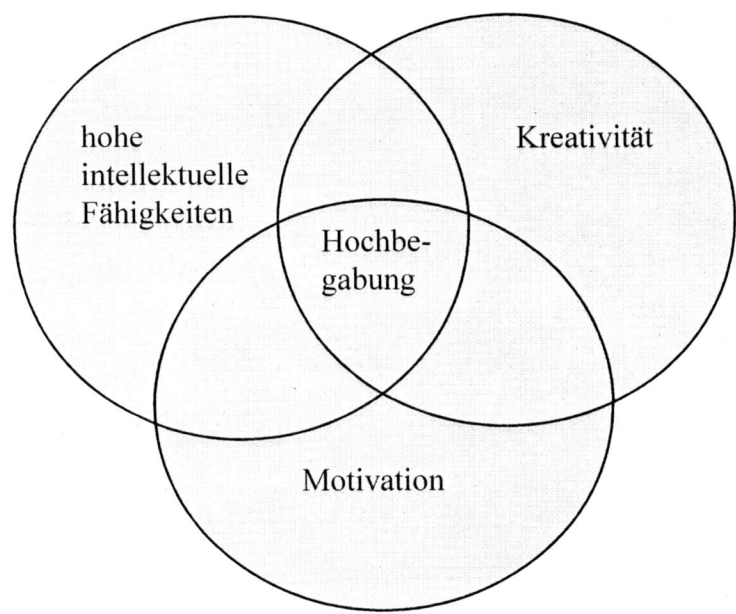

Renzullis Drei-Ringe Konzept, das in den 70er Jahren veröffentlicht wurde, leitete eine neue Entwicklung ein und führte die Begabungsforschung aus der *„Sackgasse der Intelligenz"* (Roth zit. nach Oswald 1999, S. 19).

Renzullis (etwas isolierter) Blick auf das Individuum – sein Modell beinhaltete noch keine Umweltfaktoren – war Ende der 70er Jahre bereits in der Kritik. Bronfenbrenners *Die Ökologie menschlicher Entwicklung* erschien 1979 in den USA. Folgerichtig wurde Renzullis Modell 1986 von Mönks zum so genannten *Triadischen Interdependenzmodell* erweitert und zwar um die drei Bedingungs-komponenten *Familie, Schule und Peers*. Nach Mönks (1992) kann sich Hochbegabung erst bei günstigem Zusammenwirken dieser sechs gleichberechtigten Bedingungsfaktoren als besondere Kompetenz, als hervorragende Leistung entwickeln. Zudem wird der Begriff *Motivation* abgelöst durch den Begriff *Aufgabenzuwendung* (task commitment).

Abb. 2: Das Triadische Interdependenzmodell von Mönks (1992)

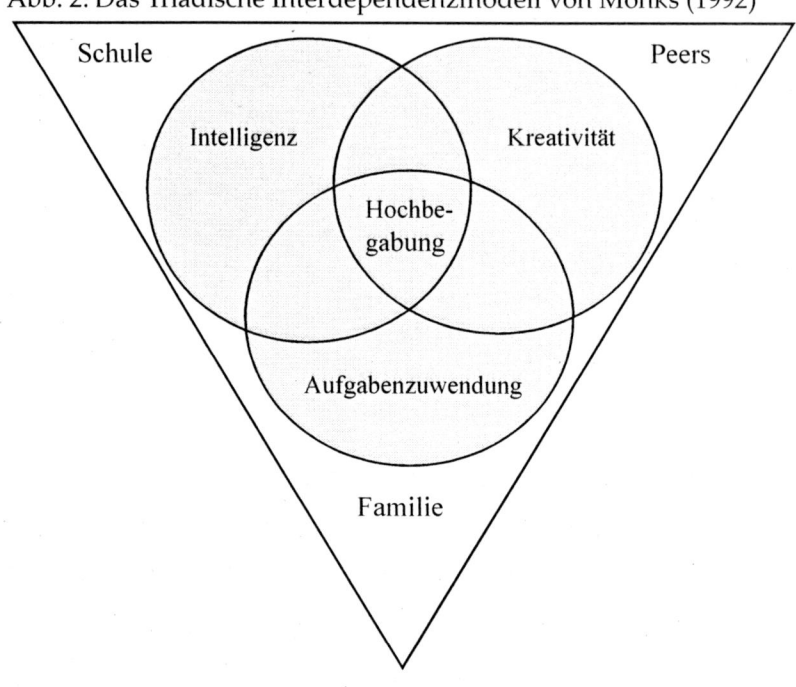

Beide erwähnten Faktorenmodelle (Mönks 1992; Renzulli 1978) gehen von der eindimensionalen Vorstellung ab, wonach der IQ ausschlaggebend für Begabung wäre – der IQ ist lediglich einer von mehreren Faktoren!
Ein wesentlich weitergehendes Modell (Einflussfaktorenmodell) entwarf Gagné 1993. Er trennt einerseits Potential und erbrachte Leistung und unterscheidet dabei zwischen intellektuellen, kreativen, sozialen, sensumotorischen und *anderen* Begabungen.

In dem *Differenzierten Begabungs- und Talentmodell* unterscheidet Gagné (2000) intrapersonale Katalysatoren von Umweltkatalysatoren. Diese Katalysatoren können die Transformation von natürlichen Fähigkeiten (Begabung) in systematisch entwickelte Fertigkeiten (Talent) positiv oder negativ beeinflussen. Die Transformation beschreibt Gagné (2000) dabei als Entwicklungsprozess, der durch Lernen und Üben in formeller oder informeller Form realisiert wird. Die Relevanz der Lernprozesse unterstützt auch Weinert (2000) *„Lernen ist der entscheidende Mechanismus bei der Transformation hoher Bega-*

bung in exzellente Leistung. (...) Die Förderung von Hochbegabten besteht in der Anregung, Unterstützung und Ermöglichung herausfordernder Lernprozesse sowie in der Hilfe bei der Wahl und Realisierung anspruchsvoller Bildungsziele" (Weinert 2000, S. 9).

Gagné (2000) betont bei den Umweltkatalysatoren die Relevanz von Personen (LehrerInnen, MentorInnen, ...) und Maßnahmen (Programme, Aktivitäten, ...) bei der Realisierung entsprechender Lernprozesse. Für die Umsetzung von Begabung in Leistung hebt der Autor bei den intrapersonalen Katalysatoren die Bedeutung von Motivation, Willenskraft, Selbstmanagement und Persönlichkeit hervor. Derartige Faktoren werden auch in den neueren Expertiseansätzen unterstrichen, bei denen – im Gegensatz zur traditionellen Begabungsforschung – die Voraussetzungen exzellenter Leistungen untersucht werden. Durch den Vergleich von ExpertInnen und NovizInnen lassen sich für diesen Expertiseerwerb neben relevanten Umweltfaktoren auch intrapersonale Lernbedingungen identifizieren (vgl. Gruber & Mandl 1992). Dafür sind sowohl kognitive Faktoren in Form quantitativ beschleunigter und qualitativ verbesserter Lernprozesse (vgl. Weinert 1992), als auch nicht-kognitive Faktoren wie beispielsweise Interesse, Wille, Ausdauer und Fleiß bedeutsam.

Der zentrale Aspekt der weiteren Entwicklung und Klärung des Begabungskonzepts liegt auch für Gagné (2000) in dem, was bei Renzulli (1978) als *task commitment* begrifflich sehr komplex erfasst gewesen war. In Gagnés Konzept wird nun endgültig auf die Bedeutung der pädagogischen Lernumwelten und auf die didaktischen Möglichkeiten zur Begabungsförderung Bezug genommen: Die Katalysatoren kennzeichnen sowohl die Beziehung zu den Lernumwelten als auch ihre Wirkung der fördernden bzw. nicht fördernden Einflussnahme im Prozess der Entfaltung von *Giftedness* zu *Talent*, vom *Potential* einer Begabung zur *Performanz* d.h. zu ihrer Realisierung durch Leistung.

Abb. 3: Gagnés Differenziertes Begabungs- und Talentmodell
(Gagné 2000, S. 69)

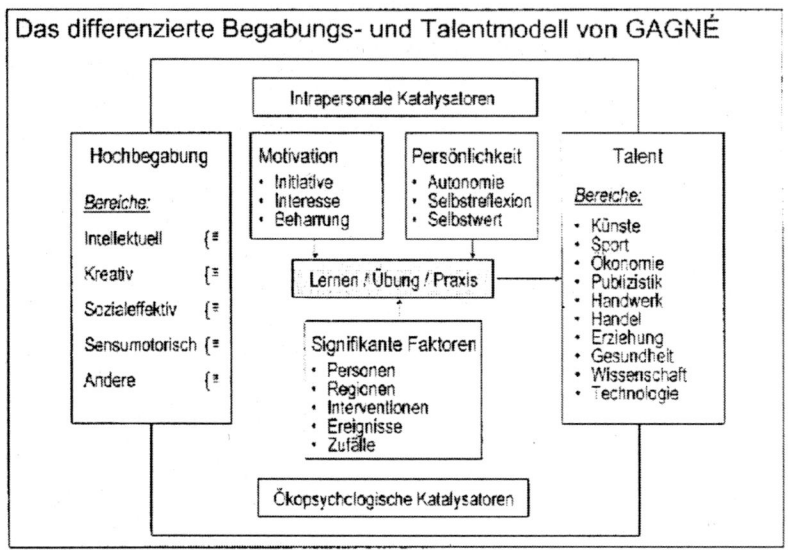

Das Konzept verdeutlicht auch, was Roth (1968) mit der Vorstellung eines pädagogischen Begabungsbegriffs intendiert hat: Aus allgemeinen Leistungsformen (wie z.B. Sprachfähigkeit, Raumvorstellungsvermögen, Musikalität, Kombinationsfähigkeit, ...) können durch Anreize aus der Umwelt die Talente zur Entfaltung gebracht werden. Es liegt nun an der *begabenden Fähigkeit* bzw. am intellektuellen und sozio-emotionalen Talent von LehrerInnen, diese *begabenden Lernumwelten* bereit zu stellen.

Im *Münchener Hochbegabungsmodell* – ein weiteres Einflussfaktorenmodell – unterscheidet Heller (2000) inhaltlich unabhängige Begabungsformen (Leistungs-bereiche). Entscheidend ist, dass für die Entwicklung von Fähigkeiten (Potentialen) zu Leistungen (Performanz) die Wirkung und der Einfluss von nicht-kognitiven Persönlichkeitsmerkmalen und von Umweltfaktoren maßgebend wird. Das Modell verdeutlicht dabei den Einfluss der Begabungsfaktoren auf das Manifestwerden von Leistungen und zeigt die Wirkung der nicht-kognitiven Persönlichkeitsmerkmale sowie der Umweltfaktoren als *Moderatoren* – Gagné (2000) bezeichnet diese als *Katalysatoren* – von geistiger Entwicklung, des Entdeckens der eigenen Denkfähigkeit, nicht zuletzt der Leistung. In diesem Zusammenhang gelten auch Formen der Lernorganisation und Lernumgebung als Moderatoren für individuelle Begabungsentwicklung (Abbildung 4). Es zeigt sich dabei sehr deutlich die Notwendigkeit, die unterrichtlichen Anforderungen um herausfordernde Angebote und die Vermittlung effektiver Lernstrategien für besonders begabte Kinder zu erweitern. Nach Sternberg (1990) verfügen SchülerInnen und LehrerInnen jeweils über Lernstil- und Lehrstilpräferenzen, d.h. bevorzugte Arten des Lernens und des Lehrens. Leistungsschwierigkeiten entstehen insbesondere, wenn eine mangelnde Passung zwischen dem Lernstil des Kindes und dem Lehrstil der Lehrerperson gegeben ist. Daher wird die Instruktionsqualität der PädagogInnen gegenüber besonders begabten Kindern vor allem dadurch bestimmt, inwieweit deren spezielle Denkstrukturen und Denkprozesse berücksichtigt werden.

Hellers Modell ist nicht nur anschaulich gegliedert, sondern es gibt in treffender Form den gegenwärtigen Stand in Forschung und Theorie wieder. Moderne Intelligenzmodelle wie jene von Gardner (1983; 1993) und Sternberg (1999) werden berücksichtigt. Begabungsschwerpunkte als individuelles Potential können in einem oder mehreren Bereichen liegen. Als Prädikatoren geben sie an, was an besonderer Leistung erwartet werden kann. Allerdings hängt die Realisierung weitgehend von einer erfolgreichen Interaktion zwischen individuellen Begabungen und den Moderatoren innerhalb und außerhalb des Individuums ab.

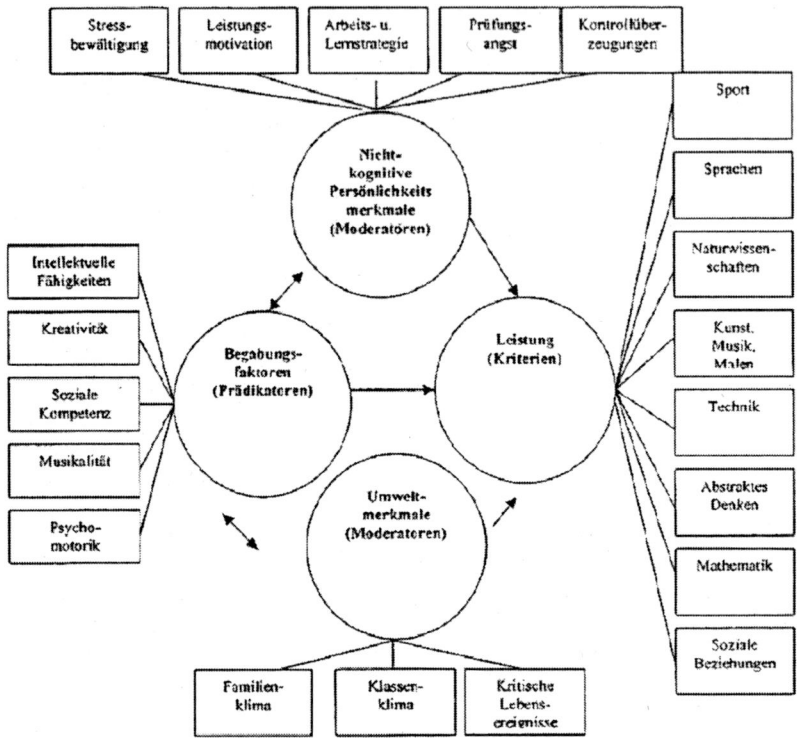

Abb. 4: Münchener (Hoch-) Begabungsmodell (Heller, Perleth & Hany 1994, S. 12)

Da die Interaktion in beiden Bereichen negativ bzw. hemmend sein kann, ist es für PädagogInnen von großer Bedeutung zu wissen, dass es vor allem in ihrem Vermögen liegt, Entwicklungs- und Lernbedürfnisse von begabten Kindern und Jugendlichen richtig zu lenken, denn dann werden sich die Leistungen in verschiedenen Bereichen nicht nur entwickeln, sondern auch stabilisieren können.

2.3.2.2 Lernfähigkeitsorientierte Modelle

Lernfähigkeitsorientierte Modelle untersuchen vor allem die *Aneignungsfähigkeit* von Kindern und Jugendlichen – Sternberg (1999) spricht von *knowledge acquisition* – gemeint sind hier Begabungsfaktoren wie z.B. Lernbereitschaft, Ausdauer, Konzentrationsfähigkeit, Fleiß. Diese Auffassung ist Basis für die so genannte QI–Forschung, jener Forschungszweig, der die Qualität der Informationsverarbeitung analysiert und das Kriterium der Lernfähigkeit zum Gegenstand der Forschung erhebt.

In dem Artikel *Lerntests auch für Hochbegabte?* zitiert Guthke (1992) mit Bezug auf Sternbergs Buch *Beyond IQ* (1985) jene Aussage des Autors, dass für die Intelligenzdiagnostik die Erkundigung der Aneignungsfähigkeit wichtiger sei, als die Feststellung bloßer Wissensunterschiede und macht so deutlich auf den Lernaspekt als Kriterium der Begabungsidentifikation aufmerksam – ein Aspekt, der üblicherweise bei Tests unbeachtet bleibt und in der Folge ein Nichterkennen von Begabungen begünstigt.

Es gibt viele Beispiele von (später entdeckten) besonders begabten Kindern, deren Leistungen im Test einfach deswegen schlechter erschienen, weil sie angesichts schwieriger Problemstellungen länger über mögliche Lösungen nachdachten und mehr Zeit auf das Erkennen der Fragen verwendeten und am Ende weniger richtige Ergebnisse vorweisen konnten.

Guthke (1992) meint dazu, dass man bei der Hochbegabtendiagnostik *„nicht nur auf die ‚testintelligenten‘ Schüler achten"* solle, sondern *„auch auf grüblerische, besonders selbstkritische, manchmal vielleicht sogar zunächst langsam wirkende Denker. Lerntests"*, so assoziiert er, *„geben gerade psychisch labileren, ängstlicheren und stress-sensiblen Hochbegabten eine Chance"* (Guthke 1992, S. 134).

Dass der Lernaspekt bei herkömmlichen Testverfahren häufig übersehen wird, erscheint merkwürdig, da doch klassische Definitionen zur Hochbegabungsdiagnostik sehr deutlich darauf hinweisen, dass der Prozess der Wissensaneignung dito zu beobachten wäre, wenn man echten Aufschluss über ein Talent gewinnen möchte.

So definiert z.B. Thorndike (1924) *Intelligenz als die Fähigkeit zum Lernen*. Heinrich Roth betont in dem bereits zitierten Buch Begabung und Lernen (1968), dass *„die konventionellen Intelligenztests wenig geeignete Begabungsindikatoren seien, da sie immer nur Anfangsleistungen erfassen"* könnten und er folgert weiter: *„Der Ausgangs- und Richtpunkt für alle Aussagen über Begabung sollten also offen liegende und nachprüfbare Lernleistungen und der Zuwachs an Lernleistungen sein"* (Guthke 1992, S. 128).

Die Beobachtung der Kinder beim Lernen erscheint in neuen Untersuchungen als unverzichtbares Element der Begabungsidentifikation; die Hereinnahme von Lernverlaufsanalysen zur Hochbegabtendiagnostik ist nötig und unerlässlich. Für die Bewertung von Lehrerurteilen im Rahmen der Begabungsidentifikation wird die Bezugnahme auf Lerntests nun insofern von Bedeutung, als eine nach entsprechender Befassung mit Kriterien der Identifikation und Beobachtung der Kinder durchgeführte Erhebung von Lehrerseite im Sinne eines Screenings verwendet wird (vgl. Heller & Hany 1996). Die Autoren nennen Faktoren der Begabung, die eher nur in Prozessen der Beobachtung von *Aneignungsfähigkeit* in Erfahrung gebracht werden können und nennen in diesem Zusammenhang die Items Erkenntnisstreben, Ausdauer, Kreativität.

LehrerInnen sind Personen, die dafür geeignet sind oder durch entsprechende Ausbildung oder Fortbildung dazu befähigt werden können, gute BeobachterInnen und BeurteilerInnen dieser Aneignungsfähigkeit zu sein (vgl. Kap. 2.3.5). Im Zusammenhang dieser Überlegungen gewinnen Untersuchungen über die Rolle nicht-kognitiver Persönlichkeitsmerkmale für die Begabungs- und Leistungsentwicklung (vgl. Perleth & Sierwald 1992) besondere Bedeutung. In dieser Untersuchung geht es unter anderem um die Auswirkung der folgenden nichtkognitiven Persönlichkeitsmerkmale: Angst, Selbstkonzept, Stabilität der Denkabläufe, Arbeitsplanung und -organisation, Motivationskontrolle, Aufmerksamkeitssteuerung, Kooperation mit Gleichaltrigen, Erkenntnisstreben, Hoffnung auf Erfolg, Furcht vor Misserfolg, ... auf das Erscheinungsbild der Begabung. Dabei zeigen z.B. die Merkmalsprofile kreativer SchülerInnen Tendenzen der Zusammenhänge mit Hochbegabung bei den Aspekten Selbstkonzept, Motivationskontrolle, Hoffnung auf Erfolg und Erkenntnisstreben. Als Haupteinwände gegen die bisher publizierten Lerntests zählt Guthke (1992) folgende Defizite auf: Den LerntestmethodikerInnen sei es bis dato nicht gelungen, einen überzeugenden und generellen Validitätsgewinn gegenüber herkömmlichen Intelligenztests nachzuweisen. Lerntests seien noch zu stark mit Faktoren des herkömmlichen Intelligenztests behaftet, d.h. praktizistisch konstruiert, zu wenig kognitionspsychologisch fundiert und nur auf den Lerngewinn, jedoch nicht auf den Lernprozess bezogen. Die bisherigen Lerntests seien nicht genügend bereichsspezifisch und zu wenig wissensbezogen und curriculumbezogen (vgl. Guthke 1992).

Guthke (1992) resümiert am Ende seines Aufsatzes *Lerntests auch für Hochbegabte*, dass der künftige Haupteinsatz der Lerntestmethodik bei der Hochbegabungsdiagnostik folgende Anwendungsfelder betreffen könnte:

- *„Entdeckung von ,Begabungsreserven' bei ,unterprivilegierten Kindern' und Jugendlichen mit ,irregulären Lernbedingungen'.*

- *Frühdiagnostik bei sehr jungen Kindern mit sehr schwierigen Tests, die durch die Lerntestdarbietung schrittweise erleichtert werden.*

- *,Enddiagnostik' im Rahmen eines sequentiellen diagnostischen Prozesses, an dessen Anfang Lehrer-, Eltern- und Selbstnominierungen bzw. statusorientierte Intelligenztests (Screening-Tests) stehen.*

- *Diagnostik bei ,Grenzfällen' und ,schwierigen Fällen' (z.B. Hochbegabung wird vermutet, aber Prüfungsängstlichkeit verfälscht Ersttestergebnisse)"* (Guthke 1992, S. 138).

2.3.3 Begabungsförderung als Motiv zur inneren Schulreform

Die Schule stand immer schon vor der Aufgabe, für alle Kinder und Jugendliche einerseits einen allgemein bildenden Auftrag zu erfüllen und andererseits jedes Kind möglichst individuell in seinen besonderen Befähigungen zu fördern. Um dieser doppelten Aufgabe nachkommen zu können, muss heute ein Paradigmenwechsel von einer stark defizitorientierten Förderung zu einer an den individuellen Fähigkeiten orientierten Förderung vollzogen werden. Eine pädagogische Grundhaltung, die diesen Wechsel ermöglicht, zielt primär auf die Förderung von Ressourcen (statt auf die Arbeit an Defiziten), definiert Basislernziele, die von allen erreicht werden sollen und von vielen überschritten werden *dürfen*, lässt Leistungsmöglichkeiten nach oben offen und begrenzt sie nicht und orientiert die Leistungsbeurteilung vorwiegend an den einzelnen SchülerInnen und nicht am Klassendurchschnitt.

Dass begabte SchülerInnen erkannt, anerkannt und gefördert werden müssen, ist heute im Allgemeinen unbestritten. Bei der Frage nach dem *Warum* und dem *Wozu* werden indes verschiedene Argumente ins Feld geführt. Was die Schule tun kann und warum sie differenzierte Lernangebote bereit halten und Interessen nutzen soll, wozu Begabungsprofile zu entwickeln sind und die individuelle Lernmotivation zu fördern ist, ist bei weitem noch nicht gänzlich geklärt. Insgesamt lassen sich folgende Hauptargumente für Begabungsförderung ausmachen, nämlich Begabungsförderung

- als pädagogische Aufgabe,
- aus sozialem Interesse,

- als politisch-wirtschaftlich motivierte Aufgabe,
- als präventive Aufgabe und
- als rechtlicher Anspruch.

Die derzeit geltenden Schulgesetze der Republik Österreich stammen aus den 60er und 70er Jahren des 20. Jahrhunderts und ihre Sprachgestalt ist aus dem Bildungs-denken dieser Epoche erklärbar. In der österreichischen Schulgesetzgebung kommen die Begriffe *Begabungsförderung* und *Begabtenförderung* expressis verbis nicht vor. Der Auftrag zur Begabungsförderung und Begabtenförderung kommt jedoch sinngemäß – in anderer Diktion – sehr deutlich zum Ausdruck; die folgenden Zitate aus Gesetzen können dazu angeführt werden: Das österreichische Schulunterrichtsgesetz (SchUG 1974) verpflichtet LehrerInnen aller Schularten in der Unterrichtsarbeit (§ 17) dazu, „(...) *jeden Schüler zu den seinen Anlagen entsprechenden besten Leistungen zu führen (...)“*.

Gemäß § 26 desselben Gesetzes ist die individuelle Gestaltung des Bildungsweges durch Akzeleration der Schullaufbahn (durch das *Überspringen von Schulstufen*) bereits in seiner Erstfassung aus dem Jahre 1974 – wenn auch eingeschränkt – gewährleistet; in den Gesetzesnovellen der Jahre 1982, 1992 wurden die Bestim-mungen dieses Paragraphen großzügig erweitert, und die vorläufig letzte Novelle von 1998 ermöglicht die flexible Gestaltung der Schullaufbahn in der Grundschule sowie das dreimalige Überspringen von Schulstufen bis zum Abschluss der Sekundarstufe II. Die wachsende Bezugnahme auf Begabungsförderung ist an dieser fortschreitenden Entwicklung deutlich erkennbar.

In der gegenwärtigen Diskussion um Begabungs- und Begabtenförderung ist die kreative Interpretation des so genannten Zielparagraphen des Schulorganisationsgesetzes (SchOG 1962) sinnvoll: Dort wird ein „(...) *der Entwicklungsstufe und dem Bildungsweg entsprechender (...)“* Unterricht als Aufgabe der Schule gefordert. Der Grundsatz der individuellen und persönlichen Förderung der Kinder und Jugendlichen kommt damit klar zum Ausdruck.

Integrative Begabungsförderung kann nach Oswald (2002) als Motiv zur inneren Schulreform verstanden werden. Sie impliziert die Einleitung einer pädagogischen Bewusstseinsbildung hinsichtlich einer Variation von Methoden und einer Differenzierung in der schulischen Lernorganisation je nach Inhalt und individuellen Erfordernissen, *„die Vermeidung einer Monokultur der Lernorganisation nach Jahrgangsklassen, Stundenplänen und Fächerabgrenzungen"* (Oswald 2002, S. 75).

Eine pädagogisch intendierte Schulreform richtet ihr Augenmerk auf Kinder und Jugendliche, auf ihre unterschiedlichen Interessen und Begabungen, um dem Recht auf Begabung Geltung zu verschaffen. Sie berücksichtigt die Verschiedenheit und Vielfalt der Begabungen und muss in kritische Position zu Organisationsformen gelangen, die Gleichhaltung und Gleichschritt festschreiben. „Die Intention einer pädagogisch begründeten Schulreform besteh*t in der Entwicklung einer begabungsfreundlichen Lernkultur"* (Oswald 2002, S. 75).

2.3.3.1 Begabten- und Begabungsförderung im Rahmen des österreichischen Schulrechts

Der rechtliche Anspruch auf Begabungsförderung kommt ganz allgemein in den Formulierungen der österreichischen Schulgesetze zum Ausdruck, dass jedem einzelnen Schulkind unabhängig von Geschlecht, Rasse, sozialem Stand oder Religion prinzipiell alle Bildungswege offen stehen müssen. Damit wird den SchülerInnen das Grundrecht auf optimale Entwicklungschancen zuerkannt und dem Schulwesen die Aufgabe zugewiesen, ihnen eine ihren Fähigkeiten und Begabungen entsprechende Ausbildung zu vermitteln.

Die bildungspolitische Diskussion reicht von der Schaffung einer begabungs-freundlichen Lernkultur bis hin zur Entwicklung besonderer Schulformen für besonders begabte SchülerInnen. Spezielle Lehr- und Lernformen für effiziente Begabungsförderung werden konzipiert, Organisationsmodelle werden erstellt – diese Konzepte lassen sich meist zwischen den Polen *Absonderung* und *Integration* der Begabten charakterisieren, denn die Organisation der Begabtenförderung stellt entweder Modelle für Kooperation oder Modelle für Konkurrenz der Gesellschaft dar.

Der Artikel 2, Satz 1 des ersten Zusatzprotokolls der in Österreich seit 1964 im Verfassungsrang stehenden Menschenrechtskonvention garantiert ein subjektives Recht auf Erziehung und legt dem Staat die Pflicht auf, dieses Recht zu sichern, wenn formuliert wird: *„Das Recht auf Bildung darf niemandem verwehrt werden"* (Jisa 2000, S. 76). *„In dem ‚Übereinkommen über die Rechte des Kindes', das Österreich ratifiziert hat und das auf einfach gesetzlicher Basis Bestandteil der österreichischen Rechtsordnung ist, wird ebenfalls das Recht auf Bildung anerkannt* *und es werden den Vertragsstaaten eine Reihe von Maßnahmen anheim gestellt, um dieses Recht auch umzusetzen: Jedenfalls muss die Bildung des Kindes darauf gerichtet sein, die Persönlichkeit, die Begabung und die geistigen und körperlichen Fähigkeiten des Kindes voll zur Entfaltung zu bringen"* (Jisa 2000, S. 76).

Der Blick in den verfassungsrechtlichen Bereich und in internationale Dokumente lässt Jisa (2000) zweifelsfrei erkennen, dass diese Normen die Förderung der Begabungen und der Begabten als von der grundsätzlichen Gewährleistung des Rechts auf Bildung mit umfasst sehen und formuliert die zielnormative Aussage: *„Bereits in der Aufgabendefinition und bei der Gliederungssystematik der österreichischen Schule findet sich – wenn auch auf hoher Abstraktionsebene – die grundsätzliche Bedachtnahme auf besondere Begabungen, wenn neben einer Reihe von unterschiedlichen Erziehungszielen mit nahezu pathetischen Worten die Befähigung angesprochen wird, am Wirtschafts- und Kulturleben Österreichs, Europas und der Welt Anteil zu nehmen und in Freiheits- und Friedensliebe an den gemeinsamen Aufgaben der Menschheit mitwirken zu können, wobei das österreichische Schulsystem auf die verschiedenen Begabungen Bedacht zu nehmen hat"* (Jisa 2000, S. 77).

Durch die Vielfalt seiner Gliederung ermöglicht das Schulsystem den SchülerInnen die Wahl eines Bildungsweges, das den jeweiligen Neigungen und Begabungen entspricht. Vor allem in der Sekundarstufe II, im Bereich des berufsbildenden mittleren und höheren Schulwesens, können unterschiedliche Neigungen und Begabungen durch allgemein bildende, fachtheoretische und fachpraktische Ausbildungsbereiche berücksichtigt werden. Aber auch auf der Primarstufe und der Sekundarstufe I, die unter dem organisatorischen Blickwinkel der Schultypendifferenzierung bei weitem nicht die Vielfalt der Sekundarstufe II aufweist, können schulautonome Profilbildungen im Wege standortspezifischer Stundentafelgestaltung als Maßnahme der Begabtenförderung wirken. Freilich ist die in den Lehrplanregelungen des Schulorganisationsgesetzes (SchOG § 6) zu Grunde gelegte Schulautonomie in Verbindung mit der entsprechenden prozentualen Regelungen des Schulunterrichtsgesetzes (SchUG §§ 64 und 64a) ein schulrechtliches Fundament für Begabungsförderung.

Damit SchülerInnen ihre Begabungen auch tatsächlich entfalten können, bedarf es einer adäquaten Schulwahl, einen wesentlichen Beitrag dazu leisten die Schüler-beraterInnen (SchOG § 3) sowie die Institutionen der Bildungsberatung und Schulpsychologie. Wenn in der schulorganisationsgesetzlich normierten Aufgabendefinition einzelner Schularten (§ 9 für die Volksschule, § 15 für die Hauptschule, § 22 für Sonderschule, § 28 für die Polytechnische Schule) die Bedachtnahme auf Interesse, Neigung, Begabung und Fähigkeit der SchülerInnen gefordert wird – erstaunlicherweise findet sich diese Bedachtnahme in der gesetzlichen Definition der übrigen Schularten nicht – dann zeigt dies mit Deutlichkeit, dass Begabungsförderung immer schon ein wesentlicher Anspruch schulischer Bildung sein sollte.

2.3.3.1.1 Schulunterrichtsrechtliche Rahmenbedingungen

Zur Erfüllung der Aufgabe der österreichischen Schule regelt das Schulunterrichtsgesetz die *innere Ordnung* des Schulwesens als Grundlage des Zusammenwirkens von LehrerInnen, SchülerInnen und Erziehungsberechtigten als Schulgemeinschaft (SchUG § 2) und was alles zur inneren Ordnung zählt, wird in 83 Paragraphen und 22 Durchführungsverordnungen geregelt. Jedenfalls finden sich in diesem Normgefüge eine Vielzahl von Bestimmungen, die der Begabungsförderung zugerechnet werden können.

Wenn im 5. Abschnitt des Schulunterrichtsgesetzes die Unterrichtsarbeit und die Schülerbeurteilung als einer der zentralen Bereiche der *inneren Ordnung* angesprochen wird (SchUG § 17), dann finden sich in diesen Bestimmungen auch wesentliche Dienstpflichten des Lehrers verankert, die in Verbindung mit den Regelungen des Lehrerdienstrechts besondere berufsrechtliche Relevanz aufweisen. *„Der Lehrer hat in eigenständiger und verantwortlicher Unterrichts- und Erziehungsarbeit die Aufgabe der österreichischen Schule zu erfüllen. In diesem Sinne und entsprechend dem Lehrplan der betreffenden Schulart hat er unter Berücksichtigung der Entwicklung der Schüler (...) jeden Schüler nach Möglichkeit zu den seinen Anlagen entsprechenden besten Leistungen zu führen, durch geeignete Methoden und durch zweckmäßigen Einsatz von Unterrichtsmitteln den Ertrag des Unterrichts als Grundlage weiterer Bildung zu sichern und durch entsprechende Übung zu festigen (...)"* (SchUG § 17).

2.3.3.1.2 Das Überspringen von Schulstufen

„Das Überspringen von Schulstufen – die ‚Gegenrichtung' zum Wiederholen – ist in Österreich seit langem erlaubt. Während das Wiederholen von Schulstufen in der Öffentlichkeit allgemein bekannt und an den Schulen als notwendige Maßnahme etabliert ist, wird dem Ansinnen zum rascheren Aufstieg in der Bildungslaufbahn mit Vorbehalten begegnet" (Oswald 2001, S. 6). Mit dem Inkrafttreten der Schulunterrichtsgesetz-Novelle 1998 wurde die Möglichkeit der Akzeleration von Bildungslaufbahnen wesentlich erweitert. Die Neuregelung der Bestimmungen bezüglich des Überspringens eröffnet nach Oswald (2001) begabten Kindern und Jugendlichen und ihren LehrerInnen in Zukunft eher die Chance, Bildungsabschlüsse aufgrund von Leistungsstandards geltend zu machen, anstatt nach der Zahl der Schuljahre.

§ 26 des Schulunterrichtsgesetzes schuf, eingebettet in das reguläre Schulwesen, die Möglichkeit des Überspringens von Schulstufen, wenn SchülerInnen aufgrund außergewöhnlicher Leistungen und Begabungen die geistige Reife besitzen, am Unterricht der übernächsten Schulstufe teilzunehmen. Die Aufnahme in die übernächste Schulstufe ist nur zulässig, wenn eine Überforderung in körperlicher und geistiger Hinsicht nicht zu befürchten ist. Im Zweifel ist der Schüler/die Schülerin einer Einstufungsprüfung und allenfalls auch einer schulpsychologischen und (oder) schulärztlichen Untersuchung zu unterziehen. Durch das Benennen dieser besonderen Kriterien soll sichergestellt werden, dass das Überspringen sorgfältig überlegt ist und begründet werden kann.

Das Überspringen ist einmal in der Grundschule zulässig; in diesem Fall muss jedoch die Gesamtdauer des Grundschulbesuchs mindestens drei Jahre betragen (vgl. Kap. 2.1.5.2). Ein Wechsel von Schulstufen gemäß SchUG § 17 Abs. 5 schließt daher ein Überspringen einer weiteren Schulstufe der Grundschule aus. Unzulässig ist etwa auch die unmittelbare Aufnahme in die 2. Schulstufe der Grundschule. Das schulpflichtige Kind hat den Schulbesuch in der 1. Schulstufe oder, wenn es nicht schulreif sein sollte, in der Vorschulstufe zu beginnen; von dort aus wäre ja während des Unterrichtsjahres ein Wechsel in die nächst höhere (auch nächst niedrigere) Schulstufe zulässig. In diesem Zusammenhang ist noch darauf hinzuweisen, dass etwa eine frühere Einschulung (wenn etwa ein Kind bis zum 1. September oder 31. Dezember des laufenden Schuljahres – vorzeitige Aufnahme in die Volksschule – das 6. Lebensjahr nicht vollendet) aufgrund des Schulpflichtgesetzes unzulässig ist. Ein weiteres Mal ist das Überspringen einer Schulstufe nach der Grundschule bis einschließlich der 8. Schulstufe möglich, wobei die oben genannten Kriterien auch für diesen Zeitraum gelten. Hiezu kommt für SchülerInnen einer Schulart mit Leistungsgruppen (z.b. Hauptschule), dass in allen leistungsdifferenzierten Pflichtgegenständen (Deutsch, Mathematik, Englisch) die höchste Leistungsgruppe besucht werden muss. Schließlich ist ein weiteres Überspringen auch nach der 8. Schulstufe zulässig, also insgesamt höchstens dreimal in einer individuellen Bildungslaufbahn – das Schlagwort *Matura mit 15* lässt sich aus dieser Bestimmung ableiten. Ein Überspringen ist nicht zulässig, wenn damit gleichzeitig ein Wechsel der Schulart stattfindet: Also von der 4. Schulstufe der Volksschule in die 2. Klasse AHS oder HS, von der 3. Klasse AHS oder HS in eine berufsbildende Schule. Ebenso darf durch das Überspringen von Schulstufen keine Verkürzung der allgemeinen (neunjährigen) Schulpflicht eintreten.

Die Entscheidungszuständigkeit für das Überspringen liegt bei der jeweiligen Schulkonferenz (SchUG § 57 Abs. 2 und 4ff.), die das Ansuchen der Erziehungsberechtigten oder der eigen berechtigten SchülerInnen auf die oben genannten Voraussetzungen hin zu überprüfen hat.

Sind die Voraussetzungen erfüllt, trifft der Vorsitzende der Schulkonferenz eine Entscheidung über die Aufnahme in die übernächste Schulstufe; liegen die Voraussetzungen nicht vor, wird die Aufnahme in die übernächste Schulstufe mit Entscheidung der Schulkonferenz abgelehnt. Dagegen ist weder ein ordentliches noch ein außerordentliches Rechtsmittel (Berufung, Beschwerde an die Gerichtshöfe des öffentlichen Rechts) zulässig.

SchUG § 26 Abs. 4 sieht auch die Möglichkeit des Widerrufes der Aufnahme in die übernächste Schulstufe vor, wenn sich nach der Aufnahme herausstellt, dass der Schüler/die Schülerin überfordert ist; dies kann sich in schlechten Schulleistungen manifestieren oder auch der persönlichen Einschätzung, den hohen Anforderungen nicht zu genügen. Der Widerruf ist vom Schulleiter / von der Schulleiterin unter gleichzeitiger Aufnahme in die nächst niedrigere Schulstufe auszusprechen, wobei der/die SchulleiterIn die Zustimmung des/der SchülerIn bzw. der Erziehungsberechtigten einzuholen hat. Ohne diese Zustimmung ist ein Widerruf nicht zulässig; die

Folge wäre ein Verbleiben in dieser Schulstufe, mit der Gefahr des nicht erfolgreichen Abschlusses.

Aufgrund der Ergebnisse einer Untersuchung (vgl. Oswald 2001), die vom österreichischen Zentrum für Begabtenförderung und Begabungsforschung im Jahre 2000 in Auftrag gegeben wurde, die einerseits eine Analyse der weithin bestehenden unbefriedigenden Bewusstseinslage, andererseits die Erwartung, dass die neuen gesetzlichen Rahmenbedingungen als Impulse für die Begabtenförderung in der Schulentwicklung wirksam werden sollten, betraf, ist festzustellen, dass bezüglich des Einsatzes für begabte Kinder und Jugendliche und des Mutes zur Durchführung des Überspringens (noch) von wenigen Schulen auszugehen ist, dass aber die vorfindbaren Initiativen in hohem Maße zu der Annahme berechtigen, nach der die Entwicklung der Begabtenförderung und die Einführung entsprechender Formen der Lernorganisation für die Zukunft positiv zu bewerten ist.

2.3.4 Fördermaßnahmen für besonders begabte Kinder

Im Hinblick auf die individuellen Leistungsunterschiede aller Kinder scheint zunächst die innere Differenzierung auch bei der Förderung von Kindern an den Rändern des Begabungsspektrums ausreichend zu sein (Heinbokel 1996). Nach Hellert (1995) kann innere Differenzierung jedoch nicht allein das Problem lösen, *„wie wir mit einem Unterricht dem intellektuellen Bedarf unterschiedlichster Kinder wenigstens minimal gerecht werden können"* (Hellert 1995, S. 102). Innere Differenzierung kann also nicht als hinreichender Ansatz zur Förderung besonders begabter SchülerInnen angesehen werden, so dass es zusätzlich spezieller Maßnahmen bedarf, um den Förderbedürfnissen besonders begabter Kinder gerecht zu werden. Die meisten Länder, die spezielle Fördermaßnahmen für besonders begabte Kinder realisieren, stimmen darin überein, dass für eine effektive Begabtenförderung das Curriculum und die Didaktik differenziert verändert werden müssen (vgl. Passow 1986). Die verschiedenen Formen der schulischen Förderung begabter und hochbegabter Kinder werden grundlegend nach den zwei didaktischen Konzeptionen – als Enrichment und Akzeleration – charakterisiert.

Im Folgenden werden diese wichtigsten Möglichkeiten der besonderen (durchwegs integrativen) Förderung überdurchschnittlich begabter Kinder vorgestellt: *Akzeleration* (beschleunigtes Lernen), *En-*

richment (vertieftes Lernen) und Mischformen aus Akzeleration und Enrichment.

2.3.4.1 Akzeleration

„'Acceleration'/'Akzeleration' bedeutet im Wortsinn ,Beschleunigung' – und diese Wortprägung stiftet alle Missverständnisse und Vorurteile, mit denen im Zusammenhang mit dem Überspringen von Schulstufen zu rechnen ist. Es besteht hier leider – jedenfalls in dem, was in der deutschen Sprache mit ,Beschleunigung' mitgedacht wird – ein falscher Begriff für das, was eigentlich gemeint ist (oder gemeint sein sollte – weil es im Interesse des Kindes verstanden werden sollte!)

Wer beim Überspringen von Schulstufen unbedacht von ,Beschleunigung' redet, bezieht sich auf allgemeine Regelungen und ordnet die Person des Kindes/des Jugendlichen dem System von Stufen- und Klasseneinteilungen nach den gängigen Altersnormen unter.

Gegenüber dem System, das die allgemein geltenden Lernstufen regelt (und regeln muss!), erscheint dann freilich ein Vorgang, der es einer Schülerin oder einem Schüler individuell ermöglicht, den Anforderungen des Lehrplanes früher zu entsprechen als es nach den Altersnormen ausgegeben (für manche: ,gestattet') ist, als Beschleunigung" (Oswald 2002, S. 62).

Benbow (1993) tritt diesem – auch für die englische Sprache im Wort acceleration enthaltenen – Missverständnis entgegen und betont das Recht des (begabten) Kindes auf seinen individuellen Lernfortschritt seiner persönlichen Entwicklung entsprechend: *„Viele LehrerInnen betrachten Akzeleration nur in dem Verständnis, die Schule schneller als im Normaltempo zu durchlaufen. Aber Akzeleration müsste viel zutreffender als ,Lehrplanflexibilität', als ,individuelles Voranschreiten' oder als ,Einstufung entsprechend der Entwicklung' verstanden werden"* (Benbow zit. nach Oswald 2002, S. 63).

Eine Anreicherung der Vorstellungen darüber, welche Maßnahmen einer Akzeleration konkret möglich sind, hat Richter (2000) in seinem Beitrag mit der folgenden Auflistung erstellt:

- *„Vorzeitiger Eintritt in die Vorschulklasse bzw. in die erste Klasse Über springen einer Klasse*
- *Schnelleres Fortschreiten im gesamten Lehrplan*
- *Rascherer Fortschritt in einigen Fächern*
- *Gleichzeitiges Absolvieren mehrerer Programme*
- *Vorzeitiger Abschluss der Schule*
- *Frühzeitiger Erwerb von Qualifikationen durch Prüfungen*

- *Fernkurse*
- *Vorzeitiger Abschluss des Studiums*
- *D-Zug-Klassen"* (Richter 2000, S. 45).

Mit der Akzeleration – *Beschleunigung* – der Schullaufbahn wird grundsätzlich einer Forderung der pädagogischen Reformbewegung und einem didaktischen Prinzip der Begabungsförderung entsprochen.

Nach Heinbokel (1996) ist unter schulischer Akzeleration *„jede Maßnahme zu verstehen, die es einer Schülerin oder einem Schüler ermöglicht, den vorgesehenen Lehrplan oder Teile davon früher zu beginnen, zu beenden oder schneller zu passieren, als es teils üblich, teils gesetzlich vorgesehen ist"* (Heinbokel 1996, S. 1). Dabei gibt es verschiedene Formen von Akzeleration wie Teilunterricht in höheren Klassen in einzelnen Fächern aber auch D-Zug Klassen (z.B. Profilklassen, Sprungklassen), wobei das gesamte Lernpensum schneller bearbeitet wird. Akzeleration, in Form von vorzeitiger Einschulung bzw. Überspringen von Klassen ist eine der am meisten praktizierten Methoden zur Förderung besonders begabter SchülerInnen, was vor allem in folgenden Aspekten begründet ist: Hochbegabte Kinder lernen schneller als durchschnittlich Begabte, so dass das beschleunigte Durchlaufen des Lehrplans und die damit verbundene größere Herausforderung ihren besonderen Lernbedürfnissen entspricht (Southern, Jones & Stanley 1993).

Akzelerationsmaßnahmen bieten den Vorteil, dass diese weitgehend kostenneutral sind, was jedoch auch kritisch betrachtet werden kann, zumal hochbegabte Kinder mit ihren besonderen Lernmöglichkeiten einen Anspruch auch auf erweiterte Lernangebote haben. Daneben wird oftmals die Befürchtung geäußert, dass eine verkürzte Schulzeit zu Wissenslücken führt, die nur schwer wieder aufgeholt werden können, wobei dies eher für die lernintensiven sprachlichen Unterrichtsfächer gilt. Zudem befürchten Kritiker von Akzelerationsansätzen häufig, dass aufgrund einer diskrepanten kognitiven, sozial-emotionalen und psychomotorischen Entwicklung Integrationsschwierigkeiten beim Kind auftreten könnten, was jedoch teilweise durch Freundschaften mit älteren entwicklungsgleichen Peers widerlegt wird (vgl. Mönks & Ypenburg 1998). Insgesamt ist es notwendig, die individuelle Situation des einzelnen Kindes sowie seiner Eltern und LehrerInnen zu betrachten, wobei probeweise durchgeführte Akzelerationsmaßnahmen die Entscheidung erleichtern können.

Maßnahmen der Akzeleration können dann auf Widerstand stoßen, wenn von vornherein, ohne Berücksichtigung der Individualität des Kindes und Akzeptanz einer individuellen Entwicklung überhaupt, angenommen wird, dass die soziale Reife mit der intellektuellen Entwicklung nicht im Einklang stehen würde und dass die emotionale Befindlichkeit der Kinder und Jugendlichen darunter leiden würde, wenn sie nicht mit Gleichaltrigen lernen könnten.

2.3.4.2 Enrichment

Enrichment bedeutet im Wortsinn *Anreicherung* – als *Mehr-Angebot* in einem bestimmten Inhaltsbereich bzw. im Umfang eines Interessensgebietes der SchülerInnen; in weiterem Sinn ist der Begriff dann auch als höhere Leistungsanforderung, als *Anreicherung im Anforderungsprofil* zu interpretieren, wobei differenzierende Aufgabenstellungen bereitgestellt werden. In beiden Überlegungen zur Planung des Lehr-Lern-Vorganges sind didaktische Konzepte der Individualisierung und Differenzierung enthalten. Enrichment bedeutet jedoch nicht, dass zugleich auch Akzeleration (rascheres Vorgehen oder Überspringen von Schulstufen) erfolgen müsste; ein Lernangebot über die Anforderungen des Lehrplanes hinaus muss nicht mit einer kürzeren Zeit des Abschlusses einer Lernstufe/Schulstufe gekoppelt sein.

Heinbokel (2001) nimmt mit dieser Begriffserklärung darauf Bezug, wenn sie sagt, dass *„unter Enrichment (...) Maßnahmen zu verstehen"* sind, *„die die Kinder und Jugendlichen mit Zusatzstoff versorgen, den Unterrichtsstoff vertiefen und erweitern, ohne dass die SchülerInnen schneller vorankommen"* (Heinbokel 2001, S. 1).

Richter (2000) definiert Enrichment als *„Lehrangebot über den Rahmen des Lehrplanes hinaus"*, da *„der reguläre Lehrplan (...) zu eingeschränkt und für hochbegabte Schüler langweilig"* ist (Richter 2000, S. 45). Die Autorin sieht für die Erstellung von Enrichment Angeboten vier Richtlinien vor:

• der Lehrplan wird in der Breite und in der Tiefe erweitert
• das Tempo der Präsentationsschritte des Lehrplans wird erhöht
• sowohl Darbietungsweise als auch Inhalt des Lehrplanes werden geändert

• alle Enrichment-Angebote sollten auf die speziellen Fähigkeiten und Interessen des einzelnen hochbegabten Schülers eingehen

Nach Heller und Hany (1996) gehören zum schulischen Enrichment *„alle Arten der Ergänzung, Erweiterung und Vertiefung des regulären Curriculums durch neue Sachthemen, Lern- und Denkprozesse, sowie Lernformen (...), die begabten Schülern nach und neben der Bearbeitung des regulären Curriculums angeboten werden und die nicht zu einem beschleunigten Durchlaufen der regulären Schullaufbahn führen"* (Heller & Hany 1996, S. 492).

Enrichment-Ansätze können innerhalb des regulären Klassenunterrichts, z.b. im bilingualen Unterricht oder zusätzlichen Kursen (Plus-Kurse, weitere Leistungskurse, ...), oder in außerschulischen Angeboten durch Arbeitsgemeinschaften aber auch in kombinierten Formen z.b. in Wettbewerben realisiert werden (vgl. Schiever & Maker 1991).

Eine entscheidende Forderung an Enrichment-Programme ist die Orientierung des Curriculums und der Didaktik an den speziellen Interessen und besonderen Bedürfnissen der hochbegabten SchülerInnen. Darin sehen viele ForscherInnen einen Vorteil von Enrichment- gegenüber Akzelerationsmaßnahmen, zumal bei regulären Lehrplänen interessante Inhalte für überdurchschnittlich begabte Kinder fehlen und sie in ihren Fähigkeiten kaum herausgefordert werden (vgl. Southern et al. 1993). Allgemein sind sich WissenschaftlerInnen darin einig, dass Enrichment-Ansätze für besonders begabte SchülerInnen sowohl auf die Vermittlung von Inhalten als auch von Fähigkeiten abzielen sollten.

Die Frage der Gewichtung beider Aspekte wird in der Begabungsforschung jedoch kontrovers diskutiert (vgl. Renzulli 1992). Die ExpertInnen stimmen darin überein, dass bei der Vermittlung von Strategien und Fähigkeiten die Frage nach Themen und Inhalten nicht vernachlässigt werden darf. Generell sollten weder Fähigkeiten noch Inhalte stärker gewichtet werden, sondern Fertigkeiten sollten immer anhand relevanter Gegenstände vermittelt werden (vgl. Gallagher & Gallagher 1994). Dieses wird beispielsweise im *Schulischen Enrichment Modell SEM* von Renzulli, Reis und Stedtnitz (2001) erfolgreich umgesetzt, bei dem drei Stufen des Enrichments unterschieden werden. Dieser auch als *Drehtürmodell* bekannte Förderansatz umfasst in Stufe I interessengebundene Schnupperangebote, während Stufe II projektbezogene Grundfertigkeiten vermittelt, so dass schließlich in Stufe III eigenständige Projekte alleine oder in Kleingruppen sowohl in der Klasse als auch im Umfeld durchgeführt werden können (vgl. Huser 2001).

2.3.4.3 Mischformen

Zu den Mischformen von Akzeleration und Enrichment, in denen der reguläre Lernstoff beschleunigt, aber auch zusätzliche Lernangebote vertieft angeboten werden, gehören einerseits Intensivkurse, Spezialklassen und Spezialschulen für besonders begabte Kinder in Form einer separativen Förderung. Bei der separativen Förderung erfolgt eine Gruppierung von SchülerInnen entsprechend ihrer Fähigkeiten mit dem Vorteil, dass der Unterricht optimal auf die begabungsspezifischen Bedürfnisse ausgerichtet werden kann. Durch diese fähigkeitshomogenen Gruppen mit dem Kontakt zu Gleichgesinnten und Gleichbefähigten kann eine Steigerung der Leistungsmotivation, aber auch der Leistungsentwicklung bewirkt werden (vgl. Rogers & Span 1993).

Derartige Fördermodelle sind vor allem bei besonders begabten Kindern mit steigender Begabungshöhe und zunehmendem Lebensalter auch in Erwägung zu ziehen. Andererseits zählen zu den Mischformen auch reformpädagogische Schulmodelle im Sinne einer integrativen Förderung von besonders begabten Kindern. Bei der integrativen Förderung erfolgt die Gruppierung der SchülerInnen gemäß ihres Alters mit dem Vorteil, dass die SchülerInnen in ihrem regulären Klassenverband verbleiben und die zumeist fähigkeitsheterogenen Gruppen sich positiv auf die soziale Entwicklung auswirken können.

Im Hinblick auf die Berücksichtigung der speziellen Entwicklungsbedürfnisse besonders begabter Kinder in Reformschulen hebt Mönks und Ypenburg (1998) beispielsweise die Passung von Jena-Plan Schulen und Montessori-Schulen hervor. Die Jena-Plan Schule bezeichnet Mönks (2000, S. 30) *„als Modell des flexiblen Schulsystems"*, indem durch Jahrgangsmischung die für (hoch-) begabte Kinder wichtige Gruppierung unter Entwicklungsgleichen ermöglicht wird (vgl. Kap. 2.2.6 und 2.4). Dies gilt mit der vertikalen Gruppierung auch für Montessori-Schulen, denen Mönks und Ypenburg (1998) durch Prinzipien wie die vorbereitete Lernumgebung und Wahlfreiheit einen *„verborgene(n) Lehrplan für hoch begabte Schüler"* zuschreibt.

Durch die Differenzierung des Curriculums und der Didaktik als Grundelement jeder Begabtenförderung erweisen sich Reformschulen als Chance, u.a. die speziellen Förderbedürfnisse besonders begabter Kinder zu berücksichtigen. Damit wird auch deutlich, dass sich eine effektive Begabtenförderung und bessere Breitenförderung keineswegs ausschließen, wie dies die oft an reformpädagogischen Ansätzen orientierten und in der PISA-Studie erfolgreichen skandinavischen Schulmodelle zeigen (vgl. Baumert 2001). Landau (1990) ist – das Kapitel 2.3.4 abschließend – zu zitieren: *„Die Fähigkeiten und die Bedürfnisse gleichaltriger Kinder sind sehr verschieden, also müssen auch die Herausforderungen verschieden sein"* (Landau 1990, S. 10).

2.3.5 Identifikation von Begabungen durch LehrerInnen

Um Begabungen optimal fördern zu können, müssen sie zu allererst einmal erkannt werden. Dass aber *„(...) die größten Talente oft im Verborgenen liegen (...)"*, postulierte schon Plautus 500 vor Christus in seinem viel zitierten Sprichwort. Fähigkeiten sind also oft verborgene Qualitäten, die nicht unbedingt mit erbrachten Leistungen gleich zu setzen sind, sie können aber wohl aus Leistungen – *„aus dem was jemand kann"* – erschlossen werden.

Wie im Kapitel 2.3.1 mehrfach erwähnt, gibt es keine allgemeingültige Definition für den Begabungsbegriff, aus der einheitliche Verfahren zur Identifikation besonders begabter Kinder abgeleitet werden können. Denn das, was man erkennen will, ist schon im Vorhinein davon bestimmt, was man als *Begabung* definiert hat.

Rost (1997) orientiert Identifikation nach einer rein quantitativen Unterscheidung und erwähnt, dass Hochbegabte nicht anders, sondern nur schneller und effizienter denken und er entscheidet aufgrund von Testergebnissen stringent nach Maßgabe des Intelligenzquotienten.

Heller (1996) definiert *„Hochbegabung (...)"* als *„(...) ein individuelles Fähigkeitspotential für außergewöhnliche Leistungen in einem oder in mehreren Bereichen"* (Heller & Hany 1996, S. 477). Heller (1996) stellt aufgrund seiner umfassenden Forschungsergebnisse ein mehrdimensionales Konzept vor. *Das Münchner Begabungsmodell* nennt unterschiedliche Begabungsfaktoren und personale sowie sozial-umweltrelevante Moderatoren, die für die Entfaltung von Begabungen zu Leistungsbereichen entscheidend sind (vgl. Kap. 2.3.2.1). Demnach sind qualitative, nicht-kognitive Persönlichkeitsmerkmale (z.B. der Standard der Lernstrategien oder die Art der Stressbewältigung) und Umweltkriterien (z.b. das Familien- und Schulklima oder die Instruktionsqualität im Unterricht) im Vorhaben der Identifikation von Begabten als bedeutsam zu erachten.

Der Bezug zum Begriff *Lernpotential* wird dabei sinnvoll erscheinen: Lernen – die Art des Erwerbs dynamischer Qualifikationen – ist entscheidend für die Entwicklung von Begabungen, für die Entfaltung der Lernfähigkeit und der Lernqualität. Weinert (2001) spricht davon, dass der Begriff Hochbegabung *„in vieler Hinsicht (...) auch mit hohem Lernpotential" umschrieben werden könnte* (Weinert 2001, S. 28).

Ein solches Begriffsverständnis, das Begabung als Prozess, als Entwicklung definiert, legt für den Umgang mit Kindern die Verhaltensweisen der Offenheit und der positiven Erwartungshaltung nahe.

Klauer (1992) erörtert im Rahmen einer *Diagnostik der Hochbegabung* ausführlich jene Konsequenzen, die sich aus den beiden möglichen Varianten von Klassifikationsfehlern – man bezeichnet sie als Alpha- und Beta-Fehler – ergeben und definiert wie folgt: *„Der Alpha-Fehler besteht darin, ein tatsächlich hochbegabtes Kind nicht als solches zu erkennen. In dem Falle wird also eine vorhandene Hochbegabung nicht entdeckt. Der Beta-Fehler besteht jedoch darin, fälschlich Hochbegabung anzunehmen. In dem Falle liegt also keine Hochbegabung vor, der Diagnostiker ist aber überzeugt, es mit Hochbegabung zu tun zu haben"* (Klauer 1992, S. 209f.). Zur *Diagnostik von Hochbegabung* weist Klauer (1992) auf die Differenz zwischen Kompetenz und Performanz, d.h. zwischen (möglicherweise verborgenen) Fähigkeiten und (tatsächlich manifest gewordenen) Leistungen hin, wobei unter diesen nicht nur schulische gemeint sein können. Damit ist eine Grundfrage zu allen Erhebungen, Lernverhaltensbeobachtungen und Testdurchführungen genannt: Wie sicher darf man aufgrund von Ergebnissen (jedweder Art) sein, das gesamte Potential der Begabungen einer Person erkannt zu haben?

Dabei geht es nicht um ein *Ausschöpfen von Begabungsreserven* (dieses Schlagwort wurde häufig nach dem Sputnikschock und in der 68er Bewegung strapaziert), sondern um die Hilfe zur Selbst-Entfaltung der Person des Kindes und Jugendlichen.

„Entscheidungsfehler sind unvermeidlich" stellt Hany (1995, S. 199) fest und bezieht sich dabei auf alle Formen der Identifikation; allerdings

ist das nicht leichtfertig hingesagt und gilt keineswegs als Entschuldigung für Oberflächlichkeit. Mit der Frage der Befähigung von LehrerInnen zu einem gewissen Grad einer Expertise ist vielmehr die Aufforderung zu gründlicher Befassung mit Begabungsforschung und mit Methoden der Identifikation verbunden.

Aus der pädagogischen Perspektive spielt somit die Identifikation von besonderen Begabungen eine zentrale Rolle bei der Erfüllung der Maxime, jedem Kind eine angemessene Entwicklung seiner Anlagen und Talente zu ermöglichen. Die Schule kann ihrerseits einen großen Beitrag zur Begabungserkennung sowie zur Begabungsentwicklung leisten und diesen Anforderungen in Zukunft noch vermehrt Rechnung tragen, wenn man davon ausgeht, dass LehrerInnen als ExpertInnen des Unterrichts mit ihrer Offenheit für Begabungen eine wesentliche Vorbedingung für eine begabungsfördernde Schule sind.

Doch in der Gegenüberstellung zu der Bedeutsamkeit, die der Identifikation zugeschrieben wird, steht der in der Praxis vorweisbare Erfolg. Nach Expertenschätzungen (vgl. Mönks 2003) bleiben im deutschsprachigen Raum bis zu 50 % aller Hochbegabten unentdeckt. Neben dem Nichterkennen von Begabungen stellt aber auch die fehlerhafte Zuschreibung von Begabungen ein ernsthaftes Problem dar. Mönks (2003) geht davon aus, dass ebenso bis zu 50 % aller Zuschreibungen einer Hochbegabung zumindest fragwürdig sind. Die Gründe für diese enormen Schwierigkeiten bei der Identifikation von überdurchschnittlichen Begabungen sieht Mönks (2003) u.a. in der Tatsache, dass – im Gegensatz zur Identifikation eines eng umgrenzten Persönlichkeitsmerkmals – die Identifikation einer Hochbegabung eine Diagnose eines hochkomplexen Zusammenspiels mehrerer Faktoren verlangt. *„Neben kognitiven und nichtkognitiven Persönlichkeitsmerkmalen muss das soziale Lernumfeld berücksichtigt werden, um eine zuverlässige Einschätzung des individuellen Entwicklungspotentials zu gewährleisten"* (Mönks 2003, S. 5).

In der Untersuchung *Wer nichts leistet, ist nicht begabt. Zur Identifikation hoch begabter Underachiever durch Lehrkräfte* von Rost und Hanses (1997) wird großer Pessimismus gegenüber PädagogInnen zum Ausdruck gebracht. Diese Untersuchungsreihe ging der Frage nach, ob Lehrkräfte hochbegabte SchülerInnen – unabhängig von ihrer jeweiligen Schulleistung – identifizieren können. Anfangs wurde die Vermutung ausgesprochen, dass Lehrerurteile extrem abhängig von Schulleistungsnoten seien. Zugleich wird vermerkt, dass eine Diskrepanz zwischen individuellen Fähigkeiten (nach dem Intelligenztest festgestellt) und schulischen Leistungen (nach dem Notendurchschnitt festgestellt) vorfindbar ist, dass also Underachievment angenommen werden müsste.

Die Untersuchung des Marburger Hochbegabtenprojekts, die hier mit Bezug auf den oben genannten Artikel von Rost und Hanses (1997) zitiert wird, geht schon im Ansatz von einem solchen Rollenverständnis aus, indem untersucht wird, ob Lehrkräfte Hochbegabte unabhängig von deren Schulleistung identifizieren können, wobei der Vergleich der Intelligenztestwerte mit dem Urteil der Lehrkräfte als Paradigma der Rechtfertigung gilt und jener für diese als Normbezug erachtet wird.

Die Schlussfolgerung aus der Untersuchung lautet denn auch allgemein unbefriedigend: *„Die Erfahrungen, die im Rahmen des Marburger Hochbegabtenprojekts mit Lehrernomination begabungsrelevanter Verhaltensmerkmale gewonnen wurden, stimmen eher skeptisch"* (Rost & Hanses 1997, S. 175 mit Bezug auf Wild 1991). Rost und Hanses (1997) stellen als Fazit fest, dass LehrerInnen die Identifikation von Hochbegabten mit überdurchschnittlichen Schulleistungen annähernd gelingt, jedoch die Identifikation von Hochbegabten mit durchschnittlichen oder niedrigen Schulleistungen nicht gelingt. Die Autoren meinen daher, dass LehrerInnen die Performanz stärker gewichten als das Potential, testdiagnostisches Vorgehen unverzichtbar ist, jedoch weiterführende Studien notwendig sind und dass aufgrund der Erfahrungen des Marburger Projektes Skepsis gegenüber Lehrernomination angebracht sei.

Oswald (2002, S. 95f.) bemerkt dazu kritisch, dass Rost und Hanses nur von der Testpsychologie her argumentieren und nicht pädagogisch urteilen. Pädagogische, unterrichtsmethodische Erkenntniswege, Lerntestverfahren, Lernfähigkeitsbeobachtungen (vgl. Kap. 2.3.3) sind nach Oswald (2002) sehr wohl möglich. LehrerInnen können in ihrem Unterricht die Sichtweise für Begabungspotentiale der Kinder entwickeln (z.B. durch offenes Unterrichten mit Beobachtungs-kriterien), in der sie auch fähig sind, nicht-kognitive Qualitäten zu identifizieren. Diese Studie und die genannten resümierten Ergebnisse stellen somit eine Herausforderung und einen Impuls für eine andere Logik der Identifikationsanforderungen dar.

Oswald (2002) verweist in diesem Zusammenhang auf Methoden des Offenen Unterrichts, die das Entdecken *anderer Qualitäten* und eine Lernverhaltens-beobachtung in Bezug auf Selbstorganisation, Zeitmanagement Konzentrationsfähigkeit, Ausdauer sowie die Option, aus Fehlern selbst lernen zu können, ermöglichen. Gleichzeitig brauchen LehrerInnen entsprechende Kompetenzen (die ihnen aber häufig fehlen), SchülerInnen zu beobachten. Daher die berechtigte Forderung von Oswald (2003) an die Lehrerbildung: Lehrpersonen müssen im Zuge ihrer Ausbildung lernen, Kinder entsprechend zu beobachten. Sie sollen im Stande sein, auch aus dem Lernverhalten (durch das Auffinden von begabungsrelevanten Verhaltensmerkmalen) Schlüsse zu ziehen, denn Identifikation bzw. das Erkennen von besonderen Begabungen ist auch Aufgabe von LehrerInnen (und nicht nur Sache der Schulpsychologie) und müssen – als ExpertInnen des Unterrichts – vielfältige Begabungen (Talente) wahrnehmen können und auch (selbst) entdecken lassen. Es stellt sich nun die Frage, wie sich Verhaltensweisen für das Erkennen der jenseits von Schulleistungen liegenden Potentiale im Unterricht beobachten lassen, bzw. wie soll ein Unterricht von der Methode und von der Sozialform angelegt sein, dass ein solches Beobachten überhaupt möglich wird?

Obwohl es, wie Hany (1995) anmerkt, noch kein ausgefeiltes Beobachtungssystem gibt, sind Checklisten von Merkmalen begabter Kinder, die sowohl einen wissenschaftlich fundierten Hintergrund wie auch den der erprobten Praxis nachweisen können, hilfreich. Die unterschiedlichen Theorien und Konzepte, die solchen Listen zugrunde liegen, müssen nach Oswald (2002) entsprechend erklärt werden; danach ist aber die Vielfalt der Denkansätze als bereichernd anzusehen. Die Kriterien sind gleichsam zu internalisieren und sozusagen auswendig im Gang der Beobachtung anzuwenden.

Die pädagogisch gedachte Definition von Roth (1968), nach der ein Begriff von Begabung besser in einer Prozessbedeutung denn anders zu interpretieren sei, hat auch ein Verständnis des Begabens durch die Aufmerksamkeit im Vorgehen der Beobachtungen Grund gelegt.

Für die Entdeckung von Begabungen ist außerdem Intuition ein wesentliches Kriterium, d.h. *„für die pädagogische Begabung von Lehrerinnen und Lehrern"* (Oswald 2001, S. 10). Außerdem postuliert der Autor, dass Didaktik als Bildungswissenschaft gefordert ist, Ideen,

Überlegungen und Konzepte zur Wahrnehmung der *Verschieden*heit *der Köpfe* (im Sinne von J. F. Herbart), zur Identifikation und Selbsterfahrung individueller Interessen und Begabungen vorzustellen, zu erproben und in Theorie und Praxis zu reflektieren. In der Literatur herrscht weitgehend Einigkeit, dass zur praktischen Identifikation verschiedene Informationsquellen kombiniert werden sollten (vgl. Feldhusen & Jarvan 1993). Es steht dabei eine erprobte Palette an Methoden zur Verfügung, darunter Schulleistungen, standardisierte Testverfahren, Nominierungsverfahren durch ExpertInnen, Lehrkräfte, MitschülerInnen (vgl. Ziegler & Raul 2000), Interviews, Kreativitätstests (vgl. Torrance 1984) und Aufsatz schreiben (vgl. Feldhusen & Baska 1989a).

Die Identifikation von Begabten hat zwei übergeordnete praktische Ziele: Das Wohlergehen der Begabten einerseits und der Gesellschaft bzw. interessierter Dritter andererseits (vgl. Ward 1983). Zumeist wird es deshalb darum gehen, Begabte speziellen Fördermaßnahmen zuzuführen, da ihre Entwicklung in gewöhnlichen Lernumgebungen nicht gesichert ist (vgl. Clark 1992).

2.3.5.1 Subjektive Identifikationsverfahren

Grundsätzlich lassen sich subjektive und objektive Identifikationsverfahren unterscheiden, die im Folgenden kurz dargestellt werden. Häufig werden gute Zensuren als entscheidendes Kriterium für hohe intellektuelle Leistungsfähigkeiten angesehen. Dabei wird allerdings übersehen, dass Schulleistungen nur zum Teil auf intellektuelle Fähigkeiten zurückzuführen sind. Sichtbar wird dies vor allem bei besonders begabten Underachievern, die trotz überdurchschnittlicher kognitiver Fähigkeiten nur durchschnittliche oder sogar unterdurchschnittliche Schulleistungen zeigen. Somit würden viele besonders begabte Kinder übersehen, wenn man ausschließlich die schulischen Noten als Beurteilungskriterium für intellektuelle Begabungen heranzieht (vgl. Feger & Prado 1998).

Daneben stellt die Lehrermeinung ein ebenso subjektives Verfahren dar. Obwohl dem Lehrerurteil im Vergleich zur Notengebung eine breitere Beurteilungsbasis zugrunde liegt, kann auch hier die Gefahr einer Fehleinschätzung vorliegen (vgl. Wild 1991). So sind die Informationen von LehrerInnen zumeist auf die Schule beschränkt und unterliegen oftmals Vorurteilen, etwa in Form einer Gleichsetzung von Hochbegabung und Hochleistung. Allerdings konnten Untersuchungen bestätigen, dass die Zuverlässigkeit der Lehrerbeobachtung nach entsprechender Schulung zu Merkmalen hoch begabter Kinder deutlich zunahm (vgl. Hany 1987). Des Weiteren stellt die Elternnomination eine wichtige Möglichkeit der subjektiven Identifikation von hoch begabten Kindern im außerschulischen Bereich dar. So können Eltern aufgrund vielseitiger Erfahrungen im Umgang mit ihren Kindern deren Fähigkeitsentwicklung relativ genau einschätzen. Im Gegensatz zu LehrerInnen im schulischen Kontext haben Eltern nur eingeschränkte Vergleichsmöglichkeiten mit anderen Kindern, so dass die Gefahr einer recht einseitigen Einschätzung in Form einer Überschätzung aber auch Unterschätzung besteht. Auch das Urteilsvermögen der Eltern kann durch entsprechende Beobachtungshilfen, nicht zuletzt mittels spezieller Checklisten für hoch begabte Kinder, stark verbessert werden (vgl. Feger 1988). Diese Checklisten bieten Beschreibungen von Verhaltens- bzw. Persönlichkeitsmerkmalen, die als typisch für hoch begabte Kinder angesehen werden. Allerdings unterliegen diese Beobachtungsbögen oftmals einer gewissen Beliebigkeit bzw. mangelnder Systematik und werden nicht selten aufgrund einmaliger Beobachtungen bzw. Erinnerungsdaten ausgefüllt. Da diese Merkmalskriterien leicht anwendbar sind, werden Checklisten dennoch häufig als erstes Screening für die Vorauswahl besonders begabter Kinder vor allem für PädagogInnen und Eltern empfohlen.

2.3.5.2 Objektive Identifikationsverfahren

Die bisher dargestellten Verfahren sind durch zum Teil deutliche subjektive Einflüsse, beispielsweise in Form von Vorurteilen bzw. Vorlieben der beurteilenden Personen, gekennzeichnet. Objektive Verfahren versuchen dagegen, diesen Tendenzen durch standardisierte Vorgaben entgegenzuwirken, welche vor allem mit Testverfahren verwirklicht werden. Nach Lienert und Raatz (1994) lässt sich ein Test definieren als *„wissenschaftliches Routineverfahren, zur Untersuchung eines oder mehrerer empirisch abgrenzbarer Persönlichkeitsmerkmale mit dem Ziel einer möglichst qualitativen Aussage über den relativen Grad der relativen Merkmalsausprägung"* (Lienert & Raatz 1994, S. 1). Neben dem Bemühen um eine möglichst objektive Merkmalseinschätzung, versuchen Testverfahren auch eine zuverlässige Merkmalsüberprüfung zu erreichen, so dass etwa bei einer wiederholten Anwendung vergleichbare Resultate erzielt werden. Zudem bemühen sich Testverfahren um eine möglichst gültige Merkmalserhebung, d. h. Tests sollen auch tatsächlich die Merkmale messen, die sie zu messen vorgeben. Im Hinblick auf die Identifikation von Hochbegabung werden neben den bekannten Intelligenztestverfahren zur Messung des konvergenten Denkens häufig auch andere Testverfahren erwähnt: So wurden zur Überprüfung des divergenten Denkens spezielle Kreativitätstests entwickelt, die von vielen Forschern allerdings kritisiert werden, da sich ihrer Meinung nach Kreativität einer Messbarkeit weitestgehend entzieht. Leistungstests, vor allem in Form spezieller Schulleistungstests, sind in Deutschland weniger verbreitet, nicht zuletzt aufgrund der ständig erforderlichen Anpassung an die verschiedensten Curricula. Auch Lerntests sind bisher kaum gebräuchlich, obwohl diese durch die Erfassung des Lernpotentials in mehrstufigen prozessorientierten Verfahren (Vortest-Lernphase-Nachtest) vielen ForscherInnen im Hinblick auf die Begabungsdiagnostik als besonders geeignet erscheinen (vgl. Waldmann & Weinert 1990).

Der Intelligenztest stellt ein weit verbreitetes Verfahren für die Identifikation von Hochbegabung dar, zumal intellektuelle Fähigkeiten in eindimensionalen wie auch mehrdimensionalen Hochbegabungskonzepten zentrale Bedeutung besitzen. Zur Diagnostik der verschiedenen kognitiven Fähigkeiten auf breiter Basis bietet sich mit entsprechenden Aufgaben bzw. Untertests der Intelligenztest als fähigkeitsorientiertes Verfahren mit an. Auch im Hinblick auf die operationale Definition von Hochbegabung orientieren sich viele ForscherInnen an den Intelligenztestresultaten als produktorientiertes Verfahren. Diese Produktorientierung im Gegensatz zur Prozessorientierung stellt den Leistungsaspekt zu einem bestimmten Zeitpunkt in den Vordergrund.

ForscherInnen werfen gerade den sprachlich orientierten Intelligenztests eine Mittelschichtorientierung vor, weshalb diese Tests als nicht *kulturfrei* bezeichnet werden. Auch bei den sprachfreien *kulturfairen* Intelligenztests, gibt es teilweise deutliche Unterschiede in deren Konstruktion, so dass ExpertInnen bei der Intelligenzdiagnostik oftmals eine Kombination von verschiedenen Tests realisieren. Insgesamt gelten Intelligenztests in der Hochbegabungsdiagnostik als notwendige aber nicht hinreichende Verfahren, für die es derzeit jedoch keine echte Alternative gibt, nicht zuletzt aufgrund der hohen

Zuverlässigkeit, Gültigkeit und Objektivität (vgl. Holling & Kanning 1999).

2.3.6 Begabungsförderung in der Volksschule – Umgang mit Heterogenität

„Begabungen fördern bedeutet
– Begabungen (vielfältige Talente) ‚wahr'nehmen und (selbst) entdecken lassen
– Kreativität anregen und herausfordern, das ‚Außergewöhnliche' interessant finden
– Selbstvertrauen, Selbstsicherheit, Zutrauen fördern, ...
– eine begabungsfreundliche Lernkultur gestalten: ‚Die Verschiedenheit der Köpfe' (J.F. Herbart: die Verschiedenheit der Interessen, Begabungen Talente) beachten; begabte Kinder integrieren" (Oswald 2001, S. 2).

Der Begriff *Begabungsförderung* kann – im Sinne Oswalds – in der Bedeutung der Förderung, des Herbringens, des Selbst-Entdeckens von besonderen Fähigkeiten verstanden werden, *Begabtenförderung* als Förderung der Person des Kindes, des Menschen. Die beiden Begriffe werden im Folgenden in der Art verwendet, dass in der einen Wortbedeutung die jeweils andere als mit enthalten gedacht ist. Eine rigide Trennung scheint weder vom Standpunkt der Wissenschaft noch im Alltagsverständnis sinnvoll.

Die Grundschule als eine Schule für *alle* Kinder muss ein weites Spektrum an unterschiedlichen Begabungen fördern. Hierfür sind einerseits Strategien der Diagnostik und andererseits Maßnahmen der differenzierten Förderung notwendig, die aber zugleich die positiven Lernchancen in der Gruppe berücksichtigen: Differenziertes Lernen am gemeinsamen Gegenstand. Bietet das Konstrukt *Begabung* sinnvolle Anhaltspunkte für die Erhebung der Lernvoraussetzungen in der Klasse? Bietet es auch Hinweise auf mögliche Lernangebote oder Lernarrangements für unterschiedliche Kinder?

Die theoretischen Darstellungen des Kapitels 2.3.1 und 2.3.2 haben aufgezeigt, dass Begabung ein komplexes Phänomen darstellt, eine zunächst nur unspezifische Anlagepotenz, die jedoch von Anfang an in eine Interaktion mit der sozialen Umwelt tritt. Intelligenz, Begabung, Leistung – welche Begriffe man auch immer wählt – sind veränderbar und durch Förderung optimierbar. Deshalb können nur mehrdimensionale, dynamische Modelle und Konzepte solchen

Überlegungen und Erfordernissen gerecht werden. Wenn Begabung ein Interaktionsprodukt ist, kann Begabungsförderung nicht länger als ausschließliche Sache der Schulorganisation angesehen werden, sondern als genuine Aufgabe jeder Lehrperson (vgl. Kap. 2.3.3.1.1).

Begabungsgerechte Erziehungs- und Sozialisationsbedingungen werden durch effektive (begabende) Lernumwelten ermöglicht. Gerade weil die Wirksamkeit der pädagogischen Maßnahmen in erster Linie von der Qualität der Vermittlung und der Auswahl der Arrangements der Lernprozesse abhängt, kommt der Aus- und Fortbildung der Lehrpersonen besondere Bedeutung zu.

Dass der Unterricht das Herzstück der Begabungsförderung sein muss, wird auch durch Resultate aus der Frühleser- und Frührechnerstudie (vgl. Stamm 1998) unterstützt. Sie belegen, dass die Heterogenität in den Leistungs- und Lernbereichen nicht nur recht groß ist, sondern auch die Bandbreite innerhalb der Leistungsspitze auseinanderklafft. Solche unterschiedlichen Voraussetzungen erfordern deshalb hinreichend differenzierte Lernsettings und Curricula. Nur so kann der in unseren Lehrplänen formulierte Anspruch auf eine individuell angemessene Förderung verwirklicht werden.

„Leitideen für die Schule als Gesamtinstitution

• *Begabungsförderung beginnt damit, dass Begabungen gesucht, erkannt und anerkannt werden.*

• *Die Schule bemüht sich um die Entwicklung hinreichend differenzierter Curricula, die eine Flexibilisierung und Individualisierung der Schulkarrieren ermöglichen.*

• *Die Entwicklung von produktivem und schöpferischem Denken wird expliziter Inhalt der Lehrpläne. Darin wird auch aufgezeigt, wie solche Leistungen bewertet werden können.*

• *Die Qualifizierung des Lehr- und Beratungspersonals wird als vordringliche Arbeit betrachtet, um Begabungsförderung in den Schulen etablieren zu können. Dabei geht es primär um die Vermittlung von Wissens- und Handlungskompetenzen zur Identifikation und Förderung begabter SchülerInnen.*

• *Die Schule betont die Individualität aller SchülerInnen und fordert gleichzeitig soziale Kompetenz in bestimmten definierten Bereichen ein.*

Leitideen für das Schulteam

- *Das Schulteam verbindet die Frage der Begabungsförderung mit der Qualitätsentwicklung von Schule. Deshalb versucht es, sich für Fragen der Begabungsförderung zu sensibilisieren und positive Einstellungen und Haltungen gegenüber begabten Schülerinnen und Schülern zu entwickeln.*
- *Das Schulteam bemüht sich um eine hohe Grundqualität des Unterrichts durch die Beachtung folgender Aspekte:*
  - *Es erachtet die Binnendifferenzierung als wichtige Aufgabe und stellt ausreichende innere und äußere Differenzierung sicher, um Unterforderung bei begabten und Überforderung bei schwächeren SchülerInnen zu vermeiden.*
  - *Es unterstützt die aktive Rolle der Lernenden.*
  - *Es sichert die Vielfalt der Lernquellen und -materialien.*
- *Das Schulteam unterstützt kreatives und innovatives Verhalten von SchülerInnen, fordert es heraus und bewertet es positiv.*
- *Das Schulteam praktiziert eine kontinuierliche diagnostische Evaluation der individuellen Lernfortschritte bei allen SchülerInnen.*

Leitideen für den Unterricht

- *Es werden Aufgaben mit individuellem Spielraum und individuell angemessenen Leistungsanforderungen gestellt.*
- *Um begabten SchülerInnen einen herausfordernden Unterricht bieten zu können, werden Leistungsanforderungen gestellt, die an deren Leistungsgrenzen liegen.*
- *Die Suche nach anderen und neuen Lösungswegen stellt eine wichtige und willkommene Lernstrategie dar.*
- *Entdeckendes Lernen wird in den Unterricht integriert. Begabten SchülerInnen wird der Lernstoff nicht als fertiges Produkt angeboten"* (Stamm 1999, S. 26f.).

Die pädagogische Befassung mit dem Thema Begabungsförderung zeigt, dass Begabung nicht nur als Phänomen, das bei manchen Menschen in besonderer Weise in Erscheinung tritt, sondern als effizienter Prozess des Lernens zu verstehen ist, der wesentlich im Zusammenhang mit personalen Beziehungen und stützenden, anregenden und regulierenden Lernumwelten steht. Vertreter synthetischer Begabungsmodelle (vgl. Heller 1993; Schneider 1993; Ziegler & Perleth 1997; Weinert 1992) betonen in ihren Förderbemühungen sämtliche Maßnahmen, die den Lernprozess unterstützen. Im Vordergrund steht dabei, den SchülerInnen von Anfang an die für ihre Begabungsstruktur und Bedürfnisse ausreichenden Entwicklungsanreize, Lernangebote, Aufgaben und Gestaltungsmöglichkeiten zu bieten.

2.3.6.1 Methodisch-didaktische Modelle der Lernorganisation zur integrativen Begabungsförderung in der Volksschule

Didaktische Überlegungen mit der Bezugnahme auf individuelle Begabungsförderung betreffen nach Oswald (2001) die Kritik an einer Lernorganisation, die dazu veranlasst, dass *„alle zur selben Zeit das Gleiche lernen müssen"*, die Kritik an einer Lernorganisation, die die Begabten unterfordert *„und daher die Fadesse mit allen negativen Begleiterscheinungen auslösen kann"* sowie die Kritik an der Zumessung der Weisheitsgrade nach dem Lebensalter *„(...) das Kalenderalter ist keine unabhängige Variable für die Intelligenz"* (Oswald 2001, S. 20).

Begabungsförderung beginnt mit der Kunst des Begabens, mit der durch die Lehrerpersönlichkeit gestalteten *begabungsfreundlichen Lernkultur.*

2.3.6.2 Pädagogisch-didaktische Spannungsfelder im Unterricht

Unterrichten basiert auf Entscheidungen, welche bewusste oder unbewusste Vorstellungen über das Lernen der Menschen beinhalten. Die unterschiedlichen Vorstellungen äußern sich in Entscheidungen innerhalb von Spannungsfeldern (vgl. Didaktik-Methodik Dokumentation 1998). Auch viele Konzepte zur Förderung von Begabungen in unserem Schulsystem lassen sich in Spannungs-feldern positionieren.

Beim individualisierenden und differenzierenden Unterrichten geht es darum, das individualisierte Lernen der Kinder ins gemeinschaftliche Tun im Klassenverband einzubetten. Bezogen auf die Begabungsförderung müssen Begabte wie die anderen Kinder gemäß ihren spezifischen Voraussetzungen möglichst optimal gefördert werden. Andererseits müssen die sich unterschiedlich entfaltenden Kompetenzen aufeinander bezogen werden und die SchülerInnen über die Grenzen ihrer (individuellen) Fähigkeiten hinweg miteinander interagieren und von- und miteinander lernen können.

Offener Unterricht steht in den letzten Jahren als Sammelbegriff für vielfältige didaktische Reformbemühungen, mit Merkmalen wie Einbezug und Aktivierung der Lernenden, Ausbau der Selbstständigkeit und Selbstverantwortung, Handlungsorientierung, fächerübergreifendes Lernen, Lernberatung, Lernen an außerschulischen Lernorten usw. (vgl. Bastian 1997). Offener Unterricht ist historisch als Gegenbewegung zum lehrerzentrierten, geschlossenen Unterricht entstanden. *„Offene und geschlossene Formen des Lehrens und Lernens sollten als sich ergänzende Formen definiert werden"* (Bastian 1997, S. 10).

In der Diskussion um Begabungsförderung taucht der Begriff Offenheit sehr häufig auf. Bezogen auf den Unterricht legt Urban (1993) folgende *10 Qualitätskriterien eines begabungsentwickelnden offenen Unterrichts* fest:

„(1) Methodenvielfalt (unterschiedliche Methoden wie freie Arbeit, Projekte, Kreisgespräche, Gruppenarbeit, ...)

(2) Freiräume (zum spielerischen, schöpferischen, entdeckenden Lernen; im inhaltlichen und zeitlichen Bereich, ...)

(3) Umgangsformen (klare gemeinsam ausgehandelte Regeln, Toleranz und Akzeptanz des Andersseins, Konfliktbearbeitung, ...)

(4) Selbständigkeit und Inhalt (Wahl- und Entscheidungsmöglichkeiten bezüglich Inhalts- und Zeitgestaltung, aktive Steuerung von Lernprozessen der Kinder, Helfersystem, ...)

(5) Lernberatung (Akzeptanz von Fehlern, abweichenden Wegen, Diagnosekompetenz für Leistungsversagen und besondere Begabungen, Beratung im bzw. neben dem Unterricht...)

(6) Öffnung zur Umwelt (direkte Begegnungen, Exkursionen, Tutoren für einzelne Kinder, ständige oder Projekt bezogene Kooperation mit außerschulischen Lernorten ...)

(7) Sprachkultur (Gesprächskultur, Schriftkultur, freier Ausdruck, kreatives Schreiben, ...)

(8) Lehrerrolle (anspruchsvolle Fragen, vielfältige Gestaltung der Rolle, Bewusstsein über eigene Rolle, Teamarbeit, ...)

(9) Akzeptanz des Unterrichts (Verständnis des Unterrichts als gemeinsame Arbeit, Nutzung der Zeit, Akzeptanz und Mitarbeit durch Eltern ...)

(10) Lernumgebung (handlungsorientierte Materialien, Karteien, For-
schungsorte, Zusammenarbeit mit anderen Institutionen, offene Klas-
sentüre, ...)" (Urban zit. nach Sonderegger 1999, S. 47).

Das dritte Spannungsfeld präzisiert einen Teilaspekt aus dem zweiten: Die objektivistisch ausgerichtete Didaktik geht davon aus, dass
es zu einer bestimmten Zeit ein allgemeingültiges (objektives) Wissen mit einer relativ hohen Stabilität gibt. Aufgabe von Bildung ist
es, die Inhalte des objektiven Wissens zu vermitteln und den Lernenden zu helfen, diese in die eigenen Denkstrukturen zu übernehmen
(vgl. Dubs 1997).

Die subjektiv-konstruktivistische Didaktik geht wiederum davon
aus, dass sich Wissen gar nicht vermitteln lässt, es müsse vielmehr an
konkreten Situationen aus eigenen Erfahrungen selber aufgebaut
(konstruiert) werden, denn nur selbst aufgebautes und in die eigenen kognitiven Strukturen integriertes Wissen sei richtig verstande-
nes Wissen.

Der Unterricht muss aus dieser Perspektive komplexe, lebensnahe
und ganzheitliche Problembereiche und nicht vereinfachte Problemstellungen angehen, die Auswahl der Lerninhalte auf die realen und
gefühlsmäßig wichtigen Vorerfahrungen und die Interessen der Lernenden abstimmen und Lernen als selbst regulierenden aktiven
Prozess verstehen, bei dem Fehler bedeutsam sind. Dem kollektiven
Lernen, der gemeinsamen Diskussion von individuellen Hypothe-
sen und Interpretationen soll Zeit und Raum gegeben werden. Der
Lernerfolg darf nicht primär an den Lernprodukten (richtige und
falsche Lösungen), sondern soll an den Lernfortschritten im Umgang
mit komplexen Lernsituationen gemessen werden.

Nach Dubs (1997) ist am subjektivistisch-konstruktivistischen Lern-
verständnis positiv, dass nicht mehr das Unterrichtsverhalten der
Lehrkräfte, sondern das Lernverhalten der Lernenden im Mittelpunkt steht.

Grundsätzlich gilt auch bei Kindern mit außerordentlichen Begabungen, was Weinert (1997) festhält: *„Im Allgemeinen hat sich (...) ge-*
zeigt: Je monolithischer und rigider ein Lehr-Lernmodell praktiziert wird,
um so größer sind neben den erwünschten Wirkungen die unerwünschten
Nebenwirkungen. (...) Ein kräftiges ‚Sowohl als auch' ist die Botschaft der
kognitionswissenschaftlichen Forschung" (Weinert 1997, S. 24).

Grundvoraussetzungen für das Gelingen fördernder Konzepte und zugleich *Kennzeichen guter Schulen* (Oswald 2001, S. 20) sind:

- Entwicklung eines Schulprofils mit klaren anspruchsvollen Zielsetzungen
- Entwicklung von Kollegialität, von Kooperation der Lehrenden, von Teamgeist
- Bewusstsein der gemeinsamen Bildungswirkung aller Fächer *(corporate identity)*
- Bewusstseinsbildung betreffs der Bedeutung von Methodenkenntnis und Verhalten der Lehrenden in der Auswirkung für Lernen und Leistungsvermögen
- Förderung von Selbstbewusstsein und Vermittlung von Selbstwertgefühl

Auch Kuhl (2003) betonte im Rahmen des Kongresses *Curriculum und Didaktik der Begabtenförderung – Begabungen fördern, Lernen individualisieren* (Münster, September 2003) bei seinem Hauptvortrag zum Thema *Begabtenförderung durch Entwicklung persönlicher Kompetenzen – Diagnostik, Beratung, Training* zur Motivation schulischen Lernens und schulischer Begabtenförderung, dass jede Begabtenförderung zusätzlich zur kognitiven Förderung eine Förderung der Persönlichkeit verlangt. Begabung kann niemals ausgeschöpft werden – so Kuhl – ohne die notwendige Motivation, Selbststeuerung sowie das richtige Gleichgewicht aller psychischen Kräfte. Landau (1990) ermutigt ebenso in ihrem Buch *Mut zur Begabung* neben der kognitiven Förderung, die nicht-kognitiven Faktoren wie Selbstvertrauen, Selbstsicherheit und Zutrauen zu fördern.

2.4 Modellentwicklung zu begabungsfördernder Lernorganisation im internationalen Vergleich

Seit den 80er Jahren ist in vielen Ländern weltweit ein deutlicher Wandel in der Beurteilung kleiner, niedrig organisierter Schulen festzustellen, die vorher die gering geachtete Schulform des ländlichen Grundschulwesens darstellten. Sie erhalten vor allem in der Beachtung heterogener Lerngruppierungen neue Wertung. Im Rahmen der OECD (Organisation for Economic Co-operation and Development) – seit 1961 – arbeiten in Form eines Projektes CERI (Centre for Educational Research and Innovation) – seit 1968 – die 24 beteiligten Länder zusammen und befassen sich – seit 1976 – im SPA-Projekt (Sparsely Populated Areas) weltweit mit dem Problem der schulischen Erziehung im dünn besiedelten ländlichen Raum. Bei all diesen Arbeiten – sei es über die USA/Iowa, England/Schottland, Norwegen, Frankreich/Massiv Central, die Schweiz mit ihren Hochgebirgsregionen, Alaska, Australien oder Portugal – stieß man auf einen häufig begangenen Fehler bei Versuchen, die Schulsysteme in diesen Ländern zu verbessern: Besser bedeutete ähnlicher den städtischen Schulen. Allgemein war die Bedeutung jahrgangsübergreifender Klassen weitgehend unterschätzt worden; die jeweiligen Schulbehörden hatten eher die Gefahr der Leistungsminderung als die pädagogischen Chancen des Lernens in der Organisationsform altersheterogener Klassenverbände gesehen.

Viele englische Infant-Schools organisieren ihre Klassen aus pädagogischen Motiven jahrgangsübergreifend (vgl. Ridgway & Lawton 1976). In den USA wurde in einer Reihe von Freien Schulen die Jahrgangsgruppierung bewusst auf die altersgemischte Organisationsform umgestellt (vgl. Goodland & Anderson 1987; Hagstedt 1995). Montessorischulen und Jenaplanschulen, die Laborschule Bielefeld und andere Reformschulen (vgl. Burchart 1995; Struckmeyer 1995) wählen die jahrgangsübergreifende Gruppierung aus pädagogischen Gründen, ohne durch äußere Umstände dazu gezwungen zu sein.

Das Konzept des Lernens in altersheterogenen Klassen strebt eine Unterrichtssituation an, die die Unterschiedlichkeit von SchülerInnen als Motor für soziales und sachbezogenes Lernen konstruktiv nutzen möchte. Damit stellt sich das Lernen in altersgemischten Gruppen nicht bzw. nicht nur als ein Notprogramm dar, um die Schließung von Schulen vor allem in ländlichen Gemeinden zu vermeiden, vielmehr wird damit eine Reformidee begründet, die für die Schule – speziell für die Grundschule – insgesamt Gültigkeit beansprucht. Von jahrgangsübergreifenden Klassen könnte nicht nur das soziale Klima profitieren. Es würde nicht nur ermöglicht, dass leistungsstarke SchülerInnen der niederen Schuljahre mit den älteren mitlernen und schwächere SchülerInnen der höheren Schuljahre ohne Gesichtsverlust mit den jüngeren wiederholen und ihre Lücken schließen. Die jahrgangsübergreifende Gruppierung könnte sich auch auf die Schulorganisation verändernd auswirken. Das *Sitzenbleiben* – das Wiederholen einer Schulstufe – als stigmatisierendes Ereignis könnte auf wenige Ausnahmefälle beschränkt werden.

Nach Kasper (1989) könnte die Ablösung des Jahrgangsprinzips durch eine Kombination der Schuljahre 1 und 2 dem Trend entgegenwirken, allzu viele Kinder vom altersgemäßen Schuleintritt zurückzustellen, wenn diese Kinder, je nach Notwendigkeit, zwei oder drei Jahre in der Eingangsstufe bleiben könnten. Diese Organisationsform würde auch eine Veränderung im Unterrichtsgeschehen bewirken. Noch stärker als bisher müsste man von einem Unterricht abweichen, der auf gleichzeitiges Voranschreiten aller SchülerInnen setzt. Die altersheterogene Gruppierung wäre eine Option für eine stärkere Individualisierung des Unterrichts, für freie Arbeit und andere Formen der Differenzierung sowie für den systematischen Einsatz von SchülertutorInnen.

Bei der Diskussion um Mehrstufenklassen geht es nicht einfach um ein Strukturproblem, sondern um eine grundsätzliche Besinnung auf das Lernen in unseren Schulen. Es gilt anzuerkennen, dass Lernen ein komplexer Vorgang ist, der sich nicht allein mit Prinzipien wie Organisation, Rationalisierung, Technologisierung, Effizienzsteigerung erfassen lässt. Menschliches Lernen basiert im Wesentlichen auf komplexen Erfahrungen, es braucht vielfältige und anregende Lernwelten.

Natürlich ist die Forderung nach Individualisierung und Differenzierung nicht ein nur mehrstufenklassenspezifisches Anliegen. Die Kritik der Bindung von Lernstufen an die Altersnorm hat aber durch die Begabungsforschung entscheidende Impulse erhalten. Altersnormen stellen keine unabhängige Variable für die Zuerkennung der Eignung für bestimmte Lernstufen und Lernbereiche dar. Die Mehrstufenklasse repräsentiert in diesem Sinne auf der strukturellen und organisatorischen Ebene die zentralen und aktuellen pädagogischen Zielsetzungen nach Individualisierung und Gemeinschaftsbildung. In diesem Zusammenhang sind Mehrstufenklassen sowie altersgemischte Lerngruppen faszinierende Lernwelten, die es wieder neu zu entdecken gilt.

Es gilt zu analysieren, zu welchen Modellen einer flexiblen Lernorganisation Erfahrungen für bessere Möglichkeiten des Erkennens und Entwickelns von Begabungen – im Zusammenhang mit der Förderung aller Lernenden – vorliegen. Hinsichtlich solcher Innovationen in Bereichen der Bildungspolitik und Schulorganisation richtet sich die Aufmerksamkeit auf Ergebnisse von Untersuchungen im internationalen Vergleich. Modellentwicklung soll dabei in mehrfacher Hinsicht stattfinden – einerseits ob die Entwicklung unterschiedlicher Organisationsformen an Kleinschulen für die Organisationsentwicklung an Grundschulen im Sinne flexibler Lernorganisationen, d.h. flexible Gestaltung der Schulstufen als Lernstufen, nutzbar sind – andererseits sind in besonderer Hinsicht internationale Beispiele und Modellentwicklungen so genannter Kleinschulen aufzuzeigen, die eben dieses Konzept der positiven Verwertung von Organisationsformen, in denen nicht jeder Schulstufe eine Klasse entspricht, erkennen lassen.

2.4.1 Internationale empirische Vergleichsuntersuchungen zu den Auswirkungen von jahrgangsheterogenen und jahrgangshomogenen Klassen

Im internationalen Vergleich finden sich vermehrt Unterrichtskonzeptionen, die altersheterogene Lernformen stark positionieren. Im Folgenden werden Grundtendenzen aus größeren Forschungsüberblicken dargestellt.

Veenman (1996) unterscheidet in einem sehr breit angelegten Forschungsüberblick – der Autor hat 56 Untersuchungen aus den verschiedensten Ländern analysiert, die sich mit den Auswirkungen von jahrgangskombinierten und altersgemischten Klassen beschäftigt haben – pragmatisch zwischen *multigrade classes* (jahrgangskombinierte Klassen), in denen SchülerInnen aus mehreren Jahrgangsstufen aus administrativen Gründen (z.B. sinkende Schülerzahlen) gleichzeitig unterrichtet werden und *multi-age classes* (altersgemischte Klassen), in denen Kinder verschiedenen Alters und verschiedener Schulstufen absichtlich gemischt werden, da man sich davon pädagogische Vorteile in Hinblick auf die Begabungsentwicklung durch Individualisierung der Lernprozesse und durch eine flexibel gestaltete Organisationsform verspricht. Ein besonderes Kennzeichen dieser altersgemischten Klassen ist, dass in ihnen sehr viel Wert auf Individualisierung der Lernprozesse gelegt wird. Die Begriffe *nongraded schools oder nongraded programs* bezeichnen eine grundsätzliche Aufhebung der Jahrgangsstruktur des Unterrichts, in der die SchülerInnen flexibel entsprechend ihres Leistungsstandes – und nicht des Alters – gruppiert werden und die Schule in einem individuellen Tempo durchlaufen.

Obwohl es gegenwärtig gewisse Überschneidungen im Gebrauch der Begriffe *nongraded schools* und altersgemischte Klassen nach

Veenman (1995) gibt, muss doch festgehalten werden, dass das ursprünglich von Goodlad und Anderson (1959) eingeführte Konzept einer *Nongraded Elementary School* – auf das heute in der Diskussion oft hingewiesen wird (vgl. Hagstedt 1995) – sich weitgehend auf die Bildung von flexiblen leistungshomogenen Lerngruppen – Gruppierung nach Leistungsstand und nicht nach Alter – bezog und weniger die Nutzung von leistungsmäßigen Unterschieden in altersgemischten Lerngruppen meinte.

Jahrgangsheterogener Unterricht kann noch weiter differenziert werden, z.B. in Form der Gruppenbildung für nur wenige Stunden pro Woche bzw. für nur ausgewählte Fächer oder in der Form, dass sie praktisch den gesamten Unterricht umfasst. Zudem geht es speziell in der gegenwärtigen Diskussion nicht nur um eine schulorganisatorische Frage. Vielmehr wird Lernen in altersgemischten Gruppen von vornherein eingebettet in andere Reformansätze wie z.B. Freie Arbeit, Wochenplanarbeit, Projekte und Offener Unterricht.

Die skizzierte Breite der Begriffe, mit denen jahrgangsheterogener Unterricht bezeichnet wird, und auch gewisse Unschärfen in ihrem Gebrauch erschweren die Bewertung von Untersuchungen zu den Auswirkungen eines so geführten Unterrichts auf sachbezogenes Lernen und die sozial-emotionale Entwicklung der betroffenen SchülerInnen. In einigen älteren Untersuchungen wird nicht die spezifische Art des erteilten jahrgangsheterogenen Unterrichts berücksichtigt, so dass die Ergebnisse nur schwierig zu interpretieren sind. Der folgende Überblick versucht – soweit dies möglich ist – Zentralaspekte des jeweils untersuchten jahrgangsheterogenen Unterrichtskonzepts zu identifizieren.

In einer Forschungsrevue von 27 bzw. 46 Studien aus dem Primarbereich kommen Pratt (1983) und Cotton (1993) zu dem Ergebnis, dass einerseits altersgemischtes Lernen keine konsistenten Auswirkungen auf die Schulleistungen hat, andererseits sich aber im Allgemeinen günstige Auswirkungen auf die soziale und emotionale Entwicklung zeigen. Nach Pratt (1983) profitieren in einigen Studien speziell die jüngeren SchülerInnen, wobei der Altersunterschied nicht zu groß werden darf.

In einem Beitrag zur Begründung altersgemischten Lernens geben Katz, Evangelou und Hartmann (1989) einen Überblick über soziale und kognitive Auswirkungen. Im Hinblick auf den kognitiven Bereich werden aber positive Effekte nicht durch Vergleichsuntersuchungen in altersheterogenen und altershomogenen Gruppen nachgewiesen, sondern aus entwicklungstheoretischen Modellen abgeleitet. Im Hinblick auf den sozialen Bereich sehen die Autoren positive Auswirkungen, nach denen z.b. in allen altersheterogenen Gruppen prosoziales Verhalten wie gegenseitiges Helfen häufiger aufzutreten scheint als in altershomogenen Gruppen. Zudem gibt es in altersheterogenen Gruppen für die jüngeren SchülerInnen durch den Kontakt mit den älteren mehr Möglichkeiten zu komplexerem Phantasiespiel.

Zu den Auswirkungen von jahrgangsheterogenem Unterricht im Primarbereich, der auf verschiedene Weise die Jahrgangsstruktur des Unterrichts aufbricht (nongraded programs), haben Gutiérrez und Slavin (1992) in einem sehr differenzierten Forschungsüberblick insgesamt 57 Untersuchungen aus den letzten vier Jahrzehnten analysiert. Die beiden Autoren ziehen aus ihren Ergebnissen u.a. den Schluss, dass jahrgangsheterogener Unterricht sich positiv auf die Lernleistung der SchülerInnen auswirkt, d.h. die Lernleistungen sind besser als die der Kinder in den Vergleichsgruppen in Jahrgangsklassen.

Die dargestellten Untersuchungen zu den Auswirkungen von jahrgangsheterogenem Unterricht auf kognitives und soziales Lernen wurden in anderen Ländern durchgeführt. Trotz Ähnlichkeiten in der Diskussion um altersgemischtes Lernen können die dort gefundenen Ergebnisse nicht direkt auf unsere Situation übertragen werden. Daher sind nationale Untersuchungen zur Realisierung und Praxis von jahrgangsheterogenem Unterricht erforderlich und zwar unter Bedingungen der Regelschule und nicht nur in Modellgruppen. Neben Beobachtungsstudien, die kontrolliert die Elemente des tatsächlichen Unterrichts erfassen und genau beschreiben, was im Unterricht passiert, sind systematische Befragungen von LehrerInnen, die in den verschiedenen Formen jahrgangsheterogenen Unterrichts involviert sind, notwendig – nicht zuletzt um den Bedarf an erforderlichen Unterstützungsmaßnahmen bzw. an gezielter Aus- und Fortbildung abschätzen zu können.

2.4.2 Perspektiven der Kleinschulen *(Kleinen Grund-schulen)* unter Berücksichtigung internationaler Erfahrungen

In den nachfolgenden Kapiteln wird die Situation von kleinen Grundschulen verschiedener europäischer Staaten dargestellt und analysiert. In der Schweiz besuchen ca. 20 Prozent der GrundschülerInnen kleine Grundschulen. In Frankreich sind gegenwärtig 11 Prozent, in Norwegen 45 Prozent und in den Niederlanden sogar fast 90 Prozent der Grundschulen nicht ausschließlich nach Jahrgängen gegliedert.

Der unterschiedliche Grad der wissenschaftlichen und politischen Diskussion bezüglich kleiner Grundschulen in den jeweiligen Ländern lässt jedoch eine vergleichende Auswertung nur begrenzt zu. Für die Modellentwicklung eines Konzeptes für Kleinschulen mit Mehrstufenklassen geben die einzelnen Darstellungen jedoch Anregungen, die sich wie folgt zusammenfassen lassen. Kleinschulen stellen als selbstständige Schulen unter pädagogischen, schulplanerischen und ökonomischen Gesichtspunkten zweckmäßige Lösungen dar. In Hinblick auf die Erfahrungen in den betrachteten Ländern lassen sich statt starrer Regelungen für die Einrichtung von Kleinschulen Ausnahmen rechtfertigen, die gestatten, Schulen auch dann aufrecht zu erhalten, wenn das Schüleraufkommen unterhalb festgesetzter Mindestgrößen liegt.

Die mittel- und langfristige Akzeptanz der Kleinschule ist geknüpft an die Gleichwertigkeit ihrer pädagogischen Leistungsfähigkeit im Vergleich zur jahrgangsdifferenzierten Grundschule. Voraussetzung dafür ist seitens der LehrerInnen die Fähigkeit, die Bandbreite von Möglichkeiten der Unterrichtsdifferenzierung in altersgemischten Lerngruppen einzusetzen. Die erforderlichen didaktisch-methodischen Differenzierungsmöglichkeiten müssen durch geeignete Lehr- und Lernmaterialien unterstützt werden. Da weder auf Seiten der LehrerInnen die entsprechenden Kompetenzen vorausgesetzt werden können, noch die Einzelschule im Regelfall über entsprechend geeignete Lehr- und Lernmaterialien verfügt, haben sich regionale Unterstützungsnetzwerke für LehrerInnen an Kleinschulen bewährt. Dabei sind insbesondere kollegiale Supervision, moderierter Erfahrungsaustausch in Verbindung mit schulinternen Fortbildungsveranstaltungen und die Einrichtung regionaler Arbeitskreise zur Entwicklung und Erprobung geeigneter Lehr- und Lernmaterialien zu nennen. Die Einrichtung regionaler Unterstützungsnetzwerke und die Berücksichtigung von Sondermitteln für die Erarbeitung von Lehr- und Lernmaterialien in altersgemischten Lerngruppen ist umso wichtiger, je mehr daran gedacht wird, den jahrgangsübergreifenden Unterricht als ein generelles Element der Grundschule auszuweisen und somit allen Grundschulen die Möglichkeit zur Wahl des jahrgangsübergreifenden Unterrichts einzuräumen.

Aufgrund der hohen Anforderungen des jahrgangsübergreifenden Unterrichts haben sich bei der Personalwahl folgende Kriterien als relevant erwiesen – mehrjährige Erfahrungen in der Grundschule (keine JunglehrerInnen), freiwilliger Entschluss zur Tätigkeit an einer Kleinschule, Bereitschaft zu außerunterrichtlichem Engagement.

Hängt die öffentliche Akzeptanz von Kleinschulen mittelfristig von der Sicherung ihrer pädagogischen Leistungsfähigkeit ab, so muss *„mit ihrer Einführung der überzeugende Nachweis verbunden sein, dass sie nicht in der Gefahr steht, zur Schule des 19. Jahrhunderts zu geraten, sondern eine Chance für schulpolitischen Fortschritt darstellt"* (Fickermann, Weißhaupt & Zedler, 1998, S. 30).

Besonders wichtig erscheint für das Marketing der Kleinschulen der Verweis auf

• die im internationalen Raum vorhandenen positiven Erfahrungen jahrgangsübergreifenden Unterricht als Reformelement der Grundschule

• die Personalwahl von LehrerInnen an Kleinschulen und die gewährten Unterstützungen für die Absicherung der pädagogischen Leistungsfähigkeit

• die relative Kostengünstigkeit des Erhalts von Kleinschulen im Vergleich zu den gesellschaftlichen Folgekosten der Konzentration von Schulstandorten

• Schule als Standortfaktor der kulturellen und wirtschaftlichen Entwicklung des ländlichen Raums sowie als Faktor der Sicherung der Einheitlichkeit der Lebensverhältnisse

• die Kontrolle der *Produktqualität* von Kleinschulen

Im Rahmen einer Prozessbegleitung soll die jährliche Erhebung des Fortbildungsbedarfs von LehrerInnen an Kleinschulen einschließlich der von ihnen als vordringlich erachteten Problemfelder bei der Sicherung der pädagogischen Leistungsfähigkeit sowie die Dokumentation der Erfahrungen und Ergebnisse des eingerichteten Unterstützungsnetzwerkes für LehrerInnen an Kleinschulen durchgeführt werden. Die Produktevaluation soll in Form der Dokumentation entwickelter Lehr- und Lernmaterialien sowie ihrer Erprobung erfolgen, die Leistungsentwicklung von Kindern an Kleinschulen und jahrgangsdifferenzierten Grundschulen wird verglichen und ein jährlicher Vergleich der Übergangsquoten von SchülerInnen von Kleinschulen an weiterführende Schulen mit denen von herkömmlichen Grundschulen und Analyse des weiteren Schulerfolgs der beiden Schülergruppen hergestellt. Weiters ist eine Beratung der Landesinstitute sowie der Schulaufsicht in Fragen der Erfolgssicherung von Kleinschulen notwendig.

2.4.3 Schulmodelle zum individuell entwicklungsgemäßen Lernen in Österreich

2.4.3.1 Jahrgangsgemischte Klassen nach den Prinzipien der Montessori-Pädagogik an der VS 9 in Wels, OÖ.

Die folgende Projektbeschreibung resultiert inhaltlich aus zwei Literaturquellen:

1. Artikel *Altersheterogenität* von Neuhauser und Gupfinger (2002) in der Pädagogischen Zeitschrift *Erziehung und Unterricht*

2. Endbericht von Gupfinger (2003) zum Forschungsprojekt *Jahrgangsgemischte Klassen nach den Prinzipien der Montessori-Pädagogik*

Der Ausgangspunkt des vorliegenden Schulversuches war nach den AutorInnen Maria Neuhauser (VS – Lehrerin an der VS 9 in Wels, OÖ.) und Ferdinand Gupfinger (Projektleiter und Professor an der Pädagogischen Akademie der Diözese in Linz) eine Diskussion im Rahmen der Krimmler Montessori – Tage 1998 (veranstaltet vom Österreichischen Bundesverband für Montessori-Pädagogik) mit Renilde Montessori (Enkelin von Maria Montessori). Sie wies damals nachdrücklich darauf hin, dass eine gemischte Gruppe dreier Altersjahrgänge sich außerordentlich fruchtbar und positiv auf die soziale Entwicklung auswirke und daher unverzichtbar sei. Dem Projekt liegt die Hypothese zugrunde, dass die jahrgangsgemischte Klasse eine größere Chance zur Entwicklung von Selbstständigkeit und sozialer Verantwortung bietet und es „(...) *charakterisiert sich im Wesentlichen durch das Vorhaben, den persönlichen Entwicklungsprozess der*

Kinder im besonderen Rahmen der Altersheterogenität an den Beispielen der natürlichen Lerngemeinschaften im Sinne des Sozialen Lernens, des Wechsels der sozialen Positionen sowie der Unterstützung zur ‚Normalisierung' verhaltensauffälliger Kinder darzustellen" (Gupfinger 2003, S. 13).

Im Gegensatz zu früher entstandenen – und aufgrund der rückläufigen Schülerzahlen (aus organisatorischen Gründen) wieder aktuellen – Mehrstufenklassen des nieder organisierten Schulwesens, handelt es sich beim vorliegenden Schulversuch um ein bewusst gestaltetes pädagogisches Konzept. Durch eine natürliche Lerngemeinschaft soll das Miteinander- und Voneinanderlernen ermöglicht werden. Die Kinder sollen eine klare Perspektive für ihre eigene Entwicklung bekommen und sich in wechselnden sozialen Positionen erfahren können. Das jüngere Kind lernt vom älteren, das ältere Kind muss sein Wissen ordnen, um es informativ und verständlich mitteilen zu können. Eigene Unklarheiten werden dem informierenden Kind deutlich und zwingen in diesem Prozess zur Klärung. Das Verantwortungsbewusstsein der Kinder soll gestärkt werden. Achtung voreinander und Interesse aneinander erwachsen aus gegenseitiger Hilfe bei schulischen Arbeiten und Aufgaben. Rituale, Lernkultur und Klassenleben können von älteren Kindern an jüngere weitergegeben werden. Dadurch wird der/die LehrerIn entlastet und hat mehr Zeit, individuell auf jedes einzelne Kind einzugehen.

Durch individualisierende Unterrichtsformen sollen sowohl lernschwache als auch besonders begabte Kinder besser gefördert werden. Der Einsatz von didaktischen Lernmaterialien erlaubt dem Kind, sich in eigenem Tempo Lerninhalte selbstständig zu erarbeiten. Lernen am Modell wird ermöglicht. Die Kinder können sich mit weiterführenden Inhalten (über den Lehrplan der jeweiligen Schulstufe hinaus) beschäftigen. Es besteht für jedes Kind die Möglichkeit, die Volksschule in drei bis fünf Jahren zu durchlaufen. Wechsel in die Vorschulstufe, Repetieren oder Überspringen einer Schulstufe sind innerhalb des Klassenverbandes durchführbar. Der Schulversuch ist auch für Kinder mit sonderpädagogischem Förderbedarf (SPF) offen. Unterricht nach dem Lehrplan der ASO oder dem S- Klassen-Lehrplan ist möglich. Anzahl der Kinder mit SPF und Einsatz der SonderpädagogInnen unterliegen den gesetzlichen Bestimmungen für Integrationsklassen.

Als günstige Altersmischung sieht Montessori die Zusammenfassung dreier Jahrgänge, wie dies z. B. im Kindergarten allgemein üblich ist. Die vierjährige Grundschulzeit stellt hierbei ein Problem dar. Im Versuch wird die Mischung dreier Jahrgänge erprobt – wobei immer einer fehlt (1, 2, 3 – 2, 3, 4 – 3, 4, 1 – 4, 2, 1). Dadurch wird gewährleistet, dass ein neu hinzukommender Jahrgang nicht zu klein wird. Den Kindern wird so die Möglichkeit gegeben, sich mit dem eigenen Jahrgang zu identifizieren und gleichaltrige Freunde zu finden.

Die optimale Schülerzahl beträgt 24 SchülerInnen, jeweils acht Kinder pro Jahrgang. Die Integration von Kindern mit SPF ist in jeder Schulstufe möglich und umfasst vier bis sechs SPF-Kinder insgesamt. Im Schuljahr 1999/2000 wurde eine bestehende Integrationsklasse (3. Schulstufe) auf 2 Klassen aufgeteilt und jeweils acht bzw. neun Kinder aus der 1. Schulstufe kamen dazu. Sinn der Durchmischung der Jahrgänge ist es, den Kindern vielfache Möglichkeiten der Kooperation anzubieten. Allerdings können nur durch differenzierte Unterrichtsformen die Vorteile genutzt werden. Kernstück des Unterrichts ist die Freiarbeit, die Einzel-, Partner- und Kleingruppenarbeit in selbst gewähltem Arbeitstempo und freier Wahl der Arbeit. Gebundene Unterrichtssequenzen folgen ebenfalls den Regeln innerer Differenzierung.

„Die Altersmischung entspricht der natürlichen Lebenswelt der Kinder. Die Jüngeren können den Älteren über die Schulter schauen, sie sehen, wohin ihr Weg führt. Diese Transparenz der Lernziele und Lernprozesse gibt den Kindern Orientierung. Die Älteren können bestimmte Lerninhalte vermitteln, fortgeschrittene Jüngere können mit Älteren Problemen auf den Grund gehen, unsichere Ältere können Lernlücken schließen. So wird in der Gruppe auf vielfältige Weise effektive und natürliche Differenzierung realisiert, die wir heute in der Schule so dringend brauchen. Zudem wird das Selbstwertgefühl der Kinder gestärkt, Lern- und Entwicklungschancen werden konstruktiv genutzt" (Dückers 2000, S. 79).
Altersmischung führt zur Kooperationen, *„(…) bei denen die jüngeren das Sachinteresse der älteren Kinder zusätzlich stimulieren. Es entsteht im elementarsten Sinne kommunikatives Lernen. Auf diese Weise bewirkt die Kooperation bei jüngeren und älteren Kindern einen Lernzuwachs mit daraus resultierender Primärmotivation zu weiterführenden Lerninteressen und Lernbereitschaften. Gleichzeitig werden Lehrende entlastet und haben die Möglichkeit, sich der Hilfe bedürftiger anderer Kinder der Gruppe intensiver zuzuwenden"* (Holstiege 1995, S. 103). Die Altersmischung wirkt sich auch im sozialen Umgang miteinander belebend aus. *„Eingeübte*

Regeln für das Gemeinschaftsleben werden von jüngeren Kindern leichter übernommen, wenn sie nicht nur von der Erzieherin oder Lehrerin, sondern auch von den älteren Kindern der Gruppe eingefordert werden" (Stein 1998, S. 12). Im sozialen Umgang miteinander kommen natürlich nicht nur Gefühle von Zuneigung und Anerkennung vor, sondern auch Rivalität und Eifersucht.

„Diese stellen sich z. B. ein, wenn Lehrer jahrgangsgemischter Klassen in den Fehler verfallen, die Älteren etwas zu vernachlässigen, in dem Glauben, sie brauchten ihre Zuwendung weniger – wie dies manchmal in Familien mit mehreren Kindern geschieht. Dann entwickeln die älteren Kinder Abneigung gegen die jüngeren. Es ist jedoch leicht, diesen Fehler abzustellen, wenn man ihn einmal erkannt hat. Es kann sogar von Vorteil sein, den Älteren ein wenig mehr an Zuwendung zu geben; dies führt eher dazu, dass sie ihrerseits gerne Verantwortung für die Jüngeren übernehmen" (Stein 1998, S. 46).

Nach zweieinhalb Jahren Schulversuch *Jahrgangsgemischte Klasse* sehen Neuhauser und Gupfinger (2002) in der Montessori-Pädagogik einen gangbaren Weg, den gestellten Anforderungen der Individualisierung und Differenzierung des Unterrichts gerecht zu werden. Dieser reformpädagogische Ansatz vermittelt für die Autorin nicht nur den bildungstheoretischen Rahmen, sondern auch ein Konzept zur Umsetzung. Um in einer jahrgangsgemischten Klasse erfolgreich und begabend unterrichten zu können, nennen Neuhauser und Gupfinger (2002) u.a. folgende wichtige Voraussetzungen: Die Erfahrung mit offenem Unterricht und eine fundierte Montessori-Ausbildung, fundierte Kenntnis des gesamten Grundschullehrplanes und der Anforderungen, die an die jeweilige Schulstufe gebunden sind, ein gewisses Maß an Organisationstalent, Teamfähigkeit sowie Zeit und Interesse. Weiters äußert Neuhauser (2002) in ihrer Schlussbemerkung Befürchtungen, dass auf Grund der demographischen Tatbestände Klassen mit zu geringer Schülerzahl zu jahrgangsgemischten Klassen zusammengelegt werden, jedoch auf die Anforderungen der LehrerInnen nicht geachtet wird. Dies könnte den Versuch in Misskredit bringen oder auf die Stufe des früher durchgeführten *Abteilungsunterrichtes* zurückwerfen. Sollte das Projekt *Jahrgangsgemischte Klassen nach den Prinzipien der Montessori-Pädagogik* weitere Verbreitung finden, ist unbedingt auf eine fundierte Aus- und Weiterbildung der LehrerInnen Rücksicht zu nehmen.

Gupfinger (2003), der wissenschaftliche Projektleiter, erwähnt im Schlussbericht des Forschungsprojektes: *„Im Rahmen der Untersuchung war es aus Gründen alltäglicher Beobachtungen der Kinder naheliegend, sich vor allem den Aspekten der sozialen Kohäsion bzw. den verschiedenen Ausprägungen von Aggression, einem virulenten Phänomen, zuzuwenden. Auf Basis einer quantitativen Untersuchungsanordnung ist festzuhalten, dass beim Vergleich der Versuchs- (altersheterogen geführte Klassen) und Kontrollgruppen (nicht altersheterogen geführte Klassen) eindeutig günstigere Ergebnisse für die altersheterogenen Klassen vorzufinden sind. Kinder in altersheterogen geführten Klassen zeichnen sich durch eine engere soziale Bindung (Gruppenkohäsion) und durch eine geringere Neigung zu aggressivem Verhalten aus. (…) Aus der Sicht des Verlaufes und der Ergebnisse dieses Projektes lässt sich eine ‚dringende' Empfehlung an die Verantwortlichen von Schulgestaltung ableiten, Kolleginnen auf die Möglichkeit von altersheterogen geführten Klassen nachdrücklich hinzuweisen. Explizit muss jedoch noch erwähnt werden, dass altersheterogen geführte Klassen weder mit Abteilungsunterricht noch mit Erhöhung der Klassenschülerzahl in Verbindung zu bringen sind"* (Gupfinger 2003, S. 75).

2.4.3.2 Selbstbestimmtes Lernen in mehrstufig geführten Klassen an der ÜVS der Pädagogischen Akademie des Bundes, Wien

Die Autorinnen Hoffmann und Thumser (2002) charakterisieren eine Mehrstufenklasse folgendermaßen: „In einem Klassenverband werden Schüler von der Vorschulstufe bis zur 4. Schulstufe gemeinsam unterrichtet. Von jedem Jahrgang sind etwa 5 Kinder vorhanden. Zwei Lehrerinnen führen die Klasse im Team" (Hoffmann & Thumser 2002, S. 467).

Wie die beiden Autorinnen in ihrem Beitrag *Selbstbestimmtes Lernen in mehrstufig geführten Klassen* (2002) berichten, waren folgende Überlegungen zur Errichtung der Mehrstufenklasse im Schuljahr 1997/98 ausschlaggebend:

„Die Bedingungen für die Kindheit haben sich in den letzten Jahrzehnten entscheidend verändert. Der Trend zur Einkind-Familie ist ungebrochen. (…) Kinder haben wenig Möglichkeiten in der Familie von anderen Kindern zu lernen, mit ihnen zu spielen, zu streiten, sozial zu lernen. In einem altersheterogenen Klassenverband kann dieser Form des sozialen Lernens Rechnung getragen werden.

Beruflich wird zunehmend mehr soziale Kompetenz gefordert. Möglichkeiten diese zu lernen sind in der Ein-Kind-Familie geringer geworden. Kinder spielen, lernen zunehmend mit Erwachsenen. Dieses Lernen geschieht aus der Sicht des Kindes immer aus der Position des Unterlegenen. Im Austausch mit anderen Kindern wechseln die Positionen: Manchmal ist der Einzelne unterlegen, manchmal überlegen. Rollenverhalten wird differenzierter erlernt.

In Mehrstufenklassen haben auch lernschwächere Kinder die Chance, sich kompetent zu fühlen, denn es kommen immer jüngere schulunerfahrene Kinder nach. Lernen miteinander und voneinander findet oft ohne Erwachsene statt. Kinder agieren als Lehrer und Lerner.

Veränderungen in den beruflich gefragten Qualifikationen verlangen eigenverantwortliches Lernen, das einerseits Eigeninitiative voraussetzt, aber auch die Fähigkeit zu konstruktiver Zusammenarbeit. Durch völlige Individualisierung wird eigenständiges Lernen gefordert und gefördert.

Durch einen altersheterogenen Klassenverband wird dem individuellen Lerntempo der Kinder besser entsprochen als in Klassen mit der herkömmlichen Trennung nach Altersstufen. Ein Durchlaufen der Mehrstufenklasse wäre in vier bis fünf Jahren möglich. Ansprüchen nach Begabtenförderung (für uns wäre ein Durchlaufen der Grundschulzeit in drei Jahren durchaus denkbar), aber auch nach der Förderung lernschwacher Kinder kann optimal entsprochen werden.

Die Schuleingangsphase ist in den letzten Jahren ins Gerede gekommen, weil in dieser Phase aufgrund der unterschiedlichen Voraussetzungen, die Kinder in die Schule mitbringen, die meisten Frustrationen für Kinder entstehen (Rückstellungen, …). Die Neue Grundschule versucht, diesen Problemen zu begegnen. Der Wechsel aus der Grundstufe I in die Grundstufe II ist nicht immer problemfrei (Eltern überfordern dabei manchmal ihre Kinder). Der Umstieg entfällt in der Mehrstufenklasse.

Die Arbeit im Team erleichtert die völlige Individualisierung. Durch das individuelle Arbeiten braucht die Mehrstufenklasse keine Speziallehrer, wie Stütz-, Beratungs-, Begleit-, Förderlehrer. Die hier eingesparten Stunden ermöglichen die Arbeit im Team. Die durchschnittliche Schülerzahl pro Lehrer wird hier nicht unterschritten.

Durch die völlige Individualisierung lernt das Kind, eigenständig Entscheidungen zu treffen und sie auch durchzuhalten. Im Freizeitbereich wird diese Fähigkeit gebraucht, um aus einem Angebot von Möglichkeiten begründet auszuwählen.

Kinder lernen in dieser Klasse durch den aktiven Umgang, mit konkreten möglichst alle Sinne ansprechenden Materialien. Dies entspricht auch dem entwicklungspsychologischen Konzept nach Piaget, der diese Stufe als die konkret operatorische Stufe bezeichnet. In dieser Altersstufe ist nicht nur das Moment der Anschauung wichtig, sondern das konkrete Operieren, das aktive Tun.

In einzelnen Phasen hat das Kind auch die Möglichkeit, der ungeteilten Aufmerksamkeit der Lehrerin. Diese Phasen werden von den einzelnen Kindern sehr genossen. Gegenseitiger Respekt ist gefordert, Unterbrechungen durch andere Kinder finden praktisch nicht statt. Einzelförderung ist hier möglich" (Hoffmann & Thumser 2002, S. 476f.).

Die folgende Modellbeschreibung der Mehrstufenklassen ist sinngemäß dem Bericht von Hoffmann und Thumser der website www.lehrerweb.at/gs/schulent/mehrstufenklasse_info.pdf, entnommen.

Die Mehrstufenklasse an der ÜVS wird zurzeit von 24 SchülerInnen besucht, davon befinden sich zwei SchülerInnen auf der Vorschulstufe, acht auf dem Niveau der 1. Klasse, zehn auf dem Niveau der 2. Klasse und vier auf dem Niveau der 3.Klasse. Die Entwicklungsstufen der Kinder in den einzelnen Leistungsbereichen sind jedoch sehr unterschiedlich, Begabungen werden durch die stark individualisierte Arbeitsform klarer deutlich. Die Mehrstufenklasse an der Institutsvolksschule wird derzeit von 14 SchülerInnen besucht. Sechs Kinder stammen aus der Vorschulklasse und befinden sich mit vier anderen auf dem Niveau der 1. Klasse. Vier Kinder wurden vorzeitig aufgenommen und gelten als Vorschulkinder. Auch hier sind fließende Übergänge vorhanden.

Die Unterrichtsform in beiden Klassen ist stark individualisierend. Jedes Kind arbeitet in allen Fächern auf seinem Niveau. Da beide Lehrerinnen an der ÜVS auch Montessoripädagoginnen sind, wird dieses Material stark in die Arbeit mit einbezogen. Sonst findet sich in beiden Klassen eine Fülle an individualisierenden Arbeitsangeboten.

Jede Klasse hat zu einer eigenen Form der Leistungsdokumentation gefunden. An der ÜVS arbeiten die Lehrerinnen mit Listen, aus denen jederzeit ersichtlich ist, auf welchem Niveau sich das jeweilige Kind befindet. Die Unterrichtsziele in den einzelnen Fächern in den jeweiligen Schuljahren sind aufgelistet. Erreichte Ziele werden so für

Lehrerinnen, Eltern und SchülerInnen transparent gemacht. In Präsentationsmappen zeigen die SchülerInnen am Ende jedes Semesters den Eltern ihre Lernfortschritte, wie es der *Kommentierten direkten Leistungsvorlage* entspricht. An der Institutsvolksschule wird individuell dokumentiert, sodass jedes Kind eine Leistungsmitschrift wöchentlich vorweisen kann. Für diese Art der Dokumentationsarbeit wird das *Pensenbuch* geführt, das sich aus den Leistungsmitschriften entwickelt. Durch die starke Individualisierung und Förderung durch die LehrerInnen sind die Kinder – so berichten die Autorinnen Hoffmann & Thumser (2003) – über dem Leistungsdurchschnitt der jeweiligen Schulstufe.

In beiden Klassen sind kaum Verhaltensschwierigkeiten zu bemerken. Das ruhige Miteinander-Arbeiten fällt Besuchern besonders stark auf. Jedes Kind hat seinen Plan, nach dem es arbeitet. Für Fragen stehen andere Kinder oder die Lehrerinnen zur Verfügung. Patenschaften entwickeln sich ad hoc – jedes Kind hat seine individuellen Schwerpunkte und ist anderen behilflich. Die Lehrerrolle in diesen Klassen besteht nicht nur aus Helfen und Beobachten, sondern die Lehrerin hat die Möglichkeit, sich einzelnen Kindern mit voller Aufmerksamkeit zu widmen. Der gemeinsame Teil des Unterrichts wird projektorientiert zu Themenschwerpunkten durchgeführt. An der ÜVS wird ein Thema mehrere Wochen behandelt, an der Institutsvolksschule wird zum Abschluss jedes Projektes ein Fest organisiert.

In beiden Klassen unterrichten auch Studierende der Pädagogischen Akademie, die die gewonnenen Erfahrungen im individuellen Umgang mit den Kindern in den mehrstufig geführten Klassen – dies ergab die Auswertung einer Interviewserie – besonders schätzten. Unterrichtskonzepte mit Schwerpunkt Individualisierung und differenzierender Lernorganisation konnten erprobt werden und ersetzten den (oft praktizierten) Frontalunterricht (vgl. Hoffmann & Thumser 2003).

2.4.4 Modelle Kleiner Grundschulen in der Bundesrepublik Deutschland

Die gegenwärtige schulorganisatorische Realität in der Bundesrepublik Deutschland wird davon bestimmt, dass die Unterschreitung der Einzügigkeit von Grundschulen in allen Bundesländern an strenge Voraussetzungen geknüpft ist. Dies wird damit begründet, dass die nicht voll gegliederte Grundschule besondere Anforderungen an die Personalausstattung, die Lehrerqualität und die Kooperation zwischen den Schulen stellt. Es wird für wichtig gehalten, dass die Kleine Grundschule ebenso leistungsfähig ist wie die jahrgangsgegliederte Grundschule. Zunehmend wird jedoch von Ausnahmeregelungen Gebrauch gemacht, die den Bestand kleinerer Schulen sichern sollen. D.h. die schulplanerischen Bemühungen konzentrieren sich darauf, die bestehenden Schulstandorte auch bei rückläufigen Schülerzahlen zu erhalten.

Bereits Ende der 70er Jahre rückten im Anschluss an die curriculare und methodische Reformdiskussion – Abkehr vom Frontalunterricht, Orientierung an Formen des projektorientierten Lernens, spielendes Lernen, offener Unterricht, erfahrungsorientiertes Lernen, soziales Lernen – und die Diskussionen um Lernberichte statt eines Ziffernzeugnisses in der Grundschule sowie um die im Bereich der Grundschule zu ziehenden Konsequenzen aus den Veränderungen der familialen und außerfamilialen Sozialisationsbedingungen zunehmend Formen jahrgangsübergreifenden Lernens ins Zentrum einer innovativen Grundschulpraxis.

Die neuere Diskussion um projektorientierte Lernformen, Tages-, Wochenplan- und Freiarbeit, zu integrativem Unterricht, fächerübergreifendem Lernen, zieldifferentem Lernen und kooperativem Unterricht weist in die gleiche Richtung. Hopf (1993) sowie Faust-Siehl (1996) betonen, dass unter nahezu allen zentralen pädagogischen Aspekten heute Elemente und Phasen des Lernens in altersgemischten Gruppen für sinnvoll und notwendig erachtet werden.

„Altersgemischte Lerngruppen und jahrgangsübergreifender Unterricht gelten aufgrund ihres sozialen Anregungs- und Anforderungspotentials, der damit einhergehenden Möglichkeiten zum Rollenwechsel des Schülers und der größeren Chancen für eine Erziehung zu Selbständigkeit und zu sozialer Verantwortung als ein zentrales und von schulorganisatorischeren Zwängen gänzlich unabhängiges Element eines reformierten Grundschulunterrichts" (Faust-Siehl 1996, S. 188).

2.4.4.1 Modellversuch *Kleine Grundschule* im Land Brandenburg

Kleine Grundschulen stehen seit einigen Jahren im Mittelpunkt des bildungspolitischen und öffentlichen Interesses im Land Brandenburg. Auslöser der pädagogischen Schulentwicklung ist hierbei die inhaltliche und organisatorische Gestaltung des Unterrichts mit jahrgangsübergreifenden Klassen geworden. Diese gemeinsame Veränderung von Lehren und Lernen an der Schule hat Auswirkungen auf die Lebens- und Lernkultur der Schule als Ganzes, auf Zusammenarbeit, Kommunikation und Öffentlichkeitsarbeit.

Seit September 1995 arbeiten acht Grundschulen des Landes Brandenburg im dreijährigen Modellversuch zur *Entwicklung und Erprobung der Qualitätssicherung Kleiner Grundschulen.* Sie stellen sich der Chance und Herausforderung, Konzepte und unterrichtliche Umsetzungsmöglichkeiten für altersgemischtes Lernen zu erarbeiten, die Schulkultur zu verändern sowie die Akzeptanz des Schulmodells *Kleine Grundschulen* zu stärken.

Äußerer Anlass für dieses Veränderungsprojekt waren die stark zurückgehenden Schülerzahlen, die zur bildungspolitischen Positionierung für den Erhalt von wohnortnahen Kleinen Grundschulen führten. Dazu sind Konzepte der Altersmischung erforderlich, die nicht Zwergschule und Mehrstufenunterricht im Sinne von Abteilungsunterricht meinen, sondern die Gestaltung der Schule als Lern- und Lebensort mit Unterrichtsformen, die differenziertes, individuelles und gemeinsames Lernen fördern. Der Kern der Schulentwicklung *Kleiner Grundschulen* ist die Gestaltung des Unterrichts in altersgemischten Gruppen, die zwingend einhergeht mit der Öffnung des Unterrichts für die Verschiedenheit der Lernwege, Interessen und Umweltbedingungen der Kinder. Im Vorhaben des Modellversuchs werden nach Waldmann, Sommer und Schulz (1998) Reformaufgaben wie Differenzierung, Lernprozessorientierung, Öffnung und neue Lernformen, ein erweiterter Lern- und Leistungsbegriff, Selbsttätigkeit, handlungsorientiertes Lernen, soziale Kompetenzen und Mitbestimmung von Kindern betont. Zugleich ist aber ein ausgewogenes Verhältnis im Spannungsfeld von Offenheit und Geschlossenheit zu gestalten. *„So orientiert sich die Unterrichtsentwicklung des altersgemischten Lernens an Kleinen Grundschulen auf die Balance von Offenheit und Strukturierung, von Individualisierung und Gemeinschaft, von Binnendifferenzierung und gemeinsamem Lernen, von Selbstbildung und Aufnahme vermittelter Inhalte"* (Waldmann, Sommer & Schulz 1998, S. 7).

Die Gestaltung eines Konzepts altersgemischten Lernens mit allen Beteiligten, so zeigen die Erfahrungen der Autorinnen, wirkt als Auslöser für eine komplexe Schulentwicklung, die sich auf verschiedenen Komponenten der Schulkultur guter Grundschulen auswirkt. Ziel ist die unmittelbare Weiterentwicklung der Situation von Klei-

nen Grundschulen, die an einem unterrichtlichen Schwerpunkt an-
setzt, nämlich an den inhaltlichen, strukturellen, didaktisch-methodischen und sozialen Fragen der Gestaltung altersgemischten Lernens. Als Grundkonsens im Innovationsprojekt *Kleine Grundschulen*
gilt, dass

- *„Veränderungen an konkreten Problemen ansetzen und als Beitrag zur Problemlösung zu erfahren sind – Gestaltung altersgemischten Lernens*
- *sowohl der Unterricht als auch die Schule als Ganzheit die Qualität beeinflussen – altersgemischter Unterricht als ‚Auslöser' für komplexe Schulentwicklung*
- *die Qualitätskomponenten gelebte Schulwirklichkeit werden – Realitätsverpflichtung in unterschiedlichen Ausprägungsgraden"*

(Waldmann et al. 1998, S. 3).

2.4.4.1.1 Kriterien der Qualität von Kleinen Grundschulen und deren Indikatoren im Modellversuch *Kleine Grundschule*

Qualitätskriterien für Prozessberatung, Prozessbegleitung und Pro-
zessanalyse sind die zentralen Komponenten der pädagogischen
Konzeption *Kleine Grundschule.*

Die folgenden Erläuterungen der Qualitätskriterien einer Kleinen
Grundschule mit altersgemischten Gruppen sind inhaltlich dem Ab-
schlussbericht des Modellversuchs von Waldmann, Schulz und
Sommer (1999) entnommen.

Didaktisch-methodisch differenzierte Lernorganisation

- Methodenvielfalt (Freie Arbeit, Projekte, Kreisgespräche, Partnerarbeit, Gruppenarbeit, Wochenplan, Werkstattarbeit, Einzelarbeit)
- Balance von frontalen und offenen Lernformen (individuelles und
gemeinsames Lernen, selbstgesteuertes und gesteuertes Lernen,
selbstständiges und angeleitetes Lernen)
- Umgangsformen LehrerInnen – Kinder, Kinder – Kinder (Regeln,
Lob, Ermutigung, Bereitschaft zur Annahme des Kindes, Kame-
radschaftlichkeit, Hilfe, Helfersystem, gemeinsames Arbeiten gleicher und verschiedener Jahrgänge)
- LehrerInnenhandeln (Akzeptanz der Heterogenität, Beratungsrol-
le, Raum für Selbstständigkeit und Selbststeuerung, Kinder als
Mitgestalter, Lernbeobachtung und –förderung, Zeit für Bezie-
hungsarbeit)

- Fächerübergreifende, themengebundene und jahrgangsübergreifende Unterrichtsgestaltung (schulinterne Planungen, Rahmenplanbezug, Lebensweltbezug, übergreifende Rahmenthemen mit Differenzierungen)

Lerngerechter und schülerorientierter Zeitrhythmus

- Auflösen des 45 Minuten-Taktes (Abschaffen des Klingelzeichens, Wechsel von Anspannung – Entspannung, Unterrichts- und Pausenblöcke, individuelle Beschäftigungsangebote)
- gleitender Beginn, offener Abschluss, veränderte Stundenplangestaltung, Bündelung von Unterrichtsstunden und Fächern
- verlässliche Elemente in der Tages- und Wochenstruktur (Morgenkreis, Wochenabschluss, Lesezeiten, Schreibzeiten, Zeiten für jahrgangs-übergreifenden und jahrgangsbezogenen Unterricht)
- Freizeitangebote (Arbeitsgemeinschaften, Interessensangebote)

Schulräumliche Gestaltung im Sinne einer anregenden Lernumgebung

- Material (Vielfalt im Sinne ganzheitlichen Lernens, Differenzierungs-material für Altersmischung, offener Zugang)
- Räume (variable Nutzung von Klassenräumen, Fluren, Schulgelände, Präsentation/Ausstellung von Arbeitsergebnissen, Funktionsflächen, Lernecken)
- Schulspezifische Bedingungen (Bibliothek, Computer, Lernwerkstatt, Schulgarten, Gestaltung von Außenflächen, ...)

Öffnung der Schule – Öffentlichkeitsarbeit

- kulturelle Einbindung in das Gemeinwesen (Kulturprogramme, traditionelle Höhepunkte, Schulfeste)
- Zusammenwirken mit Vereinen, Institutionen (Sportverein, Kindertagesstätte, Gemeinden des Einzugsbereiches, Musikschulen)
- Einbindung außerschulischer Experten (Künstler, Betriebe, Naturschutz)
- Kooperation mit Schulen (Erfahrungsaustausch/Arbeitskreise, Schulbesuche, Kontakt mit weiterführenden Schulen)
- Kooperation mit Schulträger und Schulamt
- Öffentlichkeitsarbeit (Medien, Schulprogramm, Tag der offenen Tür)

- Präsentation von Arbeitsergebnissen (Tagungen, Veröffentlichungen, Dokumentationen, Ausstellungen, Fortbildungen)

Leistungen der Kinder vor dem Hintergrund eines erweiterten Lern- und Leistungsbegriffs umfasst im Verständnis von Waldmann, Sommer und Schulz (1999) inhaltlich fachliches Lernen, methodisch-strategisches Lernen, sozialkommunikatives Lernen und affektives Lernen.

- Auseinandersetzung mit erweitertem Lernstoff im Kollegium (Thematisierung in Konferenzen, Teamberatungen, Fortbildungen, Schulprogramm), Grundlegung eines kulturell notwendigen Wissens und Entfaltung von Schlüsselqualifikationen (Auswahl der Unterrichtsinhalte, Beachtung von Kulturtechniken, Fachleistung, überfachliche Qualifikation)
- Individuelle Hilfe für Kinder und Gruppen, Transparenz der Bewertungskriterien, Beteiligung der Kinder, Verständnis des Lernens als Produkt und Prozess (Lernbeobachtung, Pädagogische Tagebücher, Lernentwicklungsberichte, individuelle und gemeinsame Lernsituationen, traditionelle Lernstanderfassung)
- Differenzierte individuelle Förderung, Leistungserziehung und Leistungsbewertung, binnendifferenzierte Aufgaben, Balance von pädagogischem und gesellschaftlichem Leistungsbegriff
- Entwicklung von Selbstständigkeit und Förderung von sozialen Lernprozessen (Beteiligung an Planung und Gestaltung, Akzeptanz individueller Zugangsweisen, Vermittlung von Lernverfahren und Arbeitstechniken)

Offenes Rollenverständnis und Teamarbeit der LehrerInnen

- methodisch-organisatorische Differenzierung des Unterrichts
- didaktisch-inhaltliche Offenheit, Mitbestimmung und Mitverantwortung des Unterrichts durch Kinder, Zusammenarbeit der Teamlehrer (kurzfristige Kontinuität der Teamsetzung, langfristige gemeinsame Planungen, feste Zeiten für Beratung, kritische, offene Reflexion der Zusammenarbeit, Teamarbeit als Wert erfahren)
- systematische Zusammenarbeit zwischen Lehrkräften

Kompetenzerweiterung des Lehrerkollegiums und Stärkung der Selbstverantwortung der Schule

- Schlüsselrolle der Schulleitung (Führungs- und Beratungskompetenz, Kooperationsfähigkeiten mit allen Beteiligten, Organisationsgeschick, Steuerung und Moderation der Entwicklungsprozesse)
- gemeinsame Arbeit am Schulprogramm als langfristigen Prozess (gemeinsame Leitideen und Vorhaben, Evaluation)
- verantwortungsvolle Entscheidungen im Organisationsbereich (personelle, strukturelle, finanzielle Mitbestimmung der Schule)
- Stabilität und Kontinuität des Kollegiums
- Fortbildungsaktivitäten (Bedürfnisse des Einzelnen und des Kollegiums, Multiplikatorenfunktion für andere Kleine Grundschulen)
- Kultur des Erfahrungsaustausches (gegenseitige Unterrichtsbesuche, Offenheit der Klassenzimmer, regelmäßige Konferenzen, Weitergabe von Fortbildungserfahrungen, Erstellen von Materialien und Unterrichtsbeispielen)
- Dokumentation als Instrument der Selbstevaluation

Soziales Klima der Schule

- Identifikation der Kinder, Eltern, LehrerInnen mit ihrer Schule
- Kultur des Zusammenlebens und Arbeitens
- Einbeziehung der soziokulturellen regionalen Gegebenheiten, intensive pädagogische Arbeit (nach außen)
- Zielklarheit und gemeinsame Erwartungen und Wertvorstellungen, Schultraditionen und gemeinsame Höhepunkte und Erlebnisse

Aktive Einbeziehung der Eltern

- regelmäßige Gespräche (Elternversammlung, Elternsprechstunde, Elternbesuche, Tag der offenen Tür)
- Einbeziehung der Eltern in Unterricht und Schulleben (Schulfahrten, Projekte, Eltern als Experten für Unterrichtsthemen und Freizeitgestaltung)
- Aktivitäten für den Erhalt der Schule (Einbringen in politische Gremien, Öffentlichkeitsarbeit, Beteiligung an Schulentwicklungsplanungen)

(vgl. Waldmann, Schulz & Sommer 1999, S. 11ff.)

In der vergleichenden Auswertung der Lehrerinterviews werden in Bezug auf das pädagogische Konzept des Modellversuches *Kleine Grundschule* drei wesentliche Aspekte genannt – Wissensvermittlung, Selbstständigkeit und soziales Lernen. Alle Modellversuchs-schulen gestalten den altersgemischten Unterricht mit neuen Lern-formen, um die sozialen Beziehungen, das Miteinanderlernen, die Selbstständigkeit, Verantwortung, Problemlösefähigkeiten und die individuelle Leistungsentwicklung zu fördern. Die Öffnung des Unterrichts prägt in unterschiedlichem Realisierungsgrad bei unterschiedlichen LehrerInnen den Stil der Kleinen Grundschulen. Die Modellversuchsschulen werden in weiteren drei Jahren im Landes-modellversuch das Konzept altersgemischten Lernens für die sechs-jährige Grundschule anreichern und Transferleistungen für ein Netzwerk weiterer Grundschulen erbringen. Sie werden dabei wei-terhin durch das Pädagogische Landesinstitut Brandenburg unter-stützt.

2.4.5   Mehrklassenschulen in der Schweiz

In der schweizerischen Begriffstradition bezeichnet der Begriff *Mehr-klassenschulen* jene Schulabteilungen, in denen SchülerInnen aus drei und mehr Jahrgangsklassen im gleichen Klassenraum gemeinsam unterrichtet werden. Einklassenschulen sind in der Schweiz, im Ge-gensatz zur Terminologie in Österreich, Schulabteilungen mit nur einer Jahrgangsklasse. In Zweiklassenschulen lernen sinngemäß SchülerInnen aus zwei Jahrgangsklassen miteinander.

In der Schweiz wurden 1995 80,5 % der Primarschulkinder in Ein-klassenschulen unterrichtet, 14,8 % besuchten Zweiklassenschulen, 3,5 % dreiklassige und 1,3 % vier- und mehrklassige Abteilungen – jedes fünfte Primarschulkind besuchte also eine altersgemischte Klasse! Diese Zahlen weisen auf eine beachtliche Stellung der zwei- und mehrklassigen Abteilungen in der Primarschullandschaft der Schweiz hin.

Das Thema Mehrklassenschulen wurde nach über zwanzig Jahren weitgehender Vernachlässigung in den frühen 80er Jahren durch eine größere Untersuchung (SIPRI = Situation der Primarschulen in der Schweiz) wieder aktuell. Diese Untersuchung war von der Erzie-hungsdirektorenkonferenz der Schweiz initiiert und vom National-fond-Projekt *Verschiedenheiten im Bildungswesen* mitgetragen worden. Poglia und Strittmatter (1983) schlussfolgern aus Erkenntnissen die-ser Untersuchung, dass es gilt, die Situation der Mehrklassenschule wieder vermehrt in die öffentliche Aufmerksamkeit zu rücken. Mehrklassenschulen verdienten es, in eine kontinuierliche Bildungspolitik einbezogen zu werden, oder anders ausgedrückt, in ihren Anliegen weniger den Pendelschlägen der demoskopischen oder pädagogischen Kultur ausgesetzt zu sein. Jahrzehnte später kann man festhalten, dass dies nur bedingt eingetroffen ist – das Thema wird in der konkreten Bildungspolitik in der Schweiz noch immer marginalisiert. Dennoch tauchen die Mehrklassenschulen in pädagogischen Diskussionen immer wieder auf. Die intensive Beschäftigung mit der Reformpädagogik und ihren Mehrklassen-Konzeptionen von Maria Montessori, Peter Petersen, Berthold Otto hat die Sensibilität für das Thema verstärkt. *„Veränderungen im Aufwachsen der Kinder führen zu der Frage, welche schulstrukturellen Konsequenzen, z.B. der große Anteil an Einzelkindern haben sollte"* (Herzka 1994, S. 19).

Die Forderungen nach vermehrter Integration von SchülerInnen mit Schulschwierigkeiten und nach Abbau von Separation erfordern verstärkte Individualisierungsbemühungen. In diesem Kontext wird laut Coradi (1990) aber gleichzeitig klar, dass Integration in eine Jahrgangsklasse im Grunde ein struktureller Widerspruch ist. Croci, Imgrüth und Landwehr (1995) verweisen auf eine große Anzahl von Reformprojekten, die in ihrer didaktischen Ausrichtung den Unterrichtsvorstellungen an Mehrklassenschulen entgegenkommen. Dabei stehen Lernformen wie Werkstattunterricht, Planunterricht und Projektunterricht im Vordergrund.

In Genf läuft seit einigen Jahren ein Entwicklungsprojekt, das sich mit der Elementarstufe, d.h. mit den zwei Kindergartenjahren und den ersten zwei Schuljahren beschäftigt. Mit dem Begriff *décloisonnement* wird eine neue Organisationsstruktur bezeichnet, die es Kindern künftig ermöglichen soll, die Elementarstufe in drei, vier oder fünf Jahren zu durchlaufen, ohne dass ein verlängerter Aufenthalt als Schulversagen oder Remotion abgestempelt wird. Damit dies möglich ist, sollen die Jahrgangsklassen überwunden werden. In der Versuchsphase wurden die Jahrgangsklassen vorerst zeitweise für übergreifenden Unterricht geöffnet. Für Tamagni Bernasconi (1995) zeigen diese ersten Erfahrungen, dass das Vorhaben bemerkenswerte Perspektiven eröffnet.

Auch Strittmatter betont in einem Bericht im Tages Anzeiger vom 14.08.1996, dass ein Trend weg vom Einklassen- zurück zum Mehrklassensystem festzustellen ist und weist darauf hin, dass der Mehrklassenunterricht sein schlechtes Image als *vermeintlich mittelalterli-*

che Schulart zunehmend verliere. Die Entwicklungen deuten darauf hin, dass die Mehrklassenschule an Aktualität gewonnen hat. Entscheidend wird sein, ob es gelingt, den Wert der Mehrklassenschule klar aufzuzeigen und empirisch zu belegen, dass der Unterricht an Mehrklassenschulen auch *leistungsmäßig* dem der Einklassenschulen ebenbürtig ist.

2.4.5.1 Vorstellungen und Grundmuster der Organisation von Mehrklassenunterricht

Die Überlegungen in diesem Kapitel gehen über eine eigentliche Situationsbeschreibung der Schweizerischen Mehrklassenschulen hinaus. Sie zeigen Einblicke in didaktische Diskussionen, die in der Schweiz in diesem Zusammenhang geführt wurden. In die Erläuterungen fließen die Erfahrungen ein, die Sonderegger (1993) als Projektleiter im Entwicklungsprojekt *Unterricht an Mehrklassenschulen* an der Pädagogischen Arbeitsstelle des Kantons St. Gallen gemacht hat.

Mehrklassigkeit ist für viele LehrerInnen eine besondere Herausforderung. Jede bzw. jeder muss versuchen, einen den eigenen und den spezifischen Bedingungen angepassten Unterricht zu entwickeln. So sind laut Sonderegger (1993) Mehrklassenschulen in der Schweiz auch pädagogische Nischen für besonders engagierte PädagogInnen, die Freiräume in dieser Schulform suchen und schätzen.

In der Schweiz beschäftigt man sich seit der SIPRI-Untersuchung mit der Frage, wie MehrklassenlehrerInnen mit der Heterogenität der Jahrgänge und dem jährlichen Wechsel der Zusammensetzung der Lernenden umgehen. Seit den 80er Jahren werden vier verschiedene Ansätze oder Grundsätze des Mehrklassenunterrichts unterschieden:

(1) *„Der Management-Ansatz*

Lehrerinnen und Lehrer versuchen, die einzelnen Jahrgangsklassen als möglichst selbstständige Miniklassen zu führen. Diese arbeiten zwar gleichzeitig, jedoch weitgehend unabhängig voneinander. Für jede Lerngruppe wird ein eigenes Programm vorbereitet, mündliche und schriftliche Arbeiten werden sorgfältig aufeinander abgestimmt und durchorganisiert.

(2) Der Kompetenz-Ansatz

Die Lehrerinnen und Lehrer begegnen den hohen Anforderungen des Mehrklassenunterrichts mit intensivem persönlichen Engagement, mit sorgfältig durchdachtem didaktischen Material und mit viel methodischem Geschick.

(3) Der Sozial-Ansatz

Die heterogene Zusammensetzung der Lerngruppen wird als pädagogische und didaktische Chance gesehen. Die Verschiedenheit der Kinder wird als Lernchance betrachtet. Ältere Kinder übernehmen Verantwortung für die jüngeren, sie werden z.B. als Hilfslehrkräfte eingesetzt oder begleiten als Pate oder Patin das jüngere Kind. Als Gegengewicht zur heterogenen Klassenzusammensetzung wird das gemeinschaftliche Lernen und Leben betont.

(4) Der Individualisierungs-Ansatz

Das einzelne Kind steht im Zentrum. Dahinter steht die Vorstellung, dass jedes Kind auf eigenen Wegen lernt. Die Lehrerin oder der Lehrer begleitet es dabei. Grundsätzlich gibt es innerhalb des Individualisierungsansatzes wiederum zwei Grundhaltungen, eine eher enge, die mit vorgegebenen Arbeitsplänen und Arbeitsmaterialien arbeitet, und eine eher offene, die den Kindern viel Freiraum für selbstverantwortliches Lernen überlässt" (Poglia & Strittmatter 1983, S. 45f.).

Natürlich muss die Unterrichtsgestaltung und damit die Gewichtung der obigen Ansätze möglichst optimal der momentanen örtlichen Situation, den spezifischen Möglichkeiten der Klassen, der Lernenden und Lehrenden angepasst werden. Als Leitperspektive ist davon auszugehen, dass jede Schulform ihre Eigenheiten und Besonderheiten hat und diese pädagogisch-didaktisch genutzt werden sollten. Charakteristisch für die Mehrklassenschule ist laut Sonderegger (1993) das Nebeneinander von Jüngeren und Älteren, die Notwendigkeit der Auseinandersetzung mit Verschiedenheit, das Nebeneinander von verschiedenen Aktivitäten, die Dynamik in der Zusammensetzung der Lernenden.

Sonderegger (1992) definiert Mehrklassenschulen als pädagogisch wertvoll, weil

- sie eine natürliche Lerngemeinschaft sind, in der das Vorhandensein von verschiedenaltrigen Kindern ein Mit- und Voneinanderlernen ermöglicht,

- sich Kinder im Laufe der Schulzeit in verschiedenen sozialen Stellungen erfahren, sich unterordnen müssen, aber auch Führungsrollen übernehmen können,
- soziale Fähigkeiten wie Rücksichtnahme, Toleranz und Hilfsbereitschaft im konkreten Umgang, in einer natürlichen Lernsituation miteinander gelernt, geübt und gelebt werden müssen,
- selbstständiges Lernen für alle einsichtig gefordert ist,
- vorgreifendes wie rückgreifendes Lernen ermöglicht wird – rückblickend sieht das Kind seine Fortschritte, vorausschauend die Herausforderung des Zukünftigen,
- die Mehrklassenschule eine integrative Schulform ist, in der die Probleme wie Sitzen bleiben und Überspringen von Klassen enorm relativiert werden, in der flexibler auf die Fähigkeiten der einzelnen Kinder eingegangen werden kann.

Diese Punkte zeigen, dass die Chancen für die Mehrklassenschulen in der Entwicklung des Sozial- und Individualisierungsansatzes liegen. Sie nehmen die besonderen Bedingungen der Mehrklassenschule auf und versuchen, diese konstruktiv zu nutzen, während dem Management- und dem Kompetenzansatz eher kompensatorische Grundvorstellungen zugrunde liegen. Sonderegger (1993) geht in seiner Arbeit von der These aus, dass die Mehrklassendidaktik versuchen muss, einen dialogischen Umgang mit den beiden Polen Individualisierung und Gemeinschaftsbildung zu entwickeln.

Das individuelle Lernen in einer Mehrklassenschule bedeutet für Sonderegger (1993) Klassengrenzen und Jahresziele im Unterricht überwinden, die nivellierende Orientierung am Klassendurchschnitt aufgeben, offene Unterrichtsformen erproben, Lernen in einer anregenden Lernumgebung mit vielfältigem und mit klassenübergreifendem Material ermöglichen.

Das soziale Lernen in der Mehrklassenschule charakterisiert Sonderegger (1993) folgendermaßen:
- sich mit der jährlichen Dynamik in der Klassenzusammensetzung aktiv auseinanderzusetzen,
- das Von- und Miteinanderlernen ins Zentrum stellen,
- Patenschaften zwischen Älteren und Jüngeren einrichten,
- Kinder geplant und reflektiert als TutorInnen einsetzen,

• den Kindern ihrem Lern- und Entwicklungsstand angemessene Verantwortungen übergeben,

• eine Kultur im Umgang mit verschiedenartigen Interessen und Bedürfnissen, mit partnerschaftlichen Konfliktlösungen entwickeln.

Konkrete Unterrichtsbeispiele, in denen die oben angeführte These und die nachfolgenden Vorschläge schrittweise umgesetzt werden, sind in den Heften 1 und 2 *Unterricht an Mehrklassenschulen* (Sonderegger 1993; 1994) dokumentiert. Als Anregung seien nur einige Beispiele kurz vorgestellt.

Beispiel 1: Patenschaften beim Eintritt in die Schule
Jedes zukünftige Erstklasskind bekommt eine Patin oder einen Paten unter den älteren Kindern, diese werden schon im Kindergarten von der zukünftigen Bezugsperson besucht. Die Patinnen und Paten richten und schmücken am ersten Schultag für ihre Patenkinder den Sitzplatz, zeigen ihnen die Lernumgebung, führen sie in die schulischen Regeln und Rituale ein und begleiten sie durch die ersten Pausen, weil eine Umfrage ergeben hat, dass die Kleinen sich vor der Pause mehr fürchten als vor der Schule.

Beispiel 2: Bewerbeverfahren für Ämter
Die Großen übernehmen Verantwortung für bestimmte Ämter. So ist z.B. mit dem Amt der Bibliothekchefin auch eine Kreditvorgabe für Neuanschaffungen verbunden und die Kinder vom Korrekturbüro müssen nicht nur die Texte der Kleineren (vor-) korrigieren, sondern können auch einfache Übungsprogramme vorschlagen. Für die Ausübung der Ämter muss man sich bei der Klassenversammlung bewerben. Die Kleinen bestimmen also mit, wer welches Amt übernimmt und gewinnen dadurch an sozialer Bedeutung (vgl. Hagstedt, 1995).

Beispiel 3: Konfliktlösung mit Beistand
Konflikte zwischen Kindern werden nach einer vorgegebenen Konfliktlösungsstrategie bearbeitet. Im Konfliktfall zwischen einzelnen Kindern wählt jede Partei aus den älteren Kindern einen Beistand. Diese haben den Auftrag, nach klar definiertem Muster zu vermitteln.

Beispiel 4: Freies Forschen
Zu bestimmten Zeiten haben die Kinder Raum zum freien Forschen. Ausgangspunkt sind ihre Fragen und Lernbedürfnisse, die vorher schon gesammelt werden. Ein einzelnes Kind oder eine Gruppe notiert die interessierenden Fragen, erstellt einen Plan für das Vorgehen, bearbeitet die Thematik und stellt am Schluss die Ergebnisse der Forschungsarbeit vor. Die Zusammenarbeit richtet sich nicht nach dem Alter, sondern nach den Interessen und den sozialen Beziehungen. Bei den altersgemischten Gruppen sind die Älteren meist – aber nicht immer – die ForschungsleiterInnen. Unabhängig von ihren Leistungen innerhalb ihrer Jahrgangsklasse kommen so auch schwächere SchülerInnen zu Führungserfahrungen.

Die Arbeit im Projekt *Unterricht an Mehrklassenschulen* – resümiert Sonderegger (1993; 1994) – hat gezeigt, dass der Weg zu mehrklassenspezifischem Unterricht nicht immer einfach ist. Notwendig ist die Bereitschaft der LehrerInnen zum Nachdenken über eigene Unterrichtsvorstellungen, das Suchen nach angemessenen kleinen Schritten, das Wagen von Unsicherheiten, das Eingestehen von Fehlern, der Mut für neue Versuche.

2.4.6 Erfahrungen mit altersheterogenen Lerngruppen in *Kleinen Grundschulen* in Norwegen und Finnland

2.4.6.1 Organisationsformen Kleiner Grundschulen in Norwegen

Das norwegische Schulsystem gliedert sich in drei Stufen – die Pflichtschule *(grunnskole)* besteht aus zwei Bereichen, der Primarstufe (1. – 6. Schuljahr, Altersgruppe 7–13) und der Sekundarstufe I (7. – 9. Schuljahr, Altersgruppe 13–16). Eine Reihe von Schulen umfasst beide Bereiche, doch hauptsächlich gibt es eigene Schulen für die Primarstufe und für die Sekundarstufe I. Die Klassen im Primarbereich haben höchstens 28 und im Bereich der Sekundarstufe I höchstens 30 SchülerInnen. Wegen der vielen kleinen Schulen sind es im Durchschnitt jedoch weit weniger SchülerInnen – 1994 im Bereich der *grunnskole* 19,8 SchülerInnen.
Aufgrund der enorm breiten Streuung der norwegischen Bevölkerung, die zudem noch verstärkt wird durch die Besiedlung unzähli-

ger Fjord- und Talregionen, gehört die Kleine Grundschule in Norwegen zum normalen Schulangebot. Diese können unterschiedlich organisiert sein. Als Organisationseinheiten gibt es reine Primarstufenschulen, Dependancen solcher Primarstufenschulen, reine Sekundarstufen I Schulen oder aber kombinierte Primar- und Sekundarstufen I Schulen. Das bedeutet, es finden sich Kleine Schulen mit den Jahrgängen 1–3, 1–6, 7–9 und 1–9. Es überwiegen jedoch Schulen des Primarbereiches mit den Jahrgängen 1–3 oder 1–6. Auch wenn die Anzahl der Kleinen Grundschulen in den letzten Jahren zurückgegangen ist, so gibt es im Landesdurchschnitt immerhin noch knapp 43 % Kleine Grundschulen – in einigen Regionen liegt ihr Anteil allerdings bei über 70 %. Insgesamt besuchen ungefähr ein Viertel aller PrimarstufenschülerInnen eine Kleine Grundschule.

Doch nicht nur hinsichtlich der Schulform muss man den Begriff *Kleine Schulen* in Norwegen präzisieren, sondern auch bezüglich der Klassenanzahl. Im norwegischen Grundschulbereich existieren neben der einklassigen Grundschule (udelt skole) auch die mehrklassigen *(fadelt skole)* Grundschulen.

Die Grenzen zwischen den (Jahrgangs-) Klassen in Kleinen Grundschulen sind nicht eindeutig festgelegt. Je nach Jahrgangsgröße kann sich die Zusammensetzung auch von Jahr zu Jahr ändern – z.B. wird auch in den seltensten Fällen die Anzahl der SchülerInnen in der Abgangsklasse durch genauso viele Schulanfänger ersetzt. Auch wenn sich mehrere Jahrgänge in einer Klasse befinden, ist die Klassengröße in Kleinen Grundschulen grundsätzlich erheblich kleiner als in jahrgangsgegliederten Grundschulen. Dies hat nach Zoglowek (1996) einerseits Vorteile für den pädagogischen Bezug in der Lehrer-Schüler-Beziehung, gibt andererseits dem/der LehrerIn aber auch mehr Möglichkeiten für individualisierenden und differenzierenden Unterricht. Neben pädagogischen Gründen können auch eine Reihe von lern- und unterrichtsorganisatorischen Gründen als Argumente für Kleine Grundschulen genannt werden. Zoglowek (1996) betont, dass Kleine Grundschulen mehr und günstigere Möglichkeiten für *pädagogische Lösungen* bieten, die im normalen Schulalltag kaum mehr möglich sind. Insofern haben Kleine Grundschulen vieles gemeinsam mit *offenen Schulen*, in denen u.a. gerade mit altersheterogenen Lerngruppen gearbeitet wird. Derartige *Reformschulen*, d.h. eigentlich jahrgangsgegliederte Grundschulen, in denen der Unterricht jedoch jahrgangsübergreifend organisiert wird, finden sich ebenso in Norwegen.

2.4.6.2 Arbeits- und Lernformen in Kleinen Grundschulen in Norwegen

Die methodischen Prinzipien, die der Arbeit in Kleinen Grundschulen zugrunde liegen, sind der Aktivitätspädagogik und dem Reformgedanken der Arbeitsschule entnommen. Die altersgemischten Gruppeneinteilungen in Kleinen Schulen bilden die Grundlage für die auf die Reformpädagogik zurückweisenden Prinzipien der problemlösenden, eigenständigen Schüleraktivität sowie der Gruppenarbeit. Die Prinzipen der Differenzierung und Individualisierung, die sich in der normalen Grundschule mit großen Schülerzahlen oftmals als problematisch erweisen, lassen sich in Kleinen Schulen häufig im ursprünglichen Sinne durchführen. Vor allem für die SchülerInnen, die des Öfteren intensive individuelle Hilfe brauchen, finden sich in Kleinen Schulen häufig bessere Fördermöglichkeiten. In einer Untersuchung zur Umsetzung der Lehrpläne in norwegischen Grundschulen kam Vestre (1980) zu dem Ergebnis, dass die gebräuchlichste Unterrichtsform nach wie vor der Klassenunterricht ist – kombiniert mit individueller Anleitung, Gebrauch von Arbeitsbüchern und entsprechenden Hausaufgaben. Gleichzeitig fand er aber auch einen gewichtigen Unterschied zwischen normalen Grundschulen und Kleinen Grundschulen heraus. Als Quintessenz der von Vestre (1980) durchgeführten Untersuchung in Bezug auf Kleine Grundschulen kann festgehalten werden, *„daß Lehrer an Kleinen Grundschulen viel häufiger untraditionelle organisatorische und pädagogische Maßnahmen ergreifen und insgesamt auch flexibler in und mit pädagogischen Situationen umgehen können. Verglichen mit den Empfehlungen der Rahmenrichtlinien sind es daher die Kleinen Schulen, die am ehesten mit den Intentionen der Lehrpläne konform gehen"* (Vestre 1980, S. 308).

Arbeitsformen, die speziell für altersheterogene Gruppen geeignet sind und die überwiegend in den Kleinen Grundschulen Norwegens Anwendung finden, sind:

Projektarbeit
Diese kann sich über einen Zeitraum von einer Stunde bis zu einer Woche oder länger erstrecken. In altersheterogenen Gruppen müs-

sen die Arbeiten altersangemessen verteilt werden. Die älteren SchülerInnen können Leitungs- und Helferfunktionen übernehmen.

Patenschaft *(fadderordning)*
Ältere SchülerInnen übernehmen die Verantwortung für einen jüngeren, dies bezieht sich z.b. auf den gemeinsamen Schulweg, Pausenaktivitäten, Hilfe bei Wanderungen, aber auch gemeinsames Lesen in der Schulbibliothek. Vor allem in den ersten Tagen und Wochen nach der Einschulung haben sich derartige Patenschaften als überaus hilfreich erwiesen.

Intensivunterricht
Die LehrerIn fasst SchülerInnen aus verschiedenen Jahrgängen zu kleinen Gruppen zusammen, die die gleichen Schwierigkeiten haben und arbeitet in relativ kurzen Perioden (ca. 15 min) intensiv mit dieser Gruppe.

SchülerInnen lehren einander und lernen voneinander
SchülerInnen höherer Jahrgänge werden als *HilfslehrerInnen* in den unteren Jahrgängen eingesetzt. Nicht nur unter sozialen Lerngesichtspunkten hat sich diese Form als sehr effektiv erwiesen. Die jüngeren SchülerInnen werden häufiger gefordert, ihre Fertigkeiten und ihr Wissen zu üben und anzuwenden und die älteren können Erlerntes wiederholen, vervollkommnen und bekommen immer wieder die Möglichkeit, dieses in praktischen Lehr-Lern-Situationen anzuwenden.

Schulversammlung *(samlingsstund)*
Einige Schulen haben einmal im Monat (Woche, Tag) eine gemeinsame Stunde, wo alle LehrerInnen und SchülerInnen der Schule zusammenkommen. Es werden gemeinsame Aktivitäten besprochen, fertig gestellte Arbeiten vorgestellt oder nur einfach miteinander geredet. Diese Zusammenkünfte müssen nicht unbedingt einen direkten Bezug zum eigentlichen Unterricht haben, sondern dienen mehr dazu, die Gemeinschaft herzustellen und den Gemeinsinn zu stärken.

Praktische soziale und kulturelle Arbeit
Darunter fallen regelmäßig wiederkehrende Aktivitäten (z.B. Besuche und kleine Hilfsdienste in einem Altersheim), befristete Arbeiten (z.B. Herausgabe einer Schülerzeitung) oder aber mehr punktuelle

Aktivitäten (Säuberung eines Waldstückes, Wiederherstellung eines Waldpfades), die besonders den lokalen Bezug herstellen.

Bei allen genannten Arbeitsformen steht das gemeinsame Tun und Lernen im Vordergrund. Nicht nur unter sozialen Gesichtspunkten liegt darin für Zoglowek (1996) unzweifelhaft ein großer Vorteil Kleiner Grundschulen.

2.4.6.3 Pädagogische Argumente für die Errichtung und den Erhalt Kleiner Grundschulen in Norwegen – Altersheterogenität als pädagogische Chance

Die pädagogische Argumentation wird hauptsächlich im Zusammenhang mit *Lernen in altersheterogenen Gruppen* geführt. Wenn nach wie vor ein pädagogisches Richtziel für Schule ist, *auf das Leben in der Gemeinschaft und der Gesellschaft vorzubereiten,* muss man festhalten, dass das Leben in altersgemischten Gruppen stattfindet. *„Allein die Schule hält mit aller Macht an einem Altersghettosystem fest, wo sehr schnell ein unüberbrückbarer Abstand zwischen einem Erstklässler und einem Zweitklässler markiert wird. Das ist, im wahrsten Sinne des Wortes, Klassengesellschaft in reinster pädagogischer Form. Sicherlich eine absolut praktische Lösung für die verwaltenden Behörden – aber in vieler Hinsicht ein Unglück für das Lernen und die Schulmotivation"* (Bjorkvold 1993, S. 162). Die positiven Aspekte informellen Lernens in altersgemischten Gruppen können Kinder heutzutage nicht mehr oder nur noch in begrenztem Maße in ihrer Familie und ihrer Freizeit erleben und für sich nutzen. Genau hier liegen die Möglichkeiten Kleiner Schulen oder altersgemischter Lerngruppen.

Melheim (1995) und Kvalsund (1995) nennen als Vorteile für altersgemischten Unterricht in der pädagogisch geführten Diskussion in der Hauptsache die folgenden Aspekte: *„Gegenseitige Lehr-Lern-Prozesse sind in altersgemischten Gruppen häufiger und effektiver. Beobachtungen haben gezeigt, daß spontane Gruppenbildungen in den Schulpausen in der Regel zu altersgemischten Gruppen führen"* (Melheim 1995, S. 30). *„Kinder lernen voneinander und von Erwachsenen, und dabei spielt der Altersunterschied eine wichtige Rolle"* (Bjorkvold 1993, S. 163). Bjorkvold (1993) bezieht sich in seinen Äußerungen auf amerikanische Untersuchungen von Levin, Glass und Meister (Bjorkvold 1993, S. 163f.) zur Verbesserung der Lernqualität und –effektivität in der Schule.

„Vier Strategien werden besonders herausgestellt:
a) Erhöhung der Zahl der Unterrichtsstunden
b) Reduktion der Schülerzahlen
c) Systematische Anwendung von computerunterstütztem Unterricht
d) Einsatz von Schülern als Hilfslehrer
Die Ergebnisse der Untersuchungen zeigen, daß Strategie d) neunmal so effektiv ist wie Strategie a) und viermal so effektiv wie die Strategien b) oder c)" (Bjorkvold 1993, S. 163f.).

Neben motivationalen Aspekten auf der Lernseite kann für die Lehrseite hinzugefügt werden, dass das Interesse der SchülerInnen für Wissens- und Fertigkeitsaneignung steigt, wenn sie bereits wissen, wie und wann sie das Erlernte weitergeben können. Durch die stete Wiederholung der Inhalte bei der Weitervermittlung wird so die eigene Leistung gefördert, somit auch das Selbstbewusstsein gestärkt und Verantwortungsbewusstsein entwickelt. Auch in Bezug auf die Sprachentwicklung kann das Modell-Lernen in altersgemischten Gruppen als ein wichtiger Faktor angesehen werden. Ältere SchülerInnen mit einem bereits besser ausgebildeten und variierten Wortschatz dienen in der Regel als Sprachmodelle.

Bei der Vermittlung vieler alltäglicher Kultur- und Verhaltensformen muss die Schule heute Funktionen übernehmen, die früher hauptsächlich im Elternhaus und der lokalen Gemeinschaft lagen. Um dies wirkungsvoll leisten zu können, ist es wichtig, dass Kinder in altersgemischten Gruppen leben und lernen. Wenn ein Kind nur Kontakt mit Gleichaltrigen hat, hat es wenige Chancen, die gängigen Umgangsformen für Zusammenarbeit und gegenseitige Rücksichtnahme zu erlernen. *„Die Dynamik der Altersheterogenität ist ein wichtiger Bestandteil der Kinderkultur. Man bekommt das Gespür für etwas grundlegend Wichtiges allen Lernens: das Wirkliche, Authentische und Bedeutungsvolle. Denn der ältere Freund steht einem als Identifikationsobjekt so viel näher als der Lehrer. Der Größere zeigt und belehrt die Jüngeren, und stärkt gleichzeitig sein Selbstbewusstsein. Der Kleinere sieht auf zum Großen, mit Empathie und Bewunderung"* (Bjorkvold 1993, 163f.).

In altersgemischten Gruppen bekommen Kinder eine klarere Perspektive für ihre eigene Entwicklung. Sundell (1993) sieht bezüglich der sozialen und affektiven Entwicklungsmöglichkeiten folgende Vorteile bei altersgemischten Gruppen:

• Erleichterung des Schulstarts

- Erhöhung des Selbstbewusstseins
- Entwicklung von Verantwortungsgefühl
- Stimulierung und Stärkung von Eigeninitiative
- Aufbau eines stärkeren Sicherheitsgefühls
- Abbau von Gruppenaggression und Gewalt
- bessere Einsicht in die Notwendigkeit von Regeln und deren Einhaltung
- weniger Konkurrenzdenken
- Stärkung der individuellen Selbstsicherheit
- allgemein ein höherer Lernzuwachs
- insgesamt bessere Möglichkeiten für schwächere SchülerInnen

Für Zoglowek (1996) lassen sich aus pädagogischer Sicht überwiegend Vorteile für altersheterogene Lerngruppen in Kleinen Schulen anführen. Seiner Ansicht nach müsste daher eigentlich auch die jahrgangsgeteilte, *traditionelle* Grundschule prinzipiell darüber nachdenken, ob und wie sie sich mit einer gemäßen Altersmischung einige der genannten Vorteile zu Nutzen machen könnte. In seiner Argumentation verweist er auf die Rahmenrichtlinien, die dies nicht nur zulassen, sondern ausdrücklich dazu auffordern:

„Indem man Schülergruppen verschiedener Altersgruppen zusammensetzt, können Schüler unterschiedlichen Alters miteinander bekannt werden. Sie können voneinander lernen, sich gegenseitig inspirieren und Verantwortung für einander übernehmen. Ältere Schüler können den jüngeren bei theoretischen und praktischen Aufgaben helfen, und die Kleinen können sich bei und mit den Größeren sicherer fühlen. (...) Für die Arbeit in altersgemischten Gruppen können die Erfahrungen der kleinen Grundschulen auch in größeren Grundschulen genutzt werden" (Monsterplan for grunnskolen 1987 zit. nach Zoglowek 1996, S. 51f.).

Nissen und Egelund (1986) verweisen in ihrer Argumentation auf die amerikanischen Forschungen von Goodlad (1984), in denen nachgewiesen wurde, dass bei altersgemischten Lerngruppen weniger Bedarf für Förder- und Spezialunterricht entsteht. In einem Interview der beiden Autoren mit Goodlad kommt dieser aufgrund eigener und anderer Untersuchungen mit altersgemischten Gruppen zu folgender Einschätzung: *„Es hat sich gezeigt, daß Schüler, die in nichtjahrgangsgeteilte Klassen gingen, auf allen Gebieten signifikant besser waren als die Vergleichsgruppen. Altersmischung ist die einzig vernünftige Lösung, wenn der Unterricht den fachlichen und sozialen Bedürfnissen der*

Schüler entgegenkommen soll" (Interview mit Goodlad in Nissen & Egelund 1986, S. 59f.).

2.4.6.4 Kleine Gesamtschulen in Finnland

In Finnland besuchen nahezu alle unterrichtspflichtigen SchülerInnen die Gesamtschule. Diese gliedert sich in eine sechsjährige Unter- und eine dreijährige Oberstufe. Davon sind insgesamt 2235 Kleine Schulen, das entspricht 63 % aller Grundstufen der Gesamtschule. Diese Schulen besuchen 21% aller SchülerInnen der Unterstufe. Die Besonderheit der Kleinen Schulen besteht darin, dass sie sich in Bezug auf Schulgebäude, Schülerzahl und Zusammensetzung der Lerngruppen sehr voneinander unterscheiden. Am deutlichsten zeigt sich das Wesen der Unterstufen Kleiner Schulen in der Einklassigkeit. Einklassigkeit bedeutet, dass die SchülerInnen mehrerer Jahrgänge und damit unterschiedliche Altersgruppen gleichzeitig unterrichtet werden. Dieser Umstand bestimmt die alltägliche Arbeitsplanung der LehrerInnen einer Kleinen Schule in entscheidender Weise. Vom Lehrer werden entsprechende pädagogische Voraussetzungen verlangt, denen in der Lehrerausbildung in Finnland bereits Rechnung getragen wird.

Der größte Teil der Kleinen Schulen liegt in Dörfern in ländlichen Gebieten. Aus diesem Grund lässt sich nicht immer einfach feststellen, welche Aktivitäten dieser Schulen von der Schulgröße, von der Klassenstruktur, von der Lage der Schule oder von anderen Bedingungen abhängen, die mit der direkten Umgebung zu tun haben. Die ländliche Umgebung und die geringe Siedlungsdichte geben diesen Schulen an sich schon ein eigenes Gepräge.

Niemi & Piri (1998) verweisen auf eine beträchtliche Anzahl von Untersuchungen in Finnland, die aufzeigen, welche Möglichkeiten die Kleinen Schulen und der Einklassenunterricht SchülerInnen im Vergleich zu SchülerInnen in großen Schulen und in Jahrgangsklassen bieten und welche Chancen im weiterführenden Schulbesuch bestehen. Alle Ergebnisse stimmen darin überein, dass bezüglich der in der Schule gebildeten Lerngruppen keine spürbaren Unterschiede feststellbar sind. Bei den meisten Vergleichen, schlussfolgern die AutorInnen, konnten überhaupt keine Unterschiede festgestellt werden. In der Unterstufe waren die SchülerInnen des einklassigen Unterrichts in Kernfächern wie Muttersprache, Schwedisch, Englisch, Mathematik und im Sachunterricht so erfolgreich wie die SchülerIn-

nen aus Jahrgangsklassen. Wenn SchülerInnen aus jahrgangsübergreifenden Klassen in die Oberstufe kommen, so haben sie nach den
Untersuchungsergebnissen eine gleich gute Ausgangsposition wie
die SchülerInnen aus Jahrgangsklassen. Man konnte feststellen, dass
der Einklassenunterricht in Finnland dem Unterricht in Jahrgangsklassen und –gruppen ebenbürtig ist. Auftretende Unterschiede sind
auf andere Ursachen als Schulgröße und Art der Lerngruppenbildung zurückzuführen.
Wenn SchülerInnen verschiedener Altersgruppen gemeinsam arbeiten, vermindern sich soziale Schwierigkeiten in der Schule. Als posi-
tivster Zug der Kleinen Gesamtschulen und des einklassigen Unterrichts hat sich nach Pirhonen (1993) erwiesen, dass er besonders gute
Möglichkeiten für die soziale Erziehung bietet. Im Einklassenunterricht lassen sich familienähnliche Situationen herstellen und auf natürlicher Grundlage autonomes Handeln verwirklichen. In den
Kleinen Schulen fühlen sich SchülerInnen eher zur Schule gehörig
und in ihren eigenen Rollen gefestigt.

2.4.7 Arbeiten und Lernen in altersgemischten Gruppen an *Kleinen Grundschulen* in den Niederlanden

Eine Ursache für die Existenz vieler kleiner Grundschulen ist die
verzoiling, eine typisch niederländische Ursache. Jede weltanschauli-
che Richtung hat ein gesetzlich verbrieftes Recht, eine eigene Schule
einzurichten, vorausgesetzt es wird dafür eine bestimmte Min-
destanzahl von Kindern gemeldet. Aufgrund dieser Entwicklung ist
in den letzten Jahren die Zahl der Schulen und die der Kleinen Schulen gestiegen. Einen besonderen Schutz genießt *die letzte Schule eines
Dorfes*. In jedem Dorf soll mindestens eine Grundschule bestehen
bleiben. Für die letzte Schule gilt eine Mindestzahl von 23 Kindern.
Über die Qualität von Kleinen Schulen macht man sich in den Niederlanden keine Sorgen. Landesweite Tests über Unterrichtsresulta-
te weisen nach van Gelder (1998) aus, dass Kleine Schulen in kleinen
Kommunen überdurchschnittliche Resultate erzielen und die öffentliche Meinung in Bezug auf Kleine Grundschulen insgesamt keineswegs negativ ist.
In den Niederlanden kommt die Kombination von Jahrgangsgruppen in einer Lerngruppe sehr häufig vor, auch in großen Schulen.
Entscheidend dafür ist, dass die Kinder in den Niederlanden von
ihrem vierten bis zum zwölften Lebensjahr zusammen die Grund-

schule besuchen – in der Regel also acht Jahre. Dadurch gibt es zwar auch acht Jahrgangsstufen, alle Schulen – ob groß oder klein – haben jedoch nur selten das Achtfache an Klassen. Durchgängig werden Achtergruppen gebildet (8, 16, 24, 32 Kinder), die – sofern die Anzahl der Kinder nicht ausreicht, um eine eigenständige Jahrgangsklasse zu bilden – in größeren Lerngruppen zusammengefasst werden. 89% der niederländischen Schulen haben deshalb kombinierte Jahresgruppen. In den kombinierten Gruppen sind 43% aller Grundschulkinder, zumeist über zwei Jahrgänge hinweg, in einer Gruppe zusammengefasst, aber auch drei oder vier Jahrgangsgruppen in einer Lerngruppe sind keine Seltenheit. In ca. 5% der Schulen werden Kinder aus Überzeugung altersheterogen unterrichtet. In diesen Schulen würden Jahresgruppen sogar dann kombiniert werden, wenn dies aufgrund der Anzahl der Kinder nicht erforderlich wäre. Dies sind Schulen, die Unterschiede der Kinder nicht als Nachteil, sondern als Vorteil betrachten und als Mittel nutzen, um den Entwicklungsprozess des Einzelnen zu fördern. Zu diesen Schulen gehören u.a. die Freinet-, die Jenaplan- und die Montessorischulen. Deshalb hat man in den Niederlanden bereits viele Erfahrungen im Arbeiten mit kombinierten Jahrgangsgruppen gemacht.

In den Niederlanden besteht eine große Vielfalt von Unterrichtsorganisationsformen, vermutlich die größte im Vergleich zu allen anderen Ländern der Welt. Die Ursache liegt nicht nur in den Kombinationsgruppen, sondern auch in der gesetzlich festgelegten Freiheit der Unterrichtsorganisation. So ist das niederländische Grundschulgesetz ein Rahmengesetz, das auf Grundlage eines von der jeweiligen Schule erstellten Schularbeitsplanes vielfältige Variationen im Hinblick auf Inhalte und Formen des Unterrichts zulässt.

Im Folgenden wird die Vielfalt der praktizierten Unterrichtsorganisationsformen kurz erläutert – sie sind dem Bericht *Kleine Grundschulen in den Niederlanden* von van Gelder (1998) entnommen:

Die Organisationsform *Instruktion für eine Jahresgruppe*, bei der andere Jahresgruppen selbstständig arbeiten, wird am häufigsten verwendet. Jede Stunde besteht aus einem Instruktionsteil und einem Übungsteil. Wenn die eine Jahresgruppe Anweisungen erhält, übt die anders Jahresgruppe. In der Regel erfolgt dies im gleichen Fach. Viele Schulen haben die Lernaufgaben und Tätigkeiten der Kinder in Tages- oder Wochenaufgaben integriert. Wenn Kinder mit einer Aufgabe fertig sind, können sie ohne Anweisung der LehrerInnen an einer anderen Aufgabe weiterarbeiten. Die Tages- oder Wochenaufgaben können für alle Kinder einer Jahresgruppe gleich sein. Die schnelleren und begabteren SchülerInnen, die ihre Aufgaben schneller bewältigen und können in Folge an Zusatzaufgaben weiterarbeiten. Diese Unterrichtsorganisation entspricht dem klassischen Abteilungsunterricht. Der einjährige Unterrichtsstundenzyklus wird durch einen mehrjährigen ersetzt. In dieser Organisationsform unterscheidet man zwischen Lehrinhalten, die nacheinander und nebeneinander behandelt werden können. In Fächern wie Rechnen, Lesen, Rechtschreibung und Grammatik erfolgt der Aufbau des Lehrstoffes größtenteils nacheinander. Für andere Unterrichtsinhalte gilt dies nicht oder in geringerem Maße, sodass es insbesondere bei solchen Unterrichtsinhalten möglich ist, die Kinder in altersheterogenen Gruppen zu unterrichten. Um die Möglichkeiten des altersheterogenen Unterrichts zu verstärken, hat man den einjährigen Stundenplan vielfach durch einen zweijährigen oder auch dreijährigen Zyklus ersetzt.

Die Schulbücher werden für verschiedene Fächer verwendet, wobei der Stoff für einen Teil der Kinder ein Jahr früher oder später behandelt wird. Manchmal gibt es Teilstücke des Unterrichtsstoffes, die die ältesten SchülerInnen kennen und die jüngsten nicht. Hier bieten sich drei Möglichkeiten an, die je nach Thema und Situation angewendet werden. Das Teilstück wird mit der ganzen Gruppe durchgenommen und somit für eine Gruppe wiederholt. Die Kinder, die den Stoff bereits kennen, erhalten eine andere Aufgabe. In altersheterogenen Tischgruppen wird die Aufgabe von den älteren Kindern zusammen mit den jüngeren bearbeitet.

Der Lerneffekt von Lehrformen, bei denen die Kinder stärker auf natürliche Weise lernen, ist in einer altersheterogenen Gruppe höher. Gerade der Entwicklungsunterschied trägt dazu bei, dass diejenigen, die etwas nicht oder weniger gut wissen oder können, von anderen, die bereits weiter sind, lernen. Der Nachteil von Kombinationsgruppen, den LehrerInnen während der traditionellen Stunden erfahren, kann so zum Vorteil gewandelt werden, indem der Lehrstoff organisatorisch auf eine andere Art behandelt wird. Pädagogisch orientierte Schulen in den Niederlanden, die diesem natürlichen Lernen einen zentralen Stellenwert einräumen – wie Freinet-, Jenaplan- und Montessorischulen – haben deshalb ihre Gruppen altersheterogen gegliedert.

Gegenwärtig tritt durch die Entwicklungen der letzten Jahrzehnte in den Niederlanden eine neue konzeptuelle Form des Unterrichts hervor. Sie wird durch unterschiedliche Initiativen angeregt, die sowohl von der Unterrichtsgesetzgebung ausgehen als auch von *unten* erfolgen, aber auch durch progressive Impulse aus dem Bereich der Wirtschaft kommen.

Van Gelder (1998) beschreibt das Erwartungsprofil für diese neue Unterrichtsform folgendermaßen: *„Beim zukünftigen Unterricht soll nichts versäumt werden (...) und für dieses Ziel wird das gesamte ‚Erbe' von Organisationsformen benutzt. Keine einzige Organisationsform wird dabei als das pädagogische Mittel schlechthin bewertet; sie werden in dem Maße angewandt, in dem sie zweckdienlich sein können, um festgelegte Ziele zu realisieren. Alle Ziele werden bewusst verbunden mit bestimmten Organisationsformen, dabei wird zugleich für eine Streuung von Organisationsformen gesorgt, die die Schultage abwechslungsreich macht, die Kinder unmittelbar beteiligt und ihre Motivation erhält. Man achtet auf den Lerneffekt: Welches Ziel kann am besten mit welcher Organisationsform erreicht werden?"* (van Gelder 1998, S. 199).

Meistens werden für ein Fach mehrere Formen angewandt. Für van Gelder (1999) geht es darum, dass alle Lernziele, pädagogische wie gesellschaftliche, die in der Grundschule erreicht werden sollen, auf eine Linie (x-Achse) gebracht werden und alle Organisationsformen auf eine y-Achse. Darüber kann deutlich gemacht werden, wie die unterschiedlichen Ziele am Besten erreicht werden und zusätzlich berücksichtigt werden, für welche Kinder welche gewählte Richtung eingeschlagen werden soll. Welche Organisationsform für welche Kinder mit Blick auf welches Ziel das Geeignetste ist, lässt sich nur anhand der Ziele selbst und der alltäglichen Situation vor Ort beurteilen. Das neue Grundschulgesetz der Niederlande regt dazu aufgrund seiner Zielsetzungen an.

In der Lehreraus- und Lehrerfortbildung erfolgt hiefür keine spezielle Ausbildung, da Kombinationsklassen in den Niederlanden alltäglich sind. In der normalen vierjährigen Ausbildung werden die genannten Organisationsformen vermittelt. In jedem Studienjahr lernen die StudentInnen im Rahmen von Praktikumwochen, mit Kombinationsgruppen umzugehen. Darüber hinaus bestehen für LehrerInnen zahlreiche Weiterbildungsangebote, die durch örtliche Supervisions- bzw. Begleiteinrichtungen ergänzt werden.

3 Zusammenfassung

„Gerade das tut Not, dass nicht unterschiedslos das Gleiche von allen gefordert, wohl aber allen gleiche Möglichkeiten geboten werden, die eigene Begabung zu erkennen und auszuloten."

Otto Glöckel

Im Aspekt der Bildung des Menschen – im konkreten Anliegen: Der Bildung von Kindern – sind Formen der Institutionalisierung von Bildungseinrichtungen, also wesentlich jene der Institution Schule, daraufhin zu befragen, ob sie *„zur proportionierlichsten Entfaltung der Kräfte"* (Humboldt zit. nach Benner 1995, S. 48) beitragen oder ob sie diese durch Vorgaben, die der Entwicklung des Geistes in Freiheit entgegenstehen, verhindern. Schulorganisationsformen und die innerhalb ihrer Strukturen stattfindende Lernorganisation sind demnach nicht schon dadurch, dass sie existieren, legitimiert; sie sind in ihrer Konstitution nach den Motiven ihrer Entstehung und ihres *Gewordenseins* sowie hinsichtlich der Entsprechung im Anspruch ihrer (eigenen) Zielsetzungen kritisch zu betrachten.

Die Diskussion über die Förderung von Begabungen im Bildungswesen – auch im Sinne von Qualitätssicherung von Schule und Unterricht – ist mehr denn je von großer Aktualität. Die derzeit geltenden Schulgesetze der Republik Österreich stammen aus den 60er und 70er Jahren des 20. Jahrhunderts und ihre Sprachgestalt ist aus dem Bildungsdenken dieser Epoche erklärbar. In der österreichischen Schulgesetzgebung kommen die Begriffe *Begabungsförderung* und *Begabtenförderung* expressis verbis nicht vor. Der Auftrag zur Begabungsförderung und Begabtenförderung kommt jedoch sinngemäß – in anderer Diktion – sehr deutlich zum Ausdruck. Das österreichische Schulunterrichtsgesetz (SchUG 1974) verpflichtet LehrerInnen aller Schularten in der Unterrichtsarbeit (§ 17) dazu, *„(...) jeden Schüler zu den seinen Anlagen entsprechenden besten Leistungen zu führen (...)"* (vgl. Kap. 2.3.3).

In der vorliegenden Studie steht Begabungsförderung und damit verbunden der Umgang mit Heterogenität *(der Verschiedenheit der Köpfe)* als zentrale Herausforderung für Schule und Unterricht im

Zentrum der Auseinandersetzung. Im Fokus der Aufmerksamkeit liegt die besondere Organisationsstruktur des Unterrichts im jahrgangsgemischten Setting, wie sie in Mehrstufenklassen an Kleinschulen vorzufinden ist.

Im schultheoretischen Diskurs wird deutlich, dass für den Bildungsanspruch die individuelle Entwicklung von Kindern als Kernaufgabe der Schule zu sehen ist. Dabei soll – Bezug nehmend auf den umfassenden Bildungsauftrag der Grundschule – einerseits der individuellen Erziehungsbedürftigkeit und Bildsamkeit der SchülerInnen entsprochen werden, andererseits soll bei allen Kindern eine kontinuierliche Lernentwicklung angebahnt werden. In der Schulgeschichte ist die Frage der Unterschiede zwischen den Lernenden häufig mit deren Trennung zu homogenisierten Untergliederungen beantwortet worden. Lernen an österreichischen Grundschulen geschieht zunächst einmal in Jahrgangsklassen: Etwa gleich alte Kinder werden zu einer Lerngruppe zusammengefasst, dadurch wird eine *vermeintliche* Altershomogenität (der Altersnormalabstand zwischen Schulkindern in einer Schulklasse beträgt 9 – 10 Monate, in zahlreichen Fällen mehr als ein Jahr) erzeugt, die bei ihren Erfindern (insbesondere bei Comenius) auch als relative Entwicklungsgleichheit verstanden wurde. Weil alle sechsjährigen Kinder in etwa den gleichen Entwicklungs- und Kenntnisstand haben (die *Köpfe* sind sehr ähnlich), könne man sie auch gemeinsam fortschreitend unterrichten. Vom ersten Schultag an greifen in unserem Schulsystem institutionelle Maßnahmen, die auf die Sicherung einer fiktiven Homogenität ausgerichtet sind. Diese institutionelle Hypothese, man müsse Heterogenität reduzieren und sich der Homogenität annähern, fordert viele Opfer – insbesondere auch bei den besonders begabten Kindern. *In die Schule gehen* heißt im traditionellen Sinne, eine *Jahrgangsklasse* besuchen. Von dieser Selbstverständlichkeit sind bislang nur wenige Reform- und Versuchsschulen abgewichen. Reformpädagogische Traditionen arbeiten konsequent mit der Heterogenität des Alters und machen auf diese Weise die Vielfalt zu einem gestalteten Organisationsprinzip. Selbst wenn dieses jahrgangsheterogene Lernen in der Regelschulpraxis bislang kaum Eingang gefunden hat (Wien stellt diesbezüglich eine rühmliche Ausnahme dar, es laufen zur Zeit über 30 Schulversuche mit der Bezeichnung *Mehrstufenklasse mit reformpädagogischem Schwerpunkt*), hat die bildungspolitische Debatte über mögliche Vorteile bzw. pädagogische Chancen innerhalb einer mehrstufig geführten Klasse (und dies vor allem in der Grundschule) bereits begonnen. Die zu erwartenden (erhofften) Effekte – wie soziale Wirkungen, die notwendige Gestaltung der Lernumgebung und auch die zum Gestaltungsprinzip erhobene Differenzierung und Individualisierung des Unterrichts – für das Lernen in der Jahrgangsmischung und deren Auswirkungen auf die individuelle Begabungsförderung gaben die Zielrichtung dieser wissenschaftlichen Auseinandersetzung vor.

Die Erörterungen in der Forschungsarbeit befassten sich mit dem Aufspüren von Orientierungen für die Entfaltung begabender Organisationsstrukturen innerhalb des Bildungswesens und dem Auffinden von individualisierenden Formen der Lernorganisation in der Grundschule. Die theoriegeleitete Aufarbeitung von Zusammenhängen betraf vorerst die Ebene der Bildungspolitik und Schulorganisation in der Anforderung von Begabungsförderung in einer historisch-systematischen Analyse des österreichischen Volksschulwesens (vgl. Kap. 2.1). Dieser bildungshermeneutischen Aufarbeitung folgte eine empirische Bestandsaufnahme der Dimensionen von Individualisierung und differenzierender Lernorganisation im pädagogischen Begründungszusammenhang der Kleinschule, der spezifischen jahrgangsübergreifenden Lernorganisation wurde in diesem Zusammenhang besondere Aufmerksamkeit geschenkt (vgl. Kap. 2.2). Im Anschluss folgte eine Befassung mit Intentionen der Begabungsforschung und der Besonderheit der Begabungsförderung in der Grundschule. Die Förderung von individuellen Begabungen wurde hier als Motiv zur inneren Schulreform sowie als zentraler Aspekt der Schulentwicklung gesehen (vgl. Kap. 2.3). Den Abschluss der theoretischen Fundierung hinsichtlich der Aufgabe der Begabungsförderung im Bildungsanspruch stellte eine Auseinandersetzung mit nationalen und internationalen Modellen begabungsfördernder Lernorganisationen mit Fokussierung auf das jahrgangsheterogene Setting dar und dokumentierte den aktuellen Forschungstand und dies in besonderer Hinsicht auf die Modellentwicklung im Sinne einer flexiblen Lernorganisation an Kleinschulen und Mehrstufenklassen (vgl. Kap. 2.4).

Die umfassende Untersuchungsserie des Forschungsprojektes *„Integrative Begabungsförderung in der Grundschule – Eine Untersuchung* *zum Konzept von Mehrstufenklassen und seiner Implementierung an so genannten Kleinschulen"*, die in den Jahren 2003/04 durchgeführt wurde, wird im Teil 2 dieser Pädagogischen Schriftenreihe ausführlich dokumentiert und analysiert. Die Studie ist darauf ausgerichtet, mit Methoden der empirischen Sozialforschung – quantitativ und qualitativ – zu erkunden, ob innerhalb der untersuchten Kleinschulen eine Strukturänderung der Unterrichtsorganisation (vom *Abteilungsunterricht zur Mehrstufenklasse*) erkennbar ist.

4 Literatur

Antoni, D./Scheiber, B./Wolf W (Hrsg.): Die Zukunft der Grundschule – Die Grundschule der Zukunft. Tagungsbericht Grundschulenquete 1995. – Wien: 1996.

Aries, Ph.: Geschichte der Kindheit. München, 19857.

Arnold, R.: Innere Differenzierung in Fachklassen der Berufsschule. – Zeitschrift für Berufs- und Wirtschaftspädagogik, 87, Heft 1, Stuttgart: 1991.

Bales, R.F.: Interaction Process Analysis. – Chicago, Chicago University Press: 1951.

Bambach, H.: In: Die Grundschulzeitschrift, 84, 1985.

Barbe, W.B./Renzulli, J.S. (Hrsg.): Psychology and education of the gifted. – New York: 1954.

Bastian, J.: Offener Unterricht. In: Pädagogik. Nr. 11/1997.

Battista, L.: Die pädagogische Entwicklung des Pflichtschulwesens. – Wien, 1929.

Baumert, J. et al. (Deutsches PISA-Konsortium) (Hrsg.): PISA 2000. Basiskompetenzen von Schülerinnen und Schülern im internationalen Vergleich. – Opladen, 2001.

Baumgart, F./Lange, U. (Hrsg.): Theorien der Schule. Erläuterungen – Texte – Arbeitsaufgaben. – Bad Heilbrunn: Klinkhardt, 2001.

Beck, E./Guldimann, T./Zutavern, M. (Hrsg.): Lernkultur im Wandel. – St. Gallen: UVK, 1997.

Beck, G.: Altersmischung in der Jahrgangsklasse. Vortragsmanuskript der Grundschultagung in Kassel, 1994.

Becker, G., Lenzen, K.-D., Stäudel, L., Tillman, K.-J., Werning, R., Winter, F. (Hrsg.): Heterogenität. Unterschiede nutzen – Gemeinsamkeiten stärken. Friedrich Jahresheft XXII. Seelze: 2004.

Benbow, C.R./Lubinski, D.: Individual Differences Amongst the Mathematically Gifted. Their Educational and Vocational Implications. Proceedings from The 1993. Henry B. & Jocelyn Wallance National Research Symposium on Talent Development. Dayton: Ohio Psychological Press, 1993.

Benner, D.: Wilhelm von Humboldts Bildungstheorie. – Weinheim: Juventa, 1995.

Berger W./Gruber, K.H.: Die vergleichende Erziehungswissenschaft. Einführung – Forschungsskizzen – Methoden. – Wien: 1976.

Bergsmann, R.: Hochbegabung, eine Chance. – Wien: Facultas, 2000.

Bjorkvold, J.-R.: Det musike menneske. – Oslo: 1993.

Blankertz, H.: Geschichte der Pädagogik von der Aufklärung bis zum 1. Weltkrieg. Kurseinheit 3. Pädagogik der deutschen Klassik. – Hagen: Fernuniversität, 1981.

Blankertz, H.: Geschichte der Pädagogik. Von der Aufklärung bis zur Gegenwart. – Wetzlar: 1982.

BMUK, Die weniggegliederte Grundschule in Österreich. – 1990.

Böhnel, E./Kahn-Svik, G.: Bericht über die Evaluierung des Schulversuchs heterogener Mathematikunterricht. In: Erziehung und Unterricht 138. 9. – 1988, S. 553 – 558.

Böhnel, E.: Wirkung von Unterricht in der leistungsheterogenen Gruppe auf Lernleistung, Schulangst, Schulfreude und auf Sozialkontakte zwischen den Schülern unter besonderer Berücksichtigung, des österreichischen Bildungswesen. In: Olechowski, R./Persy, E. (Hrsg.): Frühe schulische Auslese. – Frankfurt am Main, 1993, S. 102 – 120.

Böhnel, E.: Entwicklung, Grundlagen, Modelle und Funktion schulischer Differenzierung – unter besonderer Berücksichtigung des österreichischen Bildungswesens. In: Böhnel, E./Kahn-Svik, G.: Schulische Differenzierung. Erstarrte Strukturen oder dynamische Entwicklung? – Frankfurt: Peter Lang, 1995, S. 17 – 179.

Böhnel, E./Kahn-Svik, G.: Schulische Differenzierung. Erstarrte Strukturen oder dynamische Entwicklung? – Frankfurt: Peter Lang, 1995.

Bönsch, M./Schittko, K.: Offener Unterricht. – Hannover: 1979.

Bönsch, M.: Differenzierungsformen. In: Otto, G./Schulz, W. (Hrsg.): Methoden und Medien der Erziehung und des Unterrichts. – Stuttgart: 1985, S. 411f.

Bönsch, M.: Differenzierungsformen. In: Erziehung und Unterricht. – Wien: 1989, S. 208 – 217.

Bönsch, M.: Offener Unterricht in der Primar- und Sekundarstufe I. Praxisleitende Theorie und theoriebildende Praxis. – Hannover: 1993.

Breinbauer, I.M.: Einführung in die Allgemeine Pädagogik. – Wien: WUV-Uni.-Verl., 20003.

Bronfenbrenner, U.: Die Ökologie menschlicher Entwicklung. – Stuttgart: Klett, (1. Auflage 1979) 1981.

Brunsting, M.: Teilleistungsschwächen. Prävention und Therapie. – Luzern: Edition SZH, 1990.

Bundesgesetzblatt für die Republik Österreich 1998/133: Änderung des Schulunterrichtsgesetzes Bundesministerium für Unterricht und kulturelle Angelegenheiten: Kenndaten des österreichischen Schulwesens. – Wien: Bundesministerium, 1998.

Bundesgesetzblatt für die Republik Österreich Nr. 22/1998 vom 18. August 1998: Änderung des Schulunterrichtsgesetzes. – Wien: 1998.

Bundesministerium für Unterricht und kulturelle Angelegenheiten. Kenndaten des österreichischen Schulwesens. – Wien: Bundesministerium, 1998.

Bundesministerium für Unterricht und Kunst: Wohnortnahe Kleinschulen im Bezirk Graz-Umgebung 11. Zentrum für Schulversuche und Schulentwicklung. Abteilung 1 – Klagenfurt: 1992.

Burchart, H.: „... ich kann es dir ja schon mal zeigen". In: Die Grundschulzeitschrift, 84, 1995, S. 20 – 21.

Burk, K./Mangelsdorf, M./Schoeler, U. (Hrsg.): Die neue Schuleingangsstufe. Lernen und Lehren in entwicklungsheterogenen Gruppen. – Weinheim: Beltz, 1998.

Chiotakis, S. (Hrsg.): Die Fragwürdigkeit der Prüfungen und der Zensuren in der Schule. – Athen: M.P. Grigoris, 1993.

Clarc, B.: Growing up gifted. – New York: 19924.

Colangelo, N./Davis, G.A. (Hrsg.): Handbook of Gifted Education. – Boston: 1991.

Comenius, J.A.: Große Didaktik. Die vollständige Kunst, allen Menschen alles zu lehren. Übersetzt und herausgegeben von Flintner, A.: 1992.

Coradi, U.: Lernstörungen sind normal. In: Brunsting, M.: Teilleistungsschwächen. Prävention und Therapie. – Luzern: Edition SZH, 1990.

Cotton, K.: Nongraded primary education. School Improvement Research Series. Close-Up 14, 1993.

Croci, A., Imgrüth, P., Landwehr, N. et al.: ELF. Ein Projekt macht Schule. – Kant. Lehrmittelverlage Luzern und Aargau, 1995.

Cropley, A.J.: Einführung in das Kapitel ‚Schule und Lehrer'. In: Wieczerkowski, W./Wagner, H./Urban, K.K./Cropley, A.J. (Hrsg.): Hochbegabung? Gesellschaft? Schule. Ausgewählte Beiträge aus der 6. Weltkonferenz über hoch begabte Kinder in Hamburg vom 5. bis 9. August. – Bad Honnef: 1986, S. 156 – 157.

Cropley, A./McLeod, J./Dehn, D.: Begabung und Begabungsförderung. Entfaltungschancen für alle Kinder! – Heidelberg: 1988.

Der Standard: „Schulsystem vernachlässigt Hochbegabte ganz extrem". Unterricht für fiktive „Normalschüler". 27. Februar 2004.

Didaktik-Methodik-Dokumentation. ECHA – Ausbildungsseminar. Grundlagenpapier: 1998.

Diederich, J.: Differenzierung im Unterricht. – Westermanns Pädagogische Beiträge 31, Heft 1. – 1979, S. 20 – 25.

Diekmann, A.: Empirische Sozialforschung. – Reinbek: Rowohlt, 1995.

Die Presse: Schülerschwund nimmt dramatische Formen an. 10. Juni 2003.

Dubs, R.: Der Konstruktivismus im Unterricht. In: Schweizer Schule, 6/ 1997.

Dückers, M.: In: Grundschule 2000. Zeitschrift für die Grundstufe des Schulwesens. Heft 7-8. – Westermann Verlag: 2000.

Eckhoff, N.: Udelt og fadelt skole – ei innforing. – Oslo: 1986.

Eckinger, L.: Schulische Leistungsbewertung und Qualitätssicherung. – 2000. http://www.vbe/html/newm_6c.htm,

Engelbrecht, H.: J.I. Felbiger und die Vereinheitlichung des Primarschulwesens in Österreich. – Wien: Österreichischer Bundesverlag, 1979.

Engelbrecht, H.: Geschichte des österreichischen Bildungswesens. Erziehung und Unterricht auf dem Boden Österreichs. Band 3. – Wien: Österreichischer Bundesverlag, 1986a.

Engelbrecht, H.: Geschichte des österreichischen Bildungswesens. Erziehung und Unterricht auf dem Boden Österreichs. Von 1848 bis zum Ende der Monarchie. Band 4. – Wien: Österreichischer Bundesverlag, 1986b.

Engelbrecht, H.: Geschichte des österreichischen Bildungswesens. Erziehung und Unterricht auf dem Boden Österreichs. Von 1918 bis zur Gegenwart. Band 5. – Wien: Österreichischer Bundesverlag, 1988.

Ermacora, F. (Hrsg.): Österreichische Bundesverfassungsgesetze. – Wien: 1976.

Ernst, K.: Was ist eine Lernwerkstätte? In: Patschka, S./Rasch, J: Konzept für eine Lernwerkstatt am Pädagogischen Institut der Stadt Wien, Broschüre, (o.Jg.).

Essig, M.: Die wohnortnahe Kleinschule. In: Vorsicht Volksschule. Dokumentation. 45. Pädagogische Woche. Symposium 13. bis 15. Juli 1992, S. 73 – 79.

Eurydice: Die Bildung im Elementar- und Primarbereich in der Europäischen Union. (Herausgegeben von der Europäischen Informationsstelle, dem Bildungsinformationsnetz in der Europäischen Union.) – Brüssel: 1994.

Exner, F.: Entwurf der Grundzüge des öffentlichen Unterrichtswesens in Österreich. In: Wiener Zeitung vom 18. bis 21. Juli 1848. Abgedruckt in: Richard Meister II, 1963, S. 241 – 261.

Fadrus, V.: Beiträge zur Neugestaltung des Bildungswesens. – Wien: 1956.

Faust-Siehl, G./Garlichs, H./Ramsegger, J./Schwarz, H./Warm, U.: Die Zukunft beginnt in der Grundschule. Empfehlungen zur Neugestaltung der Primarstufe. – Reinbek bei Hamburg: 1996a.

Faust-Siehl, G.: Zur Lage der Grundschule – Ausgangsbedingungen, Aufgaben, Perspektiven. In: Antoni, D./Scheiber, B./ Wolf W. (Hrsg.): Die Zukunft der Grundschule – Die Grundschule der Zukunft. Tagungsbericht Grundschulenquete 1995. – Wien: 1996b, S. 15 – 24.

Feger, B.: Hochbegabung. Chancen und Probleme. – Bern, Stuttgart, Toronto: 1988.

Feger, B./Prado, T.: Hochbegabung. Die normalste Sache der Welt. – Darmstadt: 1998.

Felbiger, J.I.: General – Landschul – Reglement. Eigenschaften, Wissenschaften und Bezeigen rechtschaffener Schulleute. Methodenbuch, besorgt von Julius Scheveling. – Paderborn: 1958.

Feldhusen, F. J./Van Tassel-Baska, J./Seeley, K. (Hrsg.): Excellence in educating the gifted. – Denver: 1989.

Feldhusen, F.J./ Van Tassel-Baska, J.: Identification and assessment of the gifted. In: Feldhusen, F. J./Van Tassel-Baska, J./Seeley, K. (Hrsg.): Excellence in educating the gifted. – Denver: 1989, S. 85 – 101.

Feldhusen, F.J./Jarvan, F.A.: Identification of gifted and talented youth for educational programs. In: Heller, K.A./Mönks, F.J./Passow, A.H. (Hrsg.): International handbook of research and development of giftedness and talent. – Oxford: 1993, S. 512 – 527.

Fend, H.: Funktionen der Schule aus strukturfunktionaler Sicht. In: Baumgart,

F./Lang, U. (Hrsg.): Theorien der Schule. – Bad Heilbrunn: Klinkhardt, 1999, S. 52 – 60.

Fickermann, D./Weishaupt, H./Zedler, P. (Hrsg.): Kleine Grundschulen in Europa. – Weinheim: Deutscher Studienverlag, 1998.

Fischer, M.: Die innere Differenzierung des Unterrichts in der Volksschule. – Weinheim/Basel:(1. Aufl. 1962), 197210.

Fischl, H.: Schulreform, Demokratie und Österreich 1918 – 1950. – Wien: (o.Jg.).

Fischl, H.: Sieben Jahre Schulreform in Österreich. – Wien: 1926.

Flessau, K.I.: Schule der Diktatur – Lehrpläne und Schulbücher des Nationalsozialismus. – Frankfurt: 1979.

Flick, U./von Kardoff, E./Steinke, I. (Hrsg.): Qualitative Forschung. Ein Handbuch. – Reinbek: Rowohlt, 2000.

Fragner, J.: Leistungssteigerung durch Förderung aller. In: friends. – Pädagogische Akademie und Freunde der Pädagogischen Akademie des Bundes in OÖ. Heft 5, 8. Jg., 2003, S. 5 – 9.

Furtmüller, K.: Otto Glöckel und die Schulreform. In: Freie Lehrerstimme, 1954.

Gagné, F.: Understanding the Complex Choreography of Talent Development Through DMGT-Based Analysis. In: Heller, K./Mönks, F.J./ Sternberg R.J./Subotnik, R.F.: International Handbook of Giftedness and Talent. – Amsterdam, Boston, London: Elsevier, 20002, pp. 67 – 93.

Gallagher, J.J./Gallagher, S.A.: Teaching the Gifted Child. – Boston: 1994.

Ganglmair, P.(Hrsg.): Begabungs- und Begabtenförderung. Eine Herausforderung für die Schule. – Linz: Universitätsverlag Rudolf Trauner, 2000.

Gardner, H.: Frames of mind. The theory of multiple intelligence. – New York: Basic Books, 1983.

Gardner, H.: The role of crystallizing experiences. In: Horowitz, F./O'Brian, M. (Hrsg.): Developmental perspectives on the education of the gifted. – Washington, DC: 1986, pp. 74 – 102.

Gardner, H.: Creating Minds. An anatomy of creativity seen through the lives of Freud, Einstein, Picasso, Stravinsky, Eliot, Graham and Ghandi. – New York: Basic Books, 1993.

Gardner, H.: Abschied vom IQ: Die Rahmen – Theorie der vielfachen Intelligenzen. – Stuttgart: Klett-Cotta, 1998.

Gehrer, E.: Begabungen unserer Kinder. Wie können wir sie erkennen und fördern? – Wien: bm:bwk, (o.Jg.).

George, D.R.: Instructional Strategies and Models for Gifted education. In: Heller, K.A./Mönks, F.J./Passow, A.H. (Hrsg.): International Handbook for Research and Development of Giftedness and Talent. – Oxford: 1993, pp. 411 – 424.

Glöckel, O.: Ausführungen über den Stand der Schulreform in der Sitzung des Ausschusses für Erziehung und Unterricht am 23. Juli 1920. – Wien: 1920.

Glöckel, O.: Selbstbiographie, sein Lebenswerk, die Wiener Schulreform. – Zürich, 1939.

Goodlad, J./Anderson, R.: The nongraded elementary school. – New York: Harcourt, Brace & Co, 1959.

Goodlad, J.: A Place Called School. Prospect for the Future: 1984.

Goodlad, J./Anderson, R.: The Non-Graded Elementary School. – New York: 1987.

Grell, J./Grell, M.: Unterrichtsrezepte. „Unterricht ist ein sehr komplexes Geschehen. Und genau deshalb brauchen wir Rezepte". – Weinheim/ Basel: Beltz, 1993.

Groothoff, H.H. (Hrsg.): Pädagogik. Fischer Lexikon. – Frankfurt: 1964.

Groothoff, H.H./Stallmann,M.: Neues Pädagogisches Lexikon. – Stuttgart: 1971.

Gröpel, W.: Schulversuche und Schulentwicklung an allgemein bildenden Wiener Schulen im Schuljahr 2001/2002, Stadtschulrat Wien, 2000.

Gruber, H./Mandl, H.: Begabung und Expertise. In: Hany, E.A./Nickel, H. (Hrsg.): Begabung und Hochbegabung. Theoretische Konzepte – Empirische Befunde – Praktische Konsequenzen. – Bern: Huber,1992, S. 59 – 76.

Grundsatzerlass: Ganzheitlich – kreative Erziehung GZ 10.077/23 – Präs. 20a/90 vom 7. September 1990.

Grundschule 2000, Zeitschrift für die Grundstufe des Schulwesens, Heft 7/8. – Westermann Verlag, 2000.

Gudjons, H.: Pädagogisches Grundwissen. – Bad Heilbrunn: Klinkhardt, 20017.

Gupfinger, F.: Jahrgangsgemischte Klassen nach den Prinzipien der Montessori-Pädagogik. Endbericht, 2003.

Guthke, J.: Lerntests auch für Hochbegabte? In: Hany, E.A./Nickel, H. (Hrsg.): Begabung und Hochbegabung. Theoretische Konzepte – Empirische Befunde – Praktische Konsequenzen. – Bern: Huber, 1992.

Gutiérrez, R./Slavin, R.E.: Achievement effects of the nongraded elementary school: A best evidence synthesis. In: Review of Educational Research 62, 1992, S. 333 – 376.

Hager, C.: Lernen in Mehrstufenklassen. Jahrgangsklassen sind kein Naturgesetz.In: Erziehung und Unterricht. Österreichische pädagogische Zeitschrift. Heft 1 – 2, 154. Jg. – Wien: öbv&hpt, 2004, S. 38 – 47.

Hagstedt, H.: Kinder mit Lehrfunktion. In: Die Grundschulzeitschrift, 1995, S. 16 – 19.

Hagstedt, H.: Lernen durch Lehren – zwischen Reformanstrengungen und Forschungsbedenken. In: Laging, R. (Hrsg.): Altersgemischtes Lernen in der Schule. Grundlagen der Schulpädagogik. Band 28. – Hohengehren: Schneider Verlag, 1999.

Hameyer, U.: Grundschule als Initiativraum gestalten. Topographie einer lernenden Organisation. In: Grundschule 29. 19974, S. 8 – 12.

Hany, E.A.: Modelle und Strategien zur Identifikation hochbegabter Schüler. Diss. – Stuttgart, 1987.

Hany, E.A./Nickel, H. (Hrsg.): Begabung und Hochbegabung. Theoretische Konzepte – Empirische Befunde – Praktische Konsequenzen. – Bern: Huber, 1992.

Hany, E.A.: Identifikation begabter Schülerinnen und Schüler durch Lehrkräfte. In: Oswald, F./Klement, K./Costazza, M. (Hrsg. 1992): Lehrerbildung zur Begabtenförderung – Identifikation von Begabungen. Internationale Symposien in Krems 1992,1993. – Wien: Schulbuchverlag Jugend &Volk, 1995, S. 189 – 209.

Haußer, K.: Die Einteilung von Schülern. Theorie und Praxis schulischer Erziehung. – Weinheim: 1980.

Haußer, K. (Hrsg.): Modelle schulischer Differenzierung. – München/Wien/ Baltimore: Urban und Schwarzenberg, 1981.

Heinbokel, A.: Überspringen von Klassen. – Münster: 1996.

Heinbokel, A.: Überspringen von Klassen. – Münster: Lit Verlag, 2001.

Heller, K.A. (Hrsg.): Begabungsdiagnostik in der Schul und Erziehungsberatung. – Bern: Huber, 1991.

Heller, K.A. (Hrsg.): Hochbegabung im Kindes- und Jugendalter. – Göttingen: Hogrefe, 1992.

Heller, K.A./Mönks, F.J./Passow, A.H. (Hrsg.): International handbook of research and development of giftedness and talent. – Oxford: 1993.

Heller, K.A.: International trends and issues of research on giftedness. In: Wu, W.T./Kuo, C.C./Steeves, J. (Hrsg.): Growing up gifted and talented. Proceedings of the Second Asian Conference on Giftedness. – Taipei/ Taiwan: 1993, S. 93 – 110.

Heller, K.H./Hany, E.: Psychologische Modelle der Begabtenförderung. In: Weinert, F.E. (Hrsg.): Psychologie des Lernens und der Instruktion. Pädagogische Psychologie, Band 2 – München: 1996, S. 477 – 503.

Heller, K.A.: Begabungsspezifische Schüler- und Unterrichtsmerkmale. Konsequenzen für die Begabtenförderung in der Schule. In: Urban, K.K./ Joswig, H. (Hrsg.): Begabungsförderung in der Schule. – Rodenburg: 1998, S. 21 – 33.

Heller, K.A./Mönks, F.J./Sternberg R.J./Subotnik, R.F.: International Handbook of Giftedness and Talent. – Amsterdam, Boston, London: Elsevier, 20002.

Heller, K.A./Perleth, C. (Hrsg.): Münchner Hochbegabungstestbatterie (MHBT). – Göttingen: Hogrefe, 2000.

Hellert, U.: Der pädagogische Zauberstab? Innere Differenzierung? oder: Brauchen hochbegabte Schüler hochbegabte Lehrer? In: Wagner, H. (Hrsg.): Begabung und Leistung in der Schule. Modelle der Begabtenförderung in Theorie und Praxis. – Bad Honnef: 1995, S. 98 – 108.

Helm, H.: „Ohne ein umfassendes Gesamtkonzept wird es nicht gehen." In: APS Pflichtschullehrer 2. 1996, S. 2.

Hentig, H. v.: Die Schule neu denken. Eine Übung in praktischer Vernunft. – München/Wien: Carl Hanser Verlag, 1993.

Herbart, J.F.: Allgemeine Pädagogik aus dem Zwecke der Erziehung abgeleitet. Hrsg. von Nohl, H. – Weinheim: 1965a.

Herbart, J.F.: In: Pädagogisch-didaktische Schriften, hrsg. von W. Asmus. – Düsseldorf/München: 1965b.

Herber, H.J.: Innere Differenzierung. Unser Weg, 49. Jg., Heft 4. – Graz: 1994.

Herzka, H.St.: Pädagogische Möglichkeiten der Mehrklassenschulen. In: Schweizerische Lehrerzeitung/Magazin 139. – 1994, S. 19.

Heuß, G.: Jahrgangskombinierte Klassen in der Grundschule. In: Grundschule 21. 1989, S. 54 – 57.

Hofmann, R./Pokorny, B./Thumser, L.: Ein Projekt macht Schule – die Mehrstufenklasse. In: Erziehung und Unterricht: Österreichische pädagogische Zeitschrift. – Wien: öbv&hpt, 1998, S. 7 – 8.

Hofmann, R./Pokorny, B./Thumser, L.: Die Mehrstufenklasse – eine Form der Schule der Zukunft. In: Kontakte Zeitschrift des Vereins zur Förderung von Fortbildung und kulturellen Veranstaltungen. – Stams: 16/1998.

Hofmann, R./Thumser, L./Pokorny, B.: Informationen zur Mehrstufenklasse. – 1998.

Hofmann, R./Thumser, L.: Mehrstufenklasse – altersheterogene Lerngruppen – Familienklasse. Selbstbestimmtes Lernen in mehrstufig geführten Klassen. In: Erziehung und Unterricht. Österreichische pädagogische Zeitschrift. Heft 3 – 4, 152. Jg. – Wien: öbv&hpt, 2002, S. 476 – 484.

Hofmann,R./Thumser,L.:www.lehrerweb.at/gs/schulent/mehrstufenklasse_info.pdf,

Holling, H./Kanning, U.P.: Hochbegabung. Forschungsergebnisse und Fördermöglichkeiten. – Göttingen: 1999.

Holstiege, R.: Altersmischung und Kooperation. In: Zeitschrift für Montessori-Pädagogik , Heft 3 – 4, 1995, S. 103.

Hopf, A.: Der gemeindeferne Lehrer. In: Demokratische Erziehung. Heft 10. – 1993, S. 15 – 18.

Horowitz, F./O'Brian, M. (Hrsg.): Developmental perspectives on the education of the gifted. – Washington, DC: 1986.

Hörburger, F.: Geschichte der Erziehung und des Unterrichts. – Wien: Österreichischer Bundesverlag, 1967.

Hörmann, O.: Die wohnortnahe Kleinschule. Dissertation. – Wien: 2000.

Hörmann, O.: Die Kleinschule als Ort der Differenzierung und Individualisierung. In: Erziehung und Unterricht. Österreichische pädagogische Zeitschrift. Heft 1 – 2, 151. Jg. – Wien: öbv&hpt, 2001, S. 145 – 154.

Huser, J.: Lichtblick für helle Köpfe. Ein Wegweiser zur Erkennung und Förderung von hohen Fähigkeiten bei Kindern und Jugendlichen auf allen Schulstufen. – Zürich: 2001.

Ingenkamp, K.H.: Zur Problematik der Jahrgangsklasse. – Weinheim, Berlin, Basel: Verlag Julius Beltz, 1969.

Jisa, W.: Begabten- und Begabungsförderung im österreichischen Schulrecht. In: Ganglmair, P.(Hrsg.): Begabungs- und Begabtenförderung. Eine Herausforderung für die Schule. – Linz: Universitätsverlag Rudolf Trauner, 2000, S. 75 – 86.

Joswig, H. (Hrsg.): Begabungen erkennen – Begabte fördern. Beiträge anlässlich der Wissenschaftlichen Arbeitstagung des ABB e.V. in Rostock vom 22. – 24. 10.1999. – Rostock: 2000.

Kadan, A./Pelinka, A.: Die Grundsatzprogramme der Österreichischen Parteien. Dokumentation und Analyse. – St. Pölten: 1979.

Kasper, H. (Hrsg.): Laßt die Kinder lernen. Offene Lernsituationen. – Braunschweig: 1989.

Katz, L.G./Evangelou, D./Hartmann, J.A.: The case for mixed-age grouping in early childhood education programs. – University of Illinois at Urbana-Champaign (ERIC ED 308 991): 1989.

Key, E.: Das Jahrhundert des Kindes. – Berlin: 1905.

Key, E.: Das Jahrhundert des Kindes. – Weinheim: 1992.

Klafki, W./Stöcker, H.: Innere Differenzierung des Unterrichts. Zeitschrift für Pädagogik, 22. Jg., Heft 4. – 1976, S. 479 – 523.

Klafki, W.: Differenzierung. In: Groothoff, H.H./Stallmann,M.: Neues Pädagogisches Lexikon. – Stuttgart: 1971.

Klafki, W.: Neue Studien zur Bildungstheorie und Didaktik. – Weinheim: 1985.

Klauer, K.J.: Zur Diagnostik von Hochbegabung. In: Hany, E.A./Nickel, H. (Hrsg.): Begabung und Hochbegabung. Theoretische Konzepte – Empirische Befunde – Praktische Konsequenzen. – Bern: Huber, 1992, S. 205 – 214.

Klement, B.: Die österreichische Volksschule von den Anfängen bis zur Schulgesetzgebung 1962. Dissertation an der philosophischen Fakultät der Universität Wien: 1970.

Kohnstamm, R.: Praktische Psychologie des Schulkindes. – Bern: Huber, 1996.

Kohnstamm, R.: Praktische Kinderpsychologie. – Bern: Huber, 1997.

König, E./Zedler, P. (Hrsg.): Qualitative Forschung. – Weinheim: Beltz, 2001.

Kornmann, R.: Die pädagogische Grundhaltung und das Unterrichtskonzept. Auszüge aus einem Gutachten zum Modellversuch „Neukonzeption des Schulanfangs". In: Burk, K./Mangelsdorf, M./Schoeler, U. (Hrsg.): Die neue Schuleingangsstufe. Lernen und Lehren in entwicklungsheterogenen Gruppen. – Weinheim: Beltz, 1998, S. 40 – 50.

Kraft, P.: Innere Differenzierung. Skriptum zur Vorlesung. – Bielefeld: 2001.

Kramp, W.: Studien zur Theorie der Schule. – München: 1973.

Krampen, G.: Wirkung von Unterricht in der leistungsmäßig heterogenen Gruppe auf Lernleistung, Schulangst, Schulfreude und auf den Sozialkontakt zwischen den Schülern. In: Olechowski, R./Persy, E. (Hrsg): Frühe schulische Auslese. – Frankfurt am Main: 1993, S. 121 – 135.

Kromrey, H.: Empirische Sozialforschung. – Opladen: Leske & Budrich, 1998.

Krüger, R.: Zwei Jahrgänge in einer Klasse. In: Grundschulmagazin 8. – 1993, S. 49 – 51.

Kuhl, J.: Begabtenförderung durch Entwicklung persönlicher Kompetenzen: Diagnostik, Beratung, Training. Kongress vom 24. – 27. September 2003. Münster: Universität Münster, 2003.

Kurier: Klein, aber KLASSE. 23. November 2003.

Kvalsund, R.: Elevrelasjonar og uformell lerning Samanliknande kasusstudiar av fadelte og fulldelte bygdeskular. – Volda: 1995.

Laging, R.: Altersgemischtes Lernen. In: Die Grundschulzeitschrift 9. – 1995, S. 7 – 13.

Laging, R. (Hrsg.): Altersgemischtes Lernen in der Schule. Grundlagen der Schulpädagogik. Band 28. – Hohengehren: Schneider Verlag, 1999.

Lalics, P./März, A./Spreitzer, H. (Hrsg.): Schulwirklichkeit und Schulerneuerung in Österreich. Festschrift zum 75. Geburtstag von Sektionschef Dr. Ludwig Lang. – Wien: Österreichischer Bundesverlag, 1977.

Landau, E.: Mut zur Begabung. – München: Reinhardt, 1990. Landesschulrat für Steiermark:http://www.lsr-stmk.gv.at/p3/SCHWERPU.htm

Lang, L.: Die erzieherische Welt nach 1945. In: Lalics, P./März, A./Spreitzer, H. (Hrsg.): Schulwirklichkeit und Schulerneuerung in Österreich. Festschrift zum 75. Geburtstag von Sektionschef Dr. Ludwig Lang. – Wien: Österreichischer Bundesverlag, 1977, S. 17 – 25.

Lassahn, R.: Grundriss einer Allgemeinen Pädagogik. – Heidelberg: Quelle & Meyer, 1977.

Lehrplan der Volksschule: Österreichischer Bundesverlag. – Wien: 1989.Lehrplan der Volksschule: Österreichischer Bundesverlag. – Wien: 2000.

Lehrplan der Volksschule: Österreichischer Bundesverlag. – Wien: 2001.

Malin, G.: Lernwerkstätten – eine Möglichkeit für das Entwickeln einer begabungsfreundlichen Lernkultur. In: Erziehung und Unterricht. Österreichische pädagogische Zeitschrift. Heft 3 – 4, 152. Jg. – Wien: öbv&hpt, 2002, S. 378 – 383.

Malin, G.: Gesprächsprotokoll. – Münster: 2003.

Meister, R.: Die Bildungswerte der Antike und der Einheitsschulgedanke. – Graz: 1929.

Melheim, K.: Alderblanda grupper og arbeidsmatar i fadelt skule. – Sognedal: 1995.

Mende, J./Staritz, E./Tomschitz, J.: Schule und Gesellschaft. Entwicklung und Probleme des österreichischen Bildungssystems. – Wien: Facultas-Verlag, 1980.

Mohr, K.: Die Reform der Volksschule auf dem Land. Ein Bericht über Schulversuche. – München: 1965.

Mönks, F.J./Peters, W. (Hrsg.): Talent for the Future: Social and Personality Development of Gifted Children. – Assen: 1992.

Mönks, F.J.: Ein interaktionales Modell der Hochbegabung. In: Hany, E.A./ Nickel, H. (Hrsg.): Begabung und Hochbegabung. Theoretische Konzepte – Empirische Befunde – Praktische Konsequenzen. – Bern: Huber, 1992, S. 17 – 23.

Mönks, F.J.: Lehrbuch der Entwicklungspsychologie. – München: Reinhardt, 1996.

Mönks F.J./Ypenburg, L.: Unser Kind ist hochbegabt. Ein Leitfaden für Eltern und Lehrer. – München: 1998.

Mönks, F.J.: Begabungen erkennen – Begabte fördern. In: Joswig, H. (Hrsg.): Begabungen erkennen – Begabte fördern. Beiträge anlässlich der Wissenschaftlichen Arbeitstagung des ABB e.V. in Rostock vom 22. – 24. 10.1999. – Rostock: 2000, S. 19 – 33.

Mönks, F.J.: Identifikation von Begabungen. In: Journal für Begabtenförderung. Für eine begabungsfreundliche Lernkultur. Heft 1. – 2003, S . 4 – 7.

Montessori, M.: Das kreative Kind. – Freiburg: Herder Verlag, 1991.

Montessori-Zeitschrift für Montessori-Pädagogik (Hrsg.): Montessori Vereinigung Aachen, 33. Jahrgang, Heft 3 – 4. – 1995.

Montessori Zeitschrift für Montessori-Pädagogik (Hrsg.): Montessori Vereinigung Aachen, 37. Jahrgang, Heft 2 – 3. – 1999.

Nädelin, J./Bienert, H.: Kleine Schule – neue Chancen. – Bühl: 1986.

Neuhauser M./Gupfinger F.: Altersheterogenität. In: Erziehung und Unterricht. Österreichische pädagogische Zeitschrift. Heft 3 – 4, 152. Jg. – Wien: öbv&hpt, 2002, S. 485 – 501.

Nickl, H.: Entwicklungspsychologie des Kindes- und Jugendalters. – Bern: Huber, 1981.

Nicklis, W.: Handwörterbuch der Schulpädagogik. – Bad Heilbrunn: 1973.

Niemi, E.K./Piri, R.: Kleine Gesamtschulen in Finnland. In: Fickermann, D./Weishaupt, H./Zedler, P. (Hrsg.): Kleine Grundschulen in Europa. – Weinheim: Deutscher Studienverlag, 1998, S. 65 – 82.

Nissen, P./Egelund, N.: Undervisningsorganisering pa tvers av klassetrinn. – Namsos: 1986.

Nösterer, E: Die wohnortnahe Kleinschule – ein Beitrag zur Schulqualität in OÖ. In: Volksschule Reichenstein – Festschrift anlässlich der Eröffnungs- und Einweihungsfeier. – 1995, S. 16 – 20.

Oberösterreichische Nachrichten: 2700 Schüler weniger ab Herbst. 22. Mai 2004.

Odenbach, K. : Abteilungsunterricht. In: Willmann-Institut (Hrsg.): Lexikon der Pädagogik. Neue Ausgabe. Band 1. – Freiburg/Basel/Wien: 1971, S. 4f.

Oerter, R./Montada, L. (Hrsg.): Entwicklungspsychologie. Ein Lehrbuch. – Weinheim: 1998.

Olechowski, R./Persy, E. (Hrsg.): Frühe schulische Auslese. – Frankfurt am Main: 1993.

Olechowski, R.: Optimismus in der Pädagogik. In: Erziehung und Unterricht 144. – 1994, S. 363 – 375.

Olechowski, R.: Selektionsfreie Schuleingangsstufe. In: Erziehung und Unterricht 147. – 1997, S. 482 – 489.

Oswald, F.: Geistiges Leben im Österreich der Ersten Republik. Auswahl der bei den Symposien in Wien vom 11. bis 13. November 1980 und am 27. und 28. Oktober 1982 gehaltenen Referate. Sonderdruck. – Wien: Verlag für Geschichte und Politik, 1986.

Oswald, F. (Hrsg): Schulreform und Erziehungswissenschaft. – Wien/München: 1987.

Oswald, F.: Differenzierung und Individualisierung im Unterricht. Investitionen in Bildung und Wirtschaft. Tagungsbericht über das internationale Symposium der Österreichischen Pädagogischen Gesellschaft. – Wien: 1988.

Oswald, F./Klement. K. (Hrsg.): Begabungen – Herausforderung für Bildung und Gesellschaft. – Wien: Jugend & Volk, 1993.

Oswald, F./Klement, K./Costazza, M. (Hrsg. 1992): Lehrerbildung zur Begabtenförderung – Identifikation von Begabungen. Internationale Symposien in Krems 1992, 1993. – Wien: Schulbuchverlag Jugend & Volk, 1995, S. 189 – 209.

Oswald, F.: Das Dynamische Förderkonzept an Wiener Volksschulen. Arbeitsbericht an das BMUK. – Wien: 1998.

Oswald, F./Hanisch, G./Hager, G.: Individuelle Begabtenförderung. Begabungen und ihre Entwicklung im Bereich der Bildung und Berufslaufbahn. Studie im Auftrag des Bundesministeriums für Unterricht und kulturelle Angelegenheiten über die begabenden Wirkungen der Beteiligung österreichischer Jugendlicher an Wettbewerben und „Olympiaden". – Universität Wien: 1999.

Oswald, F.: Das Überspringen von Jahrgangsklassen – Begabtenförderung im Schulsystem. In: Kongressbericht: Begabungen erkennen – Begabte fördern. – Salzburg: 2001, S. 37 – 56.

Oswald, F.: Das Überspringen von Jahrgangsklassen – Begabtenförderung als Akzeleration individueller Bildungslaufbahnen. Österreichisches Zentrum für Begabtenförderung und Begabungsforschung. – bm:bwk: 2001.

Oswald, F.: Begabungsförderung, Begabtenförderung und die Kunst des „Begabens" – Begriffe bestimmen die Praxis. In: Journal für Begabtenförderung. Für eine begabungsfreundliche Lernkultur. – Studienverlag, 1/ 2001, S. 16 – 25.

Oswald, F.: Begabtenförderung in der Schule: Entwicklung einer begabungsfreundlichen Lernkultur: Skriptum für die Lehrveranstaltung „Begabungen entdecken – Begabte fördern" – Universität Wien. 2002.

Oswald, F.: Das Überspringen von Jahrgangsklassen – Begabtenförderung im Schulsystem. Eine Untersuchung zur Durchführung des Überspringens von Schulstufen und Jahrgangsklassen in Österreich. In: Journal für Begabtenförderung. Für eine begabungsfreundliche Lernkultur. – Studienverlag, 2/2002, S. 20 – 31.

Oswald, F.: Schultheorie und Schulentwicklung. Skriptum zur Lehrveranstaltung „Schultheorie und Schulentwicklung". – Universität Wien: 2003.

Oswald, F.: Begabtenförderung – Impuls für die „Reformpädagogik des 21. Jahrhunderts". Impulsreferat zum Symposium „Begabungsförderung konkret". – Linz: Pädagogische Akademie des Bundes in OÖ., 2004.

Otto, G./Schulz, W. (Hrsg.): Methoden und Medien der Erziehung und des Unterrichts. – Stuttgart: 1985.

Pädagogische Akademie des Bundes in Vorarlberg: Lehren und Lernen in Kleinschulen. PA-Berichte. Band 6. – Feldkirch: 1998.

Passow, A.H.: Hochbegabtenförderung in internationaler Perspektive. In: Bundesministerium für Bildung und Wissenschaft (Hrsg.): Hochbegabung? Gesellschaft? Schule: Ausgewählte Beiträge aus der 6. Weltkonferenz über hoch begabte Kinder in Hamburg vom 5. bis 9. August 1985. – Bonn: 1986, S. 40 – 50.

Patschka, S./Rasch, J: Konzept für eine Lernwerkstatt am Pädagogischen Institut der Stadt Wien, Broschüre (o.Jg.).

Paulsen, F.: Das deutsche Bildungswesen in seiner geschichtlichen Entwicklung. – Leipzig: 1906.

Perleth,C./Sierwald, W.: Entwicklungs- und Leistungsanalysen zur

Hochbegabung. In: Heller, K.A. (Hrsg.): Hochbegabung im Kindes- und Jugendalter. – Göttingen: Hogrefe, 1992.

Pirhonen, S.: Die Schule in der dörflichen Umgebung. – Valtion painatuskeskus: 1993.

Poglia, E./Strittmatter, A.: Die Situation der Mehrklassenschulen in der Schweiz. (Schweizerische Konferenz der kantonalen Erziehungsdirektoren, Informationsbulletin 42a.) – Genf: 1983.

Pokorny, B./Thumser, L.: Die Mehrstufenklasse. In: Wiener Lehrerzeitung, Februar 1998.

Politische Verfassung der deutschen Schulen in den k. auch k.k. deutschen Erbstaaten. – Wien: 1806.

Posch, P.: Begabtenförderung als Ansatz innerer Schulreform. In: Erziehung und Unterricht 136. – 1986, S. 702 – 706.

Posch, P.: Am Wege zu einer neuen Kultur des Lehrens und Lernens in der Schule. In: Österreichischer Kulturservice, Nr. 13, 1989, S. 17 – 21.

Posch, P./Altrichter, H. (Hrsg.): Autonomie im österreichischen Schulwesen – Gutachten. – Wien: 1993

Pratt, D.: Age segregation in schools. Paper presented at the Annual Meeting of the American Educational Research Association. Montreal (ERIC ED 231 038): 1983.

Preuß, E.: Leistungserziehung, Leistungsbeurteilung und innere Differenzierung in der Grundschule. – Bad Heilbrunn: Klinkhardt, 1994.

Protokolle Nationalversammlung – Wien: 1919.

Regierungsvorlage 1277 der Beilagen zu den Stenographischen Protokollen des Nationalrates XX. GP. Nachdruck vom 10.07.1998. – Wien: 1998.

Reichsvolksschulgesetz (RVG): Gesetz v. 14. Mai 1869 (R.G.BL. Nr. 62 – M.V.BL. 1869, Nr. 40). 1869.

Renzulli, J.S.: What makes giftedness? Reexamining a definition. Phi Delta Kappan, 60. – 1978, pp. 180 – 184.

Renzulli, J.S.: A General Theory for the Development of Creative Productivity in Young People. In: Mönks, F.J./Peters, W. (Hrsg.): Talent for the Future: Social and Personality Development of Gifted Children. – Assen: 1992, pp. 51 – 72.

Renzulli, J.S./Reis, S.M./Stedtnitz, U.: Das Schulische Enrichment Modell SEM. Begabtenförderung ohne Elitenbildung. – Aarau: 2001.

RGBL: Reichsgesetzblatt

Richie, R.: Looking and Learning. In: Primary Science Review 10. – 1989, S. 22 – 23.

Richter, A.: Diagnose von Hochbegabung. In: Bergsmann, R.: Hochbegabung, eine Chance. – Wien: Facultas, 2000, S. 35 – 47.

Ridgway, L./Lawton, J.: Familiengruppen im Primarstufenbereich. – Berlin: Neuwied, 1976.

Rogers, K./Span, P.: Ability Grouping with Gifted and Talented Students: Research and Guidelines. In: Heller, K.A./Mönks, F.J./Passow, A.H. (Hrsg.): International Handbook of Research and Development of Giftedness and Talent. – Oxford: 1993, pp. 585 – 592.

Rost, D./Hanses, P.: Wer nichts leistet, ist nicht begabt? Zur Identifikation hochbegabter Underachiever durch Lehrkräfte. In: Zeitschrift für Entwicklungspsychologie und Pädagogische Psychologie. Heft 2. – Göttingen: Hogefe, 1997, S. 167 – 177.

Roth, H.: Begabung und Begaben. Die Sammlung, 7. Jg. – 1952, S. 395 – 407.

Roth, H.: Pädagogische Anthropologie. Band 1: Bildsamkeit und Bestimmung. – Hannover/Berlin/Darmstadt/Dortmund: 1966.

Roth, H. (Hrsg.): Begabung und Lernen. – Stuttgart: Klett, 1968.

Roth, H.: Einführung. In: Deutscher Bildungsrat: Gutachten und Studien der Bildungskommission, 4, Begabung und Lernen. – 1969, S. 17 – 67.

Roth, H. (Hrsg.): Begabung und Lernen. Band 4. – Stuttgart: 1972.

Ruf-Bächtiger, L.: Das frühkindliche psycho-organische Syndrom. – Stuttgart: Thieme, 1987.

Sandfuchs, U./Stange, E.M./Kost, S.: Kleine Grundschule und Jahrgangsübergreifendes Lernen. Schülerrückgang als pädagogische Herausforderung. – Bad Heilbrunn: Klinkhardt, 1997.

Schaub, H./Zenke, K.: Wörterbuch der Pädagogik. – München: 1995.

Scheipl, J./Seel, H.: Die Entwicklung des österreichischen Schulwesens von 1750 – 1938. – Graz: Leykam, 1985.

Scheipl, J./Seel, H.: Die Entwicklung des österreichischen Schulwesens in der Zweiten Republik, 1945 – 1987. Band 2. – Graz: Leykam, 1988.

Schiever, S./Maker, C.J.: Enrichment and Acceleration: An Overview and New Directions. In: Colangelo, N./Davis, G.A. (Hrsg.): Handbook of Gifted Education. – Boston: 1991, pp. 99 – 112.

Schittko, K.: Differenzierung in Schule und Unterricht: Ziele – Konzepte – Beispiele. – München: 1984.

Schmidberger, G.: Die Unterrichtsarbeit in der weniggegliederten Landschule. – Wien: 1964.

Schmidinger, E.: Gesprächsprotokoll. – Linz: 2002.

Schneider, W.: Acquiring expertise: Determinants of exceptional performance. In: Heller, K.A./Mönks, F.J./Passow, A.H. (Hrsg.): International handbook of research and development of giftedness and talent. – Oxford: UK, 1993, S. 311 – 324.

Schulorganisationsgesetz 1962, BGBl. Nr. 242/1962 in der geltenden Fassung.

Schulpflichtgesetz 1985, BGBl. Nr. 76/1985 in der geltenden Fassung.

Schulte zu Berge, S.: Hochbegabte Kinder in der Grundschule: Erkennen – Verstehen – Im Unterricht berücksichtigen. Münster, Hamburg, London: Lit Verlag, 2001.

Schulunterrichtsgesetz 1974, BGBl. Nr. 231/1974 Erstfassung.

Schulunterrichtsgesetz 1986, BGBl. Nr. 472/1986 in der geltenden Fassung.

Seebauer, R.: Von Sachunterricht zum Fachunterricht. – Wien: Mandelbaum, 2000.

Seel, H./Scheipl, J.: Das österreichische Bildungswesen am Übergang ins 21. Jahrhundert. – Graz: Leykam, 2004.

Skala, I.: Setting und innere Differenzierung (Grundschulbereich) . In: Oswald, F. (Hrsg): Schulreform und Erziehungswissenschaft. – Wien/ München: 1987, S. 90 – 97.

Sonderegger, J.: Projekt „Unterricht an Mehrklassenschulen". Schlussbericht. – Rorschach: Pädagogische Arbeitsstelle des Kantons St. Gallen, 1992.

Sonderegger, J.: Unterricht an Mehrklassenschulen. Heft 1: Grundlagen und Unterrichtsorganisation. – Rorschach: Pädagogische Arbeitsstelle des Kantons St. Gallen, 1993.

Sonderegger, J.: Unterricht an Mehrklassenschulen. Heft 2: Schülerinnen- schule – Schülerschule. Wenn Kinder voneinander lernen. – Rorschach: Pädagogische Arbeitsstelle des Kantons St. Gallen, 1994.

Sonderegger, J.: Erster Förderort ist der Unterricht: Allgemeindidaktische Einführung. In: Stamm, M.: Begabungsförderung in der Volksschule. Umgang mit Heterogenität. – Aarau: 1999, S. 45 – 60.

Southern, W.T./Jones, E.D./Stanley, J.C.: Acceleration and Enrichment: The Context and Development of Program Options. In: Heller, K.A./Mönks, F.J./Passow, A.H. (Hrsg.): International Handbook of Research and Deve- lopment of Giftedness and Talent. – Oxford: 1993, pp. 387 – 409.

Spachinger, O./Spreitzer, H./Sretenovic, K.: „Erziehung und Unterricht" und ihre Vorläufer – 125 Jahre. In: Erziehung und Unterricht: Festnummer zur 125-Jahr-Feier der Zeitschrift. – 1975, S. 435 – 462.

Stadtschulrat für Wien (Hrsg.): Schulversuche und Schulentwicklung an allgemein bildenden Wiener Schulen im Schuljahr 1999/2000. Internes Papier. – Wien: 2000.

Stadtschulrat für Wien (Hrsg.): Schulversuche und Schulentwicklung an allgemein bildenden Wiener Schulen im Schuljahr 2001/2002. Internes Papier. – Wien: 2002.

Stamm, M.: Hochbegabungsförderung in den Deutschschweizer Volksschu- len: Historische Entwicklung, Zustandsanalyse, Entwicklungsplan. Dis- sertation. – Zürich: Universität, Philosophische Fakultät I, 1992.

Stamm, M.: Frühlesen und Frührechnen als soziale Tatsachen? Leistung, In- teressen und Schulerfolg bei Kindern, die bei Schuleintritt bereits lesen und/oder rechnen konnten. Schlussbericht. – Aarau: 1998.

Stamm, M.: Begabungsförderung in der Volksschule. Umgang mit Hetero- genität. – Aarau: 1999.

Steenberg, U.: Handlexikon zur Montessori-Pädagogik. – Ulm: Kinders Ver- lag, 1997.

Stein, B.: Theorie und Praxis der Montessori-Grundschule. – Freiburg: 1998.

Sternberg, R.J.: Beyond IQ. A triarchic theory of human intelligence. – Cam- bridge: Cambridge University Press, 1985.

Sternberg, R.J.: Thinking styles. Keys to understanding student performance. – Phi Delta Kappan, 71, 1990, pp. 366 – 371.

Sternberg, R.J.: The theory of successful intelligence. Review of General Psy- chology (4). – 1999, pp. 1 – 25.

Struckmeyer, R.: Altersgemischte Anfangsklassen – auf dem Weg zur Neu- gestaltung des Schulanfangs. In: Die Grundschulzeitschrift, 84, 1995, S. 22 – 24.

Sundell, K.: Aldersindelat eller aldersblandat? – Lund: 1993.

Sutter-Moosbrugger, M.: Die Kleinschule als Lern-, Erfahrungs- und Begegnungsort. Eine traditionsreiche Schulform neu entdeckt. In: Lehren und Lernen in Kleinschulen. PA-Berichte Band 6. – Feldkrich: Pädagogische Akademie des Bundes in Vorarlberg, 1998, S. 5 – 18.

Tages Anzeiger: Mehrklassenunterricht hat Zukunft. 14.08.1996.

Tamagni Bernasconi, K.: "Décloisonnement" – Erfahrungen mit Reformen. In: Schweizer Schule 10: 1995.

Terman, L.M.: Genetic studies of genius. Mental and physical traits of a thousand gifted children (Vol. 1). – Stanford: 1925.

Terman, L.M.: My discovery and encouragement of exceptional talent. In: Barbe, W.B./Renzulli, J.S. (Hrsg.): Psychology and education of the gifted. – New York: 1954, pp. 5 – 19.

Tettenborn, A.: Familien mit hochbegabten Kindern. – Münster/New York: 1996.

Thorndike, E.L.: An introduction of the theory of mental and social measurements. – New York: Wiley, 1924.

Tillmann, K.-J.: System jagt Fiktion. Die homogene Lerngruppe. In: Becker, G., Lenzen, K.-D., Stäudel, L., Tillman, K.-J., Werning, R., Winter, F. (Hrsg.): Heterogenität. Unterschiede nutzen – Gemeinsamkeiten stärken. Friedrich Jahresheft XXII. Seelze: 2004, S. 3 – 9.

Tippelt, R. (Hrsg.):Handbuch Bildungsforschung. – Opladen: Leske & Budrich, 2002.

Torrance, E.P.: The role of creativity in identification of the gifted and talented. In: Gifted Child Quarterly, 28. – 1984, pp. 153 – 156.

Urban, K.K.: Offenheit – eine Zauberformel für angemessene Förderung von Begabungen?! In: Oswald, F./Klement. K. (Hrsg.): Begabungen – Herausforderung für Bildung und Gesellschaft. – Wien: Jugend & Volk, 1993.

Urban, K.K./Joswig, H. (Hrsg.): Begabungsförderung in der Schule. – Rodenburg: 1998.

van Gelder, W.: Kleine Grundschulen in den Niederlanden. In: Fickermann, D./Weishaupt, H./Zedler, P. (Hrsg.): Kleine Grundschulen in Europa. – Weinheim: Deutscher Studienverlag, 1998, S 185 – 201.

Veenman, S.: Cognitive and noncognitive effects of multigrade and multiage classes. A best-evidence synthesis. In: Review of Educational Research 65. – 1995, S. 319 – 381.

Veenman, S.: Effects of multigrade and multi-age classes reconsidered. In: Review of Educational Research 66. – 1996, S. 323 – 340.

Vestre, S.E.: Monsterplanen og arbeidet i skolen. – Oslo: 1980.

Vierlinger, R.: Leistung spricht für sich. „Direkte Leistungsvorlage" (Portfolios) statt Ziffernzensuren und Notenfetischismus. – Heinsburg: Dieck-Verlag, 1999.

Vocelka, K.: Verfassung oder Konkordat? – Wien: 1978.

Wagner, W.: Die innere Differenzierung des Unterrichts als Problem der pädagogischen Psychologie. Eine empirische Untersuchung an Schülern der vierten Schulstufe. – Wien: (o.Jg.).

Wagner, H. (Hrsg.): Begabung und Leistung in der Schule. Modelle der Begabtenförderung in Theorie und Praxis. – Bad Honnef: 1995.

Waldmann, E./Sommer, D./Schulz, B.: Kleine Grundschulen machen Schule. Erfahrungen und Praxisbeispiele aus dem Modellversuch. Werkstatthefte. Heft 57. – Pädagogisches Landesinstitut Brandenburg (PLIB), 1998.

Waldmann, E./Sommer, D./Schulz, B.: Abschlussbericht des BLK-Modellversuchs. Entwicklung und Erprobung der Qualitätssicherung Kleiner Grundschulen in Brandenburg. Band 2: Untersuchung und Ergebnisse. – Pädagogisches Landesinstitut Brandenburg (PLIB), 1999.

Waldmann, M./Weinert, F.E.: Intelligenz und Denken. Perspektiven der Hochbegabungsforschung. – Göttingen: 1990.

Wandl, J.: Innere Differenzierung – Merkmal einer neuen Schule. Pädagogische Welt, 38. Jg., Heft 5. – 1984, S. 295 – 298.

Ward, V.S.: Gifted education: Exploratory studies or theory and practice. – Monassah: VA, 1983.

Weinert, F.E.: Vom statischen zum dynamischen zum statischen Begabungsbegriff? Die Kontroverse um den Begabungsbegriff Heinrich Roths im Lichte neuer Forschungsergebnisse. Band 5. – Die Deutsche Schule, 1984.

Weinert, F.E.: Wird man zum Hochbegabten geboren, entwickelt man sich dahin oder wird man dazu gemacht? In: Hany, E.A./Nickel, H. (Hrsg.): Begabung und Hochbegabung. Theoretische Konzepte – Empirische Befunde – Praktische Konsequenzen. – Bern: Huber, 1992, S. 197 – 203.

Weinert, F.E. (Hrsg.): Psychologie des Lernens und der Instruktion. Pädagogische Psychologie, Band 2 – München: 1996.

Weinert, F.E.: Lernkultur im Wandel. In: Beck, E./Guldimann, T./Zutavern, M. (Hrsg.): Lernkultur im Wandel. – St. Gallen: UVK, 1997.

Weinert, F.E.: Lernen als Brücke zwischen hoher Begabung und exzellenter Leistung. Vortrag gehalten anlässlich der zweiten Salzburger Konferenz zu Begabungsfragen und Begabtenförderung. – Salzburg, 13. Oktober 2000.

Weinert, F. E.: Begabung und Lernen: Voraussetzung von Leistungsexzellenz, In: Journal für Begabtenförderung 1/2001. – Innsbruck: StudienVerlag, 2001, S. 26 – 31.

Weiss, A. (Hrsg.): Geschichte der österreichischen Volksschule unter Franz I. und Ferdinand I. 1792 – 1848. – Graz: 1904.

Wieczerkowski, W./Wagner, H./Urban, K.K./Cropley, A.J. (Hrsg.): Hochbegabung? Gesellschaft? Schule. Ausgewählte Beiträge aus der 6. Weltkonferenz über hoch begabte Kinder in Hamburg vom 5. bis 9. August. – Bad Honnef: 1986.

Wild, K.P.: Identifikation hoch begabter Schüler. Lehrer und Schüler als Datenquellen. – Heidelberg: Asanger, 1991.

Willmann-Institut (Hrsg.): Lexikon der Pädagogik. Neue Ausgabe. Band 1. – Freiburg/Basel/Wien: 19712.

Winkeler, R.: Differenzierung: Funktionen, Formen und Probleme. – Ravensburg: 1978.

Wolf, W.: In: Ledl, V.: Kinder beobachten und fördern. – Wien: Schulbuchverlag Jugend und Volk, 1994.

Wolf, W.: Das Ende der Vorschulklasse? In: Erziehung und Unterricht 147. – 1997, S. 490 – 505.

Wolf, W.: Der Grundschullehrplan als Wegbereiter der Reformpädagogik? In: Erziehung und Unterricht, Heft 3. – Wien: 2002, S. 255 – 261.

Wu, W.T./Kuo, C.C./Steeves, J. (Hrsg.): Growing up gifted and talented. Proceedings of the Second Asian Conference on Giftedness. – Taipei/Taiwan: 1993.

Ziegenspeck, J.W.: Handbuch Zensur und Zeugnis in der Schule. – Bad Heilbrunn: Klinkhardt, 1999.

Ziegler, A./Perleth, C.: Schafft es Sisyphos, den Stein hinaufzurollen? Eine kritische Bestandsaufnahme der Diagnose- und Fördermöglichkeiten von Begabten in der beruflichen Erstaus- und Weiterbildung vor dem Hintergrund des Münchner Begabungsmodells. In: Psychologie in Erziehung und Unterricht, 44. – 1997, S. 152 – 163.

Ziegler, A./Raul, T.D.: Myth and reality: A review of empirical studies on giftedness. In: High Ability Studies, 10, in press. – 2000.

Zoglowek, H.: Kleine Grundschulen in Norwegen. – 1996.

In der
SCHRIFTENREIHE DER PÄDAGOGISCHEN AKADEMIE DES BUNDES
IN OBERÖSTERREICH
(Hrsg.: Josef Fragner) sind bisher erschienen:

BAND 1:
Erwin Gierlinger (Ed.)
Reflective Teaching and Action Research in Language Teaching:
An International Approach – Background reading materials for an international
introductory course in reflective teaching

BAND 2:
Brigitte Leidlmayer (Hrsg.)
Frauen – Bildung – Politik; Der Kampf um Bildung eine Frauensache
Beiträge zum Symposium: 100 Jahre Frauen an den Universitäten

BAND 3:
Erwin Gierlinger (Ed.)
Sharing the European Language Classroom:
A project in international classroom action research

BAND 4:
F. Buchberger, S. Berghammer, E. Winklehner (Eds.)
Integrating ICT into Institutions of Teacher Education

BAND 5:
Brian Hudson, Peter Schürz, Rauni Räsänen (Eds.)
Crossing Boundaries:
Pedagogical and Didactical Issues in the Social and Natural Sciences

BAND 6:
Peter Ganglmair (Hrsg.)
Begabungs- und Begabtenförderung
Eine Herausforderung für die Schule / Symposiumsdokumentation

BAND 7:
Josef Fragner (Hrsg.)
Pädagogische Essays

BAND 8:
M. Aigner, U. Greiner, A. Habichler
SEIN – ERKENNEN – HANDELN
Philosophische Kontexte zur Pädagogik der Gegenwart

BAND 9:
F. Buchberger, S. Berghammer (Eds.)
Active Learning in Teacher Education

BAND 21:
Sigmund Ongstad, Piet-Hein van de Ven, Irina Buchberger
Mother tongue didaktik

BAND 22:
Elisabeth Marischler, Johannes Pögl, Simone Venhoda
Der Erwerb von Lese- und (Recht-)schreibkompetenz

BAND 23:
Christian Heitzinger, Josef Schütz
Begabungen fördern – Persönlichkeiten stärken

BAND 24:
Brian Hudson, Siegfried Kiefer, Mart Laanpere, Joze Rugelj
eLearning in Higher Education

BAND 25:
Siegfried Kiefer, Kari Sallamaa
European Identities in Mother Tongue Education

BAND 26:
Siegfried Kiefer
ECMA
European Counsellor for Multicultural Education

BAND 27: "students edition nr. 1"
Doris Neuhofer
Von einfachen Strichen bis zum kompletten Alphabet

BAND 28:
B. Hudson, D. Enser (Eds.)
Researching the Teaching and Learning of Mathematics

BAND 29:
Gaby Weiner (Ed.)
Social Inclusion and Exclusion, and Social Justice in Education

BAND 30:
Siegfried Kiefer, Thomas Peterseil (Eds.)
Analysis of Educational Policies in a Comparative Perspective

Alle Bände sind erschienen im Universitätsverlag Rudolf Trauner, Linz